21 世纪高等院校创新课程规划教材

# 大学生涯与职业规划

主　编　郑春晔　吴　剑
副主编　朱欢乔　许紫岳　杨　燕

经济科学出版社

**图书在版编目（CIP）数据**

大学生涯与职业规划/郑春晔，吴剑主编．—北京：经济科学出版社，2009.1（2017.1 重印）

21 世纪高等院校创新课程规划教材

ISBN 978－7－5058－7836－5

Ⅰ．大…　Ⅱ．①郑…②吴…　Ⅲ．大学生—职业选择—高等学校—教材　Ⅳ．G647.38

中国版本图书馆 CIP 数据核字（2008）第 210349 号

责任编辑：张　力　周胜婷
责任校对：远瑞华　王肖楠
技术编辑：李　鹏

**大学生涯与职业规划**

主编　郑春晔　吴　剑

经济科学出版社出版、发行　新华书店经销

社址：北京海淀区阜成路甲 28 号　邮编：100142

总编室电话：88191217　发行电话：88191109

网址：www.esp.com.cn

电子邮件：esp@esp.com.cn

河北省财政厅票证文印中心印装

787×1092　16 开　15 印张　340000 字

2009 年 1 月第 1 版　2017 年 1 月第 10 次印刷

ISBN 978－7－5058－7836－5/F·7087　定价：26.00 元

**（图书出现印装问题，本社负责调换）**

# 编委会名单

主　编：郑春晔　吴　剑

副主编：朱欢乔　许紫岳　杨　燕

编委会成员(按姓氏笔画先后顺序)：

王林祥　朱欢乔　刘　刚　许紫岳　吴　剑

杨　燕　郑春晔　宣仕钱　祝玮炜　倪超美

徐　静　褚华东　詹勤红

# 前　言

为了认真学习贯彻党的十七大关于“积极做好高校毕业生就业工作”的精神，进一步落实教育部关于加强大学生职业发展与就业指导课程建设的要求，我们组织相关教师编写了本教材。

《礼记·中庸》中有云：“凡事预则立，不预则废。”做任何事情都要有一个明确的规划和目标，否则难以收获良好的效果。大学生就业工作亦是如此。面对就业、考研、留学和创业，大学生应该如何选择？所学专业的就业前景如何？什么样的职业适合自己？社会需要什么样的人才？大学期间应该为自己的职业前程和生涯发展做好哪些准备？应该如何规划自己的大学生活？种种问题，都困扰着迷茫中的大学生。很多大学生甚至站在毕业选择的十字路口茫然无措，不知该何去何从，究其原因，就是在大学期间缺乏对未来生活和职业目标的远景规划与相应准备，或者根本不知道该如何规划。因此，加强在校大学生的学业规划、职业规划的教育和指导，对于提高大学生就业工作的针对性和实效性，促进大学毕业生顺利就业无疑将产生积极地推动作用。

当前，大多数高校都面向学生开设了就业指导方面的相关课程，但在教学实践中我们也发现，各高校对学生就业终端环节的就业形势介绍、择业技巧指导等较为重视，而面向在校学生尤其是低年级学生开展系统的学业和职业规划的教育和指导显得相对薄弱，相关教材的编写也相对滞后一些。不少大学生虽然学习了相关课程或听了相关讲座，但对职业生涯规划的重要意义认识不足，根据社会发展形势和自身优势特点，科学合理制定和实施职业生涯规划能力不强。一些学生对职业生涯规划或茫然无所适从，或使规划流于形式，或不顾主客观条件任意随兴作出“规划”，这些都将导致职业生涯规划的应有作用不能充分发挥。

职业生涯规划不可能做到精确无误，也不能准确预测将来要发生什么，它是一种用来思考和引领的工具——思考为了实现未来的发展目标现在该做些什么，引领自身今后一段时期的努力方向。大学生尽早地进行职业生涯规划，规划好大学阶段的学业、生活、工作，合理地安排大学时间，避免学习的盲目性和被动性，并确定职业发展方向和实施策略，能有效提升就业竞争力，使自己在大学期间和以后的人生发展道路中少走弯路。这对于大学生的人生发展和高校做好就业工作是至关重要的。

《大学生涯和职业规划》一书按照教育部下发的《大学生职业发展与就业指导课程教学要求》的相关规定，结合作者从事大学生就业指导课程教学和就业工作实践的经验和体会，结合国内高校职业生涯规划教育和大学生职业生涯规划实践的实际，在内容安排和编写体系上进行了一些探索和创新。全书以生涯规划理论和大学生涯指导为主要内容，既吸收了西方先进的职业生涯规划理论和方法，又尽可能地对大学生涯所涵盖的方方面面进行介绍和指导。本书围绕社会发展形势和大学就业现状特点，穿插了大量的实际案例，题材新颖，体系完整，具有较强的时代性、指导性、实践性和可读性，可作为普通高校、独立学院开设职业发展与就业指导课程的教材，也可作为从事职业规划和就业指导工作人员的培训教材和参考用书。

本书由浙江工业大学之江学院和绍兴文理学院元培学院共同编写。郑春晔、吴剑担任主编，朱欢乔、许紫岳、杨燕担任副主编。作者编写分工如下：吴剑、倪超美编写第一章，杨燕、徐静编写第二章，王林祥、宣仕钱编写第三章，许紫岳、褚华东编写第四章，詹勤红编写第五章，郑春晔、祝玮炜编写第六章，刘刚编写第七章，朱欢乔编写第八章。全书由浙江工业大学之江学院郑春晔、吴剑负责策划、设计和统稿，朱欢乔、许紫岳、杨燕协助统稿。

本书编写过程中，参阅了国内外大量的文献资料，在此谨向文献资料的作者表示衷心的感谢。由于编者水平所限，书中难免存在错误和缺点，敬请专家和读者批评指正。

编者

2008 年 12 月

# 目　录


## 第一章　职业规划 …… 1

第一节　职业与职业分类 …… 2

一、职业的概念 …… 2

二、职业的特征与要素 …… 2

三、职业分类 …… 3

四、职位分类 …… 6

第二节　职业生涯规划理论 …… 7

一、职业生涯规划理论概述 …… 7

二、职业生涯发展理论 …… 8

三、职业与人格匹配理论 …… 12

四、其他职业生涯规划理论 …… 13

第三节　职业生涯规划方法 …… 15

一、职业生涯规划的概念 …… 16

二、职业生涯规划的特点 …… 17

三、职业生涯规划的内容 …… 18

第四节　职业测评技术 …… 22

一、职业测评技术的概念和内容 …… 22

二、职业测评量表的使用方法 …… 23

三、霍兰德的6种人格和职业类型 …… 24

四、迈尔斯－布里格斯类型指标（MBTI） …… 27

- 问题思考 …… 32
- 信息园 …… 32

## 第二章　认知自我 …… 45

第一节　正确认知自我 …… 45

一、自我认知的含义 …… 45

二、自我认知对择业的影响 …… 46

三、如何认清自我 …… 47

第二节　自我气质探索 …… 49
一、气质 …… 49
二、气质与职业 …… 51
第三节　自我性格探索 …… 53
一、性格 …… 53
二、性格与职业 …… 54
第四节　自我兴趣探索 …… 56
一、兴趣 …… 56
二、兴趣与职业 …… 57
第五节　自我能力探索 …… 59
一、能力 …… 59
二、能力与职业 …… 60
• 问题思考 …… 63
• 信息园 …… 63

**第三章　走进大学 …… 71**

第一节　认识大学 …… 71
一、关于大学 …… 73
二、大学的发展历程 …… 76
三、大学的社会地位 …… 78
四、大学与自我实现 …… 78
第二节　我的大学 …… 80
一、大学与中学的区别 …… 80
二、大学生的三种本领 …… 81
三、学业与职业的关系 …… 82
四、专业与职业的关系 …… 83
第三节　大学生涯规划 …… 88
一、大学生涯规划策略 …… 88
二、学业规划四个步骤 …… 90
三、学业规划四个时期 …… 97
• 问题思考 …… 101
• 信息园 …… 101

**第四章　学会学习 …… 103**

第一节　认识大学学习 …… 103
一、学习与成才 …… 103
二、大学学习观 …… 104

三、大学学习的内容 …… 105
第二节　大学学习方法 …… 108
一、学会课堂学习 …… 108
二、学会自主学习 …… 110
三、学会利用资源 …… 111
第三节　大学学习习惯 …… 114
一、养成良好学习习惯的意义 …… 114
二、应养成哪些良好的学习习惯 …… 115
三、如何养成良好的学习习惯 …… 116
- 问题思考 …… 117
- 信息园 …… 117

**第五章　规划生活** …… 125

第一节　时间管理 …… 125
一、时间管理概述 …… 126
二、时间管理的原则 …… 127
三、时间管理的方法与艺术 …… 132
第二节　人际交往 …… 134
一、人际交往和人际关系 …… 135
二、人际关系对职业的影响 …… 135
三、大学生处理人际关系的原则 …… 136
四、大学生人际交往的技巧 …… 137
第三节　开发情商 …… 142
一、认识情商 …… 143
二、情商与职业 …… 144
三、培养情商 …… 145
第四节　学会理财 …… 148
一、理财认知 …… 148
二、理财策略 …… 150
- 问题思考 …… 151
- 信息园 …… 152

**第六章　素质拓展** …… 158

第一节　素质拓展与就业竞争力 …… 159
一、素质与素质拓展 …… 159
二、竞争力与就业竞争力 …… 159
三、素质拓展与就业竞争力 …… 160

四、社会、企业对大学生的素质要求 …… 161
第二节 素质拓展与校园文化活动 …… 164
一、校园文化活动概述 …… 164
二、社团活动 …… 165
三、课外科技创新活动 …… 166
四、文体活动 …… 168
五、社会工作 …… 169
第三节 素质拓展与社会实践 …… 171
一、社会实践概述 …… 171
二、教学实践 …… 172
三、假期实践 …… 173
四、企业实训 …… 175
五、勤工助学 …… 175
• 问题思考 …… 176
• 信息园 …… 176
第七章 关注就业 …… 178
第一节 就业形势与影响因素 …… 178
一、就业形势分析 …… 179
二、影响独立学院学生就业的主要因素 …… 181
第二节 择业观念与就业心态 …… 182
一、择业观念的特点 …… 182
二、正确的择业观念 …… 184
三、独立学院学生就业心理分析 …… 185
第三节 就业形式与就业途径 …… 188
一、就业的主要形式 …… 188
二、就业市场的特点 …… 190
三、就业市场的现状及走向 …… 191
四、就业、实习信息的收集与分析 …… 193
• 问题思考 …… 194
• 信息园 …… 194
第八章 创业准备 …… 196
第一节 大学生创业的背景 …… 197
一、世界创业大潮蓬勃兴起 …… 197
二、国内大学生创业浪潮 …… 198
三、国内大学生创业的政策环境日益宽松 …… 199

四、大学生自主创业现状与特点 …… 200
第二节　理性认识大学生创业 …… 202
一、广义创业和狭义创业 …… 202
二、大学是人生创业的开启阶段 …… 204
三、正确看待创业的成败与得失 …… 205
第三节　创业要素及其准备 …… 207
一、创业必需的心理素质 …… 207
二、创业必需的能力 …… 209
三、创业必需的知识储备 …… 211
四、创业必需的经验准备 …… 213
五、创业团队组建 …… 215
第四节　创业机会的把握 …… 217
一、机会属于有准备的人 …… 217
二、创业环境分析 …… 219
三、创业信息收集与处理 …… 221
四、创新思维开拓创业新天地 …… 222
● 问题思考 …… 224
● 信息园 …… 225
**参考文献** …… 227

# 第一章　职业规划

选择职业是人生的大事，因为职业决定了一个人的未来

——卢梭

**本章概要**

职业是一个人安身立业之本，施展抱负之基，成就自我之途，是人们生活的核心和重要保障。面对紧迫的就业形势，考虑自身的职业发展，大学生有必要按照职业生涯规划理论加强对自身的了解和认识，探索在自己身上和周围正在发生的变化，全面了解职业环境，通过对自己职业领域的探究，做出在某一时段正确的职业决策，使生活变得更有意义。本章节主要讲述什么是职业，什么是职业生涯规划，制定职业生涯规划的步骤和方法，如何选择自己的职业生涯方向，如何使用职业测评技术来寻找自己的职业兴趣与职业倾向，如何做出适合自己人生发展的职业选择和决策，并在大学的四年间为之付出应有的努力。

**【小故事】新生活从选定方向开始**

比塞尔是西撒哈拉沙漠中的一个小村庄，它在一块1.5平方公里的绿洲旁。在肯·莱文1926年发现它之前，这儿的人没有一个走出过大漠。据说不是他们不愿离开这块贫瘠的地方，而是尝试过很多次都没有走出去。

肯·莱文是英国皇家学院的院士，当然不相信这种说法。他用手语向这儿的人询问原因，结果每个人的回答都一样：从这儿无论向哪个方向走，最后都还要走回来。为了证实这种说法的真伪，他做了一次试验，从比塞尔村向北走，结果三天半就走了出来。

比塞尔人为什么走不出来呢？肯·莱文非常纳闷。后来他雇了一个比塞尔人，让他带路，看看到底如何？他们带了半个月的水，牵上两匹骆驼，肯·莱文收起指南针等现代设备，只拄一根木棍跟在后面。第11天的早晨，一块绿洲出现在眼前，他们果然又回到了比塞尔。这一次肯·莱文终于明白了，比塞尔人之所以走不出大漠，是因为他们根本不认识北斗星。

在一望无际的沙漠里，一个人如果凭着感觉往前走，他会走出许许多多、大小不一的圆圈，最后的足迹十有八九是一把卷尺的形状。比塞尔村处在浩瀚的沙漠中间，方圆上千公里没有一点参照物，若不认识北斗星又没有指南针，想走出沙漠，确实是不可能的。

肯·莱文在离开比塞尔时，带了一位叫阿古特尔的青年。这个青年就是上次和他合作的人，他告诉这位汉子，只要你白天休息，夜晚朝着北面那颗最亮的星走，就能走出沙漠。阿古特尔照着去做，三天之后果然来到了大漠的边缘。

现在比塞尔已是西撒哈拉沙漠中的一颗明珠，每年有数以万计的旅游者来到这儿。阿古特尔作为比塞尔的开拓者，他的铜像被竖在小城的中央。铜像的底座上刻着一行字：新生活是从选定方向开始的。

——选自刘燕敏：《课外阅读》，华夏出版社2003年版。

# 第一节　职业与职业分类

职业生涯是我们生活中的重要组织部分，拥有成功的职业生涯才能实现完美的人生。因此，职业生涯规划具有特别重要的意义。进行有效的职业生涯规划需要了解职业的相关概念与职业的分类。

## 一、职业的概念

职业是从业人员为获取主要生活来源而从事相对稳定、有收入的、专门类别的社会劳动。人们在社会劳动中都有自己的特定职业，如教师、律师、工程师、设计师、行政管理者、会计等。离开了职业也就离开了社会劳动。

职业随着社会劳动分工的产生而产生，随着社会劳动分工的发展而变化，社会有多少种劳动分工就有多少种职业，一旦劳动分工不复存在，职业也就消失了。当劳动分工决定着劳动者经济利益的差别时，职业就决定和影响劳动者的劳动收入，在物价一定的条件下，也就决定着劳动者的生活水平和生活质量的差别。它是对人们生活方式、经济状况、文化水平、行为模式、思想情操的综合反映，也是一个人的权利、义务、权力、职责，从而也是一个人社会地位的一般表征。不同的职业，通常意味着不同的发展机会与空间，也决定了不同的生活方式。但是，好的职业并不意味着高收入，有的人虽然薪水丰富，却毅然辞掉了令人羡慕的工作；有的人虽然收入不高，却依然拒绝高薪的诱惑，从事着现有的工作。

在我们的社会里，职业具有三个功能：谋生的手段，为社会作贡献的岗位，实现人生价值的舞台。三者密不可分，其中“谋生”是基础，“贡献”是灵魂，“价值”是结果。人作为社会的一员，都要在一定的职业岗位上履行对社会的义务，同时也接受社会提供的生存和发展的条件。在通常情况下，人人都应当有一定的职业，当然，不一定一生固定在一种职业上。

## 二、职业的特征与要素

### （一）职业的特征

辨认职业，首先要看是否具有下列特征：

（1）目的性。即职业以获得现金或希望等报酬为目的，是个人获得经济收入的来源，是个人赖以生存以及维持家庭生活的主要手段。

（2）社会性。即职业是从业人员在特定社会生活环境中所从事的一种与其他社会成员相互关联、相互服务的社会活动，是个人获得非经济收入，诸如名誉、地位、权利等的主要来源。

（3）稳定性。即职业在一定的历史时期内形成，并具有较长的生命周期。

（4）规范性。即职业必须符合国家法律和社会道德规范。

（5）群体性。即职业必须具有一定的从业人数。

随着社会的发展，职业的含义越来越广泛，过时的职业会逐渐淘汰，新的职业不断出现。比如，印刷业中的铅字排版工，随着计算机排版技术的普及而被淘汰。过去职业概念强调持续性、稳定性等特征，而现在自由职业者逐渐成为社会的一族。自由职业者在我国主要有三类：第一类是小本生意人：如小吃店、冲印店、个体零售店等；第二类是没有底薪的推销员，如寿险顾问、广告中介和地产经纪；第三类是专业人士，如律师、注册会计师、牙科医生、技术顾问、理发师艺术家等。与传统职业的工作方式相比，现代职业具有更加灵活的特点，如 SOHO 族（Small Office/Home Office）、MORE 族（Mobile Office Residential Edifice）、MO 族（Mobile Office）等。

### （二） 职业的要素

辨认职业，还要看是否具备如下要素：

（1）具有职业名称。

（2）具有工作的对象、内容、劳动方式和场所。

（3）具有承担职业所需要的资格和能力。

（4）具有工作取得的各种报酬。

（5）在工作中存在与部门和社会成员的人际关系。

职业不同于行业，其区别在于前者所标示的主要是工作内容，而后者所标示的是单位所涉及的经济活动领域。例如，建筑设计人员是职业，主要工作内容是设计建筑作品，而建筑是行业。职业和行业又是交叉的。同一职业可以存在于不同行业，例如设计人员既可在建筑业，也可在服装业、汽车制造业等；反过来讲，同一行业也包含很多不同的职业，例如建筑行业，既需要设计人员，也需要施工技术人员、施工工人，甚至司机等。当然，职业分布也各有侧重点，例如教育行业以教师为主，建筑行业以建筑设计师及施工人员为主。

## 三、职业分类

职业分类是在职业分析的基础上按照一定的标准对职业进行归纳和区分，以揭示各类职业间的区别和联系的过程。不同的国家、不同的地区对职业有不同的分类标准。主要有以下几种分类方法。

### （一） 按职业的性质分类

按职业性质分类是以工作性质的同一性为基本原则，对社会职业进行系统划分与归类。我国劳动和社会保障部编纂的《中华人民共和国职业分类大典》就是采用了职业性质分类的方法，把我国的职业分成 8 大类，66 个中类，413 个小类，1838 个细类。具体如表 1－1 所示。

**表 1－1　　我国职业分类**

| 第一大类：国家机关、党群组织、企事业单位负责人 |
|---|
| 1－1 中国共产党中央委员会和地方各级党组织负责人 |
| 1－2 国家机关及其工作机构负责人 |
| 1－3 民主党派和社会团体及其工作机构负责人 |
| 1－4 事业单位负责人 |
| 1－5 企业负责人 |

续表

| 第二大类：各类专业技术人员 |
|---|
| 2－1 科学研究人员<br>2－2 工程技术人员<br>2－3 农业技术人员<br>2－4 飞机和船舶技术人员<br>2－5 卫生专业技术人员<br>2－6 经济业务人员<br>2－7 金融业务人员<br>2－8 法律专业人员<br>2－9 教学人员<br>2－10 文学艺术工作人员<br>2－11 体育工作人员<br>2－12 新闻出版、文化工作人员<br>2－13 宗教职业者<br>2－14 其他专业技术人员 |
| 第三大类：办事人员和有关人员 |
| 3－1 行政办公人员<br>3－2 安全保卫和消防人员<br>3－3 邮政和电信业务人员<br>3－4 其他办事人员和有关人员 |
| 第四大类：商业、服务业人员 |
| 4－1 购销人员<br>4－2 仓储人员<br>4－3 餐饮服务人员<br>4－4 饭店、旅游及健身娱乐场所服务人员<br>4－5 运输服务人员<br>4－6 医疗卫生辅助服务人员<br>4－7 社会服务和居民生活服务人员<br>4－8 其他商业、服务业人员 |
| 第五大类：农、林、牧、渔、水利业生产人员 |
| 5－1 种植业生产人员<br>5－2 林业生产及野生动植物保护人员<br>5－3 畜牧业生产人员<br>5－4 渔业生产人员<br>5－5 水利设施管理养护人员<br>5－6 其他农、林、牧、渔、水利业生产人员 |

续表

| 第六大类：生产、运输设备操作人员及有关人员 |
| --- |
| 6－1 勘测及矿物开采人员<br>6－2 金属冶炼、轧制人员<br>6－3 化工产品生产人员<br>6－4 机械制造加工人员<br>6－5 机电产品装配人员<br>6－6 机械设备修理人员<br>6－7 电力设备安装、运行、检修及供电人员<br>6－8 电子元器件与设备制造、装配调度及维修人员<br>6－9 橡胶和塑料制品生产人员<br>6－10 纺织、针织、印染人员<br>6－11 裁剪缝纫和皮革、毛皮制品加工制作人员<br>6－12 粮油、食品、饮料生产加工及饲料生产加工人员<br>6－13 烟草及其制品加工人员<br>6－14 药品生产人员<br>6－15 木材制品加工制作人员<br>6－16 制浆、造纸和纸制品生产加工人员<br>6－17 建筑材料生产加工人员<br>6－18 玻璃、陶瓷、搪瓷及制品生产加工人员<br>6－19 广播影视制品制作播放及文物保护作业人员<br>6－20 印刷人员<br>6－21 工艺美术品制作人员<br>6－22 文化教育体育用品制作人员<br>6－23 工程施工人员<br>6－24 运输人员<br>6－25 环境监测与废物处理人员<br>6－26 检验、计量人员<br>6－27 其他生产、运输设备操作人员及有关人员 |
| 第七大类：军人 |
| 7－0 军人 |
| 第八大类：不便分类的其他从业人员 |
| 8－0 不便分类的其他从业人员 |

### （二）按行业类别分类

我国在 1984 年由国家计委、国家经委、国家统计局、国家标准总局批准颁布的《国民经济行业分类与代码》就是按行业类别，把我国职业分为 13 个门类。

（1）农、林、牧、渔、水利业。

（2）工业。

（3）地质和勘探业。

（4）建筑业。

（5）交通运输业、邮电通讯业。

（6）商业、公共饮食业、物资供应和仓储业。

（7）房地产管理、公共事业、居民服务和咨询服务业。

（8）卫生、体育和社会福利事业。

（9）教育、文化艺术和广播电视业。

（10）科学研究和综合技术服务业。

（11）金融、保险业。

（12）国家机关、党政机关和社会团体。

（13）其他行业。

除了以上分类，还可以按心理的个人差异进行分类。这种分类方法是根据美国著名的职业指导专家霍兰德创立的人格—职业类型匹配理论划分的。具体内容参见本章第四节关于霍兰德人格—职业匹配理论的介绍。

## 四、职位分类

### （一） 职位分类的含义及意义

职位分类又叫职务分类。所谓职位分类，是根据职位的责任轻重、难易程度、劳动强度以及所要求的知识、技能和经验水平，将其划分为若干等级，并规定出职位的任务、责任、权利以及所需任职资格等。

**【案例】不同职位对任职的不同要求**

（1）某银行的任职要求：

分行负责人

学历要求：大学本科以上文化程度。

专业基础要求：具备一定的金融基础知识，熟悉国家有关金融方面的方针政策和相关法规；熟悉金融管理，从事相关工作5年以上等。

专业能力要求：有较强的计划能力、组织协调能力和监督控制能力；及时掌握辖区内金融业务的运行情况；联系协调分行与地方政府的关系；根据国家和总行的有关方针政策，结合地方实际，有效地开展工作。

心理素质要求：具有良好的人品，原则性强；具有较强的亲和力；具有创新精神。

（2）专业技术人员任职要求：

软件开发工程师

学历要求：计算机及相关专业本科或硕士以上学历。

专业基础要求：熟悉C、JAVA、DELPHI、UNIX、数据库等一种或多种技术，热爱软件编程工作。

专业能力要求：计算机专业基础扎实，学习能力突出，基础扎实。

心理素质要求：有良好的沟通能力和团队协作精神，有责任心，思维活跃，可适应长

期出差。

（3）办公室任职条件要求：

行政秘书

学历要求：大学本科以上文化程度。

专业基础要求：掌握计算机应用操作、英语、管理学等知识，熟悉企业组织和管理。

专业能力要求：熟练地运用计算机操作，具有一定英语听、说、译能力，掌握办公室各科业务情况，有一定的文字撰写和组织协调能力。

心理素质要求：细心，耐心，会协调，有效率。

——杭州毕业生就业网 http：//www. hzbys. com

**（二）职位分类的方法**

（1）职位的横向分类。即根据各种职位不同的业务性质，把它们划分为若干类别。例如，可以把所有的职位划分为行政和专业技术两大类，专业技术又可以划分为工程、医务、研究、教育等，工程类又可以划分为电力工程、机械工程、土木工程等。

（2）职位的纵向分类。即根据每一职位的业务难易、责任轻重以及所需的学识、技能、经验水平等因素，对它们进行评价，并对小类的职位进行职级划分，职级不同，职责不同，劳动报酬也不同。例如：会计人员的职级从低到高分为会计员——助理会计师——会计师——高级会计师——总会计师；国家公务员的职级从低到高分为科员——科级——处级——厅（局）级——省（部）级；大学教师的职级从低到高分为：助教——讲师——副教授——教授；等等。

**（三）了解职位分类的意义**

了解职位分类，对于大学生规划职业生涯，有很大的指导意义。

（1）不同等级的职业其工作性质、内容、责任大小、难易程度不同，相应的职责、报酬及待遇有所差别，这为大学生确定具体的求职目标提供了条件。

（2）职位分类给每个职位分别确定了岗位职责，完成任务所需人员的任职资格和条件，了解不同职位所要求的相应任职资格和条件，有助于大学生确立合理的职业期望。

（3）量化了的职位数量可以为大学生在规划职业目标时提供更有价值的信息。

## 第二节　职业生涯规划理论

有一位社会科学家曾经说过：“没有什么能比好的理论更加实用的东西了。”（Stefflre，1965）有些人不相信这一点，他们认为理论跟现实生活无关。其实不然，理论指导行为，帮助人们在混乱中找到方向。本节将会介绍几个具有代表性的职业生涯规划理论。

### 一、职业生涯规划理论概述

“职业生涯”概念是伴随着美国职业指导理论的发展而被提出的。作为职业指导发源地的美国，其大学生职业生涯规划的理论和实践经历了五个发展阶段：

第一个阶段是职业生涯规划指导理论的提出和基本模式的建立，以美国社会学家帕森斯（Frank parson，1908 年，美国波士顿大学教授）的“特性因素相匹配理论”为代表，强调学生的特性与职业因素相匹配。1909 年，帕森斯的《选择职业》（Choosing a Vocation）一书出版，第一次系统地阐述了科学的职业选择理论，这一理论对今天的职业生涯辅导及职业生涯规划仍具有现实的指导意义。帕森斯及其同事的工作在当时美国社会引起了极大的反响，到 1910 年，全美就有 35 个大城市争相效仿，1911 年美国出版了第一份“职业辅导通讯”（Vocational Guidance News Letter），1913 年又成立了全国职业辅导协会。大学生职业生涯规划和高校学生就业管理工作研究深受教育学、心理学、管理学等多学科领域的学者注目，甚至为一般公众所关心。

第二个阶段以美国职业指导专家威廉姆逊（Williamson）出版的《怎样咨询学生》为标志，强调学生就业咨询。它是以个人的个性心理特质作为描述个性差别的重要指标，强调个人的特质与职业选择的匹配关系。

第三个阶段以人本主义心理学创始人罗斯杰（Peter Rosegger）1942 年出版的《心理咨询和心理治疗》为代表，注重学生的个人发展，职业指导的重点发生转变，由侧重开发职业素质测试的技法，转变为注重职业咨询的方法。

第四个阶段以美国心理学家、职业指导专家霍兰德（JohnL. Holland）于 1959 年创立的“人格—职业类型匹配理论”为代表，通过把握人格特征选择职业，达到人职匹配。霍兰德把职业选择看做个人人格的延伸，试图以职业生活的范畴说明个人行为形态的实际表现，强调个人的行为是人格与环境交互作用的结果，职业选择也是人格的表现，人格形态与行为形态影响人的职业选择及其对生活的适应。

第五个阶段就是职业生涯指导，这个阶段的代表人物有金斯伯格（EliGinzberg）、舒伯（D. E. Super）等人。20 世纪 50 年代，金斯伯格等人提出了“职业发展是一个与人的身心发展相一致的过程”的新观念；舒伯提出“职业生涯发展理论”，指出职业指导即协助个人发展并接受统一完整的自我形象，同时发展适合的职业角色形象，使个人在现实世界中接受考验，并转化为实际的职业，以满足个人需要，同时造福社会。由此开始了盛行至今的西方大学生职业生涯规划辅导，代替职业指导的概念。

目前西方大多数学者所接受的职业生涯定义来自于美国舒伯（D. E. Super）的论点：“职业生涯是生活中各种事件的演进方向和历程，它统合了人一生中的各种职业和生活角色，由此表现出个人独特的自我发展形态。”所以职业生涯具有终身性、独特性、发展性和综合性等特点，可以将它理解为介于“生命”与“职业”之间的概念，其内容是比较宽泛的，具有丰富的内涵与特性。

## 二、职业生涯发展理论

### （一） 舒伯的职业生涯发展理论

舒伯是美国一位具有代表性的职业管理学家，他把人的职业生涯划分为五个主要阶段：成长阶段、探索阶段、确立阶段、维持阶段和衰退阶段。

**1. 成长阶段**

从 0 ~ 14 岁，经历着对职业从好奇、幻想到有兴趣、有意识培养职业能力的逐步成长

过程。舒伯将这一阶段，具体分为3个成长期：①幻想期（10岁之前）：儿童从外界感知到许多不同的职业，对于自己觉得好玩和喜爱的职业充满幻想，并进行模仿。②兴趣期（11~12岁）：以兴趣为中心，理解、评价职业，开始作出职业选择。③能力期（13~14岁）：开始考虑自身条件与喜爱的职业是否相符，有意识地对自己进行能力培养。

**2. 探索阶段**

从15~24岁，择业、初次就业。该阶段也可分为3个时期：①试验期（15~17岁）：综合认识和考虑自己的兴趣、能力与职业社会价值、就业机会，开始进行择业尝试。②过渡期（18~21岁）：查看劳动力市场，或者进行专门的职业培训。③尝试期（22~24岁）：选定工作领域，开始从事某种职业。

**3. 确立阶段**

从25~44岁，为确立稳定职业阶段。一般经过两个时期：①尝试期（25~30岁）：对初次就业选定的职业不满意，再选择、变换工作岗位，变换次数因人而异，也可能满意初选职业而无变换。②稳定期（31~44岁）：最终确定职业，开始致力于稳定工作。

**4. 维持阶段**

在45~64岁这一段较长的时间内，劳动者一般达到常言所说的“功成名就”的境地，已不再考虑变换职业工作，只力求维持已取得的成就和社会地位。

**5. 衰退阶段**

人达到65岁以上，其健康状况和工作能力逐步衰退，即将退出工作，结束职业生涯。

在上述舒伯的生涯发展阶段中，每一阶段都有一些特定的发展任务需要完成，每一阶段需达到一定的发展水准或成就水准，而且前一阶段发展任务的达成与否关系到后一阶段的发展。

在以后的研究岁月中，舒伯对发展任务的看法又向前跨了一步，提出了循环式发展任务的概念。他认为在人一生的生涯发展中，各个阶段同样要面对成长、探索、建立、维持和衰退的问题，因而形成“成长—探索—建立—维持—衰退”的循环（见表1-2）。

**表1-2　舒伯循环式发展任务图表**

| 阶段 | 青年（14~25） | 成年早期（25~45） | 中年（45~65） | 老年（65岁以上） |
|---|---|---|---|---|
| 衰退 | 减少用于嗜好的时间 | 减少用于运动的时间 | 集中于主要活动 | 减少工作时间 |
| 维持 | 验证当前的职业选择 | 设法保持工作的安定 | 巩固自己、面对竞争 | 保持仍有兴趣的事 |
| 建立 | 开始创业 | 安于现职 | 学习新的技能 | 从事向往已久的事 |
| 探索 | 学习更多的工作经验 | 寻找机会，做自己喜欢做的事 | 辨识新问题并设法解决 | 寻求合适的退休后的活动场所 |
| 成长 | 发展适宜的自我观念 | 学习处理与他人之间的关系 | 接纳个人的限制 | 发展非职业性的角色 |

举例来说。如一个大学一年级的新生，必须适应新的角色与学习环境，经过“成长”和“探索”，一旦“建立”了较固定的适应模式，同时“维持”了大学学习生活之后，又

要开始面对另一个阶段——准备求职。原有的已经适应了的习惯会逐渐衰退，继而对新阶段的任务又要进行“成长”、“探索”、“建立”、“维持”与“衰退”。如此周而复始。

1976~1979年间，舒伯在英国进行了为期四年的跨文化研究，之后他提出了一个更为广阔的新观念——生活广度、生活空间的生涯发展观（Life-span，Life-space career development）（1981）。这个生涯发展观，除了原有的发展阶段理论之外，较为特殊的是舒伯加入了角色理论，并将生涯发展阶段与角色彼此间交互影响的状况，描绘成一个多重角色生涯发展的综合图形。这个生活广度、生活空间的生涯发展图形，舒伯将它命名为“一生生涯的彩虹图”（Life-career rainbow）（见图1-1）。就生涯彩虹的内容来看，阴影部分即是每一个角色的投入程度。颜色越深表示该角色投入的程度越多；越多空白，表示该角色的投入程度越少。

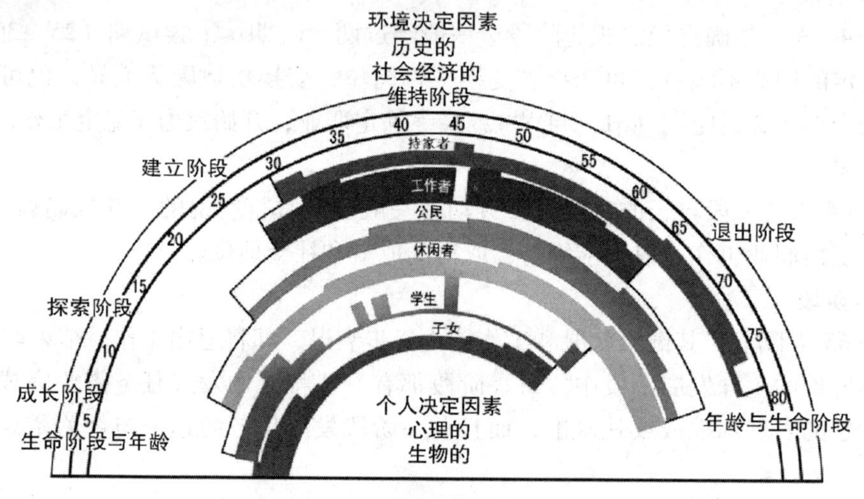


图1-1　舒伯的生涯彩虹

1. **横贯一生的彩虹——生活广度**

在一生生涯的彩虹图中，横向层面代表的是横跨一生的生活广度。彩虹的外层显示人生主要的发展阶段和大致估算的年龄：成长期（约相当于儿童期），探索期（约相当于青春期），建立期（约相当于成人前期），维持期（约相当于中年期）以及衰退期（约相当于老年期）。在这五个主要的人生发展阶段内，各个阶段还有小的阶段，舒伯特别强调各个时期年龄划分有相当大的弹性。应依据个体不同的情况而定。

2. **纵贯上下的彩虹——生活空间**

在一生生涯的彩虹图中，纵向层面代表的是纵贯上下的生活空间，是由一组职位和角色所组成。舒伯认为人在一生当中必须扮演9种主要的角色，顺序是：儿童、学生、休闲者、公民、工作者、夫妻、家长、父母和退休者。

### （二）施恩的职业生涯发展理论

美国的施恩（E. H. Schein）教授根据人生不同年龄段面临的问题和不同年龄段职业的主要任务，将职业生涯分为9个阶段。在此需要指出的是，施恩虽然基本上是依照年龄增大的顺序来划分职业发展阶段的，但并未囿于此，其阶段划分更多的是根据职业状态、任务、职业行为的重要性等因素。正因为施恩教授划分职业周期阶段是依据职业状态、职业行为和发展过程的重要性，又因为每人经历某一职业阶段的年龄不同，所以，他只给出了大致的年龄跨度，并在职业阶段上所示的年龄有所交叉。

**1. 成长、幻想、探索阶段**

0~21 岁的人处于这一职业发展阶段。主要任务是发现和发展自己的需要和兴趣，发现和发展自己的能力和才干，为进行实际的职业选择打好基础。

具体内容包括：学习职业方面的知识，寻找现实的角色模式，获取丰富信息，发现和发展自己的价值观、动机和抱负，做出合理的受教育决策，将幼年的职业幻想变为可操作的现实。

接受教育和培训，开发工作世界中所需要的基本习惯和技能。在这一阶段个体所充当的角色是：学生、职业工作的候选人、申请者。

**2. 进入工作环境**

16~25 岁的人步入该阶段。首先，查看劳动力市场，谋取可能成为一种职业基础的第一项工作；其次，个人和雇主之间达成正式可行的契约，个人成为一个组织或一种职业的成员。充当的角色是：应聘者、新学员。

**3. 基础培训**

处于该阶段的人年龄在 16~25 岁。与上一阶段不同，处于这一阶段的人要担当实习生、新手的角色。也就是说，他已经迈进职业或组织的大门。此时主要任务是了解、熟悉组织，接受组织文化，融入工作群体，尽快取得组织成员资格，成为一名有效的成员。并且要适应日常的操作程序，应付工作。

**4. 早期职业的正式成员资格**

此阶段的年龄为 17~30 岁，取得组织新的正式成员资格。面临的主要任务是：①承担责任，成功地履行与第一次工作分配有关的任务；②发展和展示自己的技能和专长，为提升或查看其他领域的横向职业成长打基础；③根据自身才干和价值观，根据组织中的机会和约束，重估当初追求的职业，决定是否留在这个组织或职业中，或者在自己的需要、组织约束和机会之间寻找一种更好的配合。

**5. 职业中期**

处于职业中期的正式成员，年龄一般在 25 岁以上。主要任务是：选定一项专业或管理领域；保持技术竞争力，在自己选择的专业或管理领域内继续学习，力争成为一名专家或职业能手；承担较大责任，确立自己的地位；开发个人的长期职业计划。

**6. 职业中期危险阶段**

处于这一阶段的是 35~45 岁者。主要任务为：现实地估价自己的进步、职业抱负及个人前途；就接受现状或者争取看得见的前途做出具体选择；建立与他人的良好关系。

**7. 职业后期**

从 40 岁以后直到退休，可说是处于职业后期阶段，此时的职业状况或任务是：①成为一名良师，学会发挥影响、指导、指挥别人，对他人承担责任；②扩大、发展、深化技能，或者提高才干，以担负更大范围、更重大的责任；③如果求安稳，就此停滞，则要接受和正视自己影响力和挑战能力的下降。

**8. 衰退和离职阶段**

一般在40岁之后到退休期间，不同的人在不同的年龄会衰退或离职。此间主要的职业任务是：学会接受权力、责任、地位的下降；基于竞争力和进取心下降，要学会接受和发展新的角色；评估自己的职业生涯，准备退休。

**9. 离开组织或职业——退休**

在失去工作或组织角色之后，面临两大问题或任务：保持一种认同感，适应角色、生活方式和生活标准的急剧变化；保持一种自我价值观，运用自己积累的经验和智慧，以各种资源角色，对他人进行帮助。

施恩依照年龄顺序来划分职业发展的阶段，依据职业任务、职业角色和发展过程的重要性来划分职业周期阶段，具有很高的使用价值。

## 三、职业与人格匹配理论

霍兰德的职业倾向理论又称为人格—职业匹配理论。约翰·霍兰德（John Holland）假设人的职业选择是其人格的反映。“职业选择反映了人的动机、知识、人格和能力。职业代表一种生活方式、生活环境，而不仅仅是一些工作职能和技巧。做一个木匠不只意味着要使用工具，也意味着特定的地位、社会角色和生活模式。”

霍兰德的理论体系认为：某一类型的职业通常会吸引具有相同人格特质的人，而具有相同人格特质的人对许多生活事件的反应模式也是相似的。他们创造了具有某一特色的生活环境，也包括工作环境。在同等条件下，人和环境的适配性或一致性将增加个体的工作满意度、职业稳定性和职业成就感。

霍兰德的职业生涯理论的基础主要由四个基本假设组成：

（1）大多数人可以归为6种人格类型之一：现实型（简称R）、研究型（简称I）、艺术型（简称A）、社会型（简称S）、管理型（简称E）和常规型（简称C）。

现实型的人一般喜欢需要用体力、运动协调，与机器或工具之类的物品打交道，如机械工、农技师。

研究型的人喜欢科学思考、解决问题和学术类活动，如化学家、生物学家。

艺术型的人喜欢自由、没有条条框框的方式，进行艺术、写作、音乐、戏剧、舞蹈之类的创作，如音乐家、设计师。

社会型的人愿意在教学、帮助他们的情境下与人接触，如教师、社会工作者。

管理型的人喜欢通过说服、控制他人来达成组织目标或获得利益，如销售员、经理。

常规型的人则喜欢那些要求系统有序地处理数据、材料的活动，如会计、秘书。

（2）工作环境也有6种类型，其名称及性质与人格类型的分类一致，每种工作环境都由相应人格类型的人主导。例如，在现实型的环境中，大部分人会是现实型的人格。其他5种类型同样如此。

（3）人们都尽量寻找那些能运用自己的技术、体现自己的价值和能在其中扮演令自己愉快角色的职业。例如一个现实型的人会尽力去寻找现实型的职业，其他几种人格类型的职业类型的匹配亦然。当人们寻找一个工作环境时，必定希望能在其中施展才能、展现人生价值、遵循自身认可的规划。如果不能进入最适合自己的工作环境，则会退而寻求次优的选择；

（4）一个人的行为表现是职业环境类型和人格类型相互作用的结果。如果知道自己的人格类型和职业类型，我们就可以预测自己的职业选择、工作变换、职业成就、个人竞争和教育及社会行为。

霍兰德设计了自我定向（SDS）问卷，用来测量个人与每种人格模式的相似度。将测出的结果按每一种类型相似的程度排出先后顺序，他把这个排序称为人格模式。这 6 种类型有 720 种可能的排序方式，其中会有一种能最好地吻合于受测者。

本章第四节会对霍兰德理论和量表做更多的介绍。

## 四、其他职业生涯规划理论

### （一）　克朗伯兹的社会学习理论

社会学习理论与强调刺激/反应的行为主义相联系，这对许多人来说意味着增加了外界环境的控制和威胁、减弱了个人自由。不过，尽管这个理论的确提出了必须承认自由具有某些限制，但它也强调了人类行为同时受到个人和环境的控制，大多数行为主义方法都提倡自我管理。

约翰·克朗伯兹（Jones Krumboltz）作为职业生涯规划中社会学习理论的代表人物，提出了对职业选择的四种影响。一是基因特征（种族、性别、外形、身体残疾），它可以拓展或限制你的职业偏好和能力，如智力、音乐艺术才华、肌肉协调性等。二是环境条件，如只能在某些地域找到某些工作，雇主或政府官员限定了任职要求，劳动法规和行业协会的规定，自然灾害（洪水、干旱、地震、飓风），自然资源的供需情况，技术的新发展等。三是过去的学习经验同样会影响职业选择。克朗伯兹指出了两种学习经验——作用于环境的与环境作用于你的。四是个人处理新任务、新问题时所形成的技能、绩效标准和价值观。

这种影响会使得个人对自己作出某些评价，应用所学的技能以行动来解决问题。在职业生涯规划中，这些技能将用来理清价值观念，设定目标，估测未来事件，找出备选职业，搜集信息，解释过去经历，并选定职业。

为什么人们会对某些职业有所偏好？依照社会学习理论学家的说法，每个人的偏好折射了个人所习得的反应。当人们做与某项职业有关的事而得到正反馈，如赞许、认可时，就会倾向于对该职业有所偏好。还有一些其他的正反馈，比如你认可的成功人士所从事的职业，你敬仰的人鼓励你从事某项职业，这些也会激起你对某些职业的正面评价和想象等。正反馈对职业规划中所必需的技能学习和行动同样起作用。

社会学习理论用于职业生涯规划的一个方面是，检测人们在职业决策和求职时可能产生的一些棘手想法。人们在选择职业的时候，可能会产生一些不利于职业决策和求职的想法，例如：

- 我不知道我想做什么，这糟透了。
- 别人好像都有目标，都知道他们想从事什么职业。

- 会有一个专家或某种测试告诉我正确的职业（或专业）选择。
- 我在我向往的职业或专业上会以失败告终。
- 如果经济滑坡，我会找不到工作。
- 列出一堆职业来研究和选择完全是在浪费时间。
- 我必须找到唯一适合我的职业。
- 只要工作足够努力，我什么都能做。
- 一旦作出了职业选择，我就得一生坚持自己的选择。
- 世界变得太快，根本不可能规划你的职业。
- 没有女性（或男性）会从事这样的职业。
- 我不能为男性（或女性）老板而工作。

大学生若有这其中的任何想法，都可以对它们提出质疑。可以用几个关键问题来检查择业的信念：①我怎么知道确实如此？②如果确实如此，我应该用哪些步骤来证明？③什么证据能说明与之相反的理念才是对的？下面有一些可以对上述部分信念提出回答的信息。

- 适合你的工作远不止这一种，你可以找到成千上万不同兴趣和能力的职业。
- 不知道自己想做什么是很正常的。通常人一生中平均要换 7 ~ 10 个工作。事实上，职业咨询师更愿意帮助那些职业目标不确定的人，因为他们更热衷于找出和探索备选职业。
- 即使在困难时期，求职者也能找到工作。
- 很多人都在曾被认为只适合于另一性别的职业上取得了成功。

一旦想清楚了这些问题，就能克服这些影响职业规划的非理性信念了。

### （二） 高桥宪行的生涯发展理论

日本著名的职业生涯学家高桥宪行的理论与众不同，他从一个独特的角度，即企业的“生命周期”来考虑一个人的职业发展。

所谓企业的“生命周期”，就是指一般企业的寿命大致可分为 5 个阶段：开发期、成长前期、成长后期、成熟期与衰退期。

处于“开发期”的企业，发展刚起步，个体晋升的机会通常也较多，短时间内就可能升到较高的位置，但相对而言，由于企业基础尚不够稳固，所以必须承受较大的经营风险。

处于“成长前期”的企业，个体晋升的机会也较多，但速度则略微缓慢一些。

处于“成长后期”的企业，制度、体系都已上了轨道，个体想在短期内获得晋升或加薪比较困难，一般的大企业多属于此阶段。

处于“成熟期”的企业，个体在其中的工作生涯可能很漫长、辛苦，晋升的可能性也较小。

处于“衰退期”的企业，除非个体具有超凡的能力，可以使濒临关门的企业起死回生，否则根本不需要考虑。

高桥宪行提出，如果大学毕业生不知道如何选择合适的企业，不妨依据企业的“生命周期”来考虑，建议他们可以在择业前先回答以下 7 个问题：

（1）我希望进入一家薪水普通但稳定性高的企业。

（2）我希望进入一家工作轻闲又能兼职的企业。

（3）我希望进入一家以实力决定待遇的企业。

（4）为了自己将来创业方便，我希望进入一家能充分学习的企业。

（5）我希望进入一家环境安定、能从事新事业的开发、企划工作的企业。

（6）我希望进入一家能重用年轻人的企业。

（7）我希望做自己喜欢，而且待遇又高的工作。

根据高桥宪行的分析，选择（1）的人，适合进入“成熟期”的企业；选择（2）的人，最好还是不要“脚踏两只船”，不妨在本职工作之外，另外从事一些不太费时的投资；选择（3）的人，“成长前期”的企业最适合；选择（4）的人，适合进入“开发期”或“成长前期”企业，如此才有机会学到所有的实务；选择（5）的人，可以考虑“成熟期”企业中的企划或开发部门；选择（6）的人，这个愿望恐怕很难在企业中实现，但可以尝试选择“开发期”或“成长前期”的企业；至于选择（7）的人，那最好自行创业当老板。

看完了以上几种职业生涯发展理论的简介，问问自己：“哪种最有意义？哪种最有用？我能用这些理论吗？”试着建构自己的职业生涯和职业决策的理论。虽然理论为行动提供了指南，但其还不能解决所有问题。因为每种理论都因为具有某些局限性而遭到批评。职业生涯理论家们自己也承认，他们的工作远未完成。

## 第三节 职业生涯规划方法

**【案例】比尔·拉福的故事**

中学毕业之际，比尔·拉福就立志经商。他的父亲是洛克菲勒集团的一名高级职员，父亲的生活熏陶了年少的拉福。拉福的父亲在商界摔打了多年，对商海中的事务了如指掌，深谙其中奥妙。他发现儿子有商业天赋，机敏果断，敢于创新，但却很少经历过磨难，没有经验，更缺乏知识。于是，拉福父子进行了一次长谈，共同制订了计划，描绘出职业生涯的蓝图，拉福听从了父亲的劝告，升学时并没有直接去读贸易专业，而是选了工科中最普通的专业—机械制造。这招棋很绝妙，因为做商贸必须具备一定的专业知识，在贸易中，工业商品占据绝大多数，如果不了解产品的性能、生产制造情况，很难保证贸易的收益。因此，具备一些工科的基本知识是经商的先决条件。况且，工科学习，不仅是知识技能的培养，它还能帮助你建立一套严谨求实的思维体系，训练你的推理分析能力，使你有一种脚踏实地的工作态度，这些素质对经商帮助极大。比尔·拉福就这样在麻省理工学院度过了四年。他没有拘泥于本专业，还广泛接触了其他课程。学习了许多化工、建筑、电子等方面的基本知识，这些知识在他后来的商业活动中发挥了不可忽略的作用。

大学毕业后，比尔·拉福没有立即投入商海。按照原先的设计，他开始攻读经济学的硕士学位。商业毕竟不是工业，这是一种经济活动，有其本身的规律与特征。现代商业不再像古代阿拉伯人做起来那么简单了，无论是程序上，还是规则、内容上都相当复杂，需要进行专门了解。在市场经济条件下，一切经济活动都通过商业活动来进行，不了解经济规律，不学习经济学的知识，很难在商业领域内立足。于是，比尔·拉福又考进芝加哥大学，开始了为期3年的经济学硕士课程。这期间，比尔·拉福掌握了经济学的基本知识，深入了解了经济规律，懂得了商业活动的社会地位、作用，搞清了影响商业活动的众多因素。他还特意认真学习了有关的经济法律。现代商业活动中法律充当了至关重要的角色，没有法律保障，现代商业将陷入一片混乱。他更注重学习微观经济活动的管理知识，而不把主要精力用来研究理论经济学，那是职业经济学家的工作，他志不在此。因此，比尔·拉福对会计、财务管理也较为精通。这样，几年下来，他在知识上完全具备了经商的素质。

比尔·拉福拿到硕士学位后仍然没有投身商海，而是考了公务员，去政府部门工作。原来，他的父亲，这位老谋深算的商业活动家深知，经商必须有很强的交往能力，人际关系在商业活动中异常重要，要想在商业上获得成功，必须深知处世规则，充分了解人的心理特征，善于与人交往，能够给人以良好的印象，使人信任你，愿意与你合作。比尔·拉福在政府部门一干就是5年。这5年中，他从稚嫩的热血青年成长为一名老成持重、不动声色的公务员。他在后来的商业生涯中，从未上当受骗，这都归功于他在政府的5年锻炼。此外，他通过那5年的政府机关工作，结识了一大批各界人士，建立起一套关系网络，他非常善于利用这些网络，为他提供丰富的信息，提供许多便利条件。这对他后来的商业成功帮助极大。5年的政府工作结束之后，比尔·拉福已完全具备了成功商人所需的各种条件，羽翼丰满了。于是，他辞职下海，去了父亲为他引荐的通用公司熟悉商务。又经过两年，他已熟练掌握了商情与商务技巧，业绩斐然。

这时候，他不再耽搁时间，婉言谢绝了通用公司高薪挽留，跳出来开办拉福商贸公司，开始了梦寐以求的商人生涯，正式实施多年前的计划。功夫不负苦心人，比尔·拉福的准备工作太充分了，他几乎考虑到每个细节，学会了商人应学的一切。因此，他的生意进展异常顺利，拉福公司的成长速度出奇得快。20年之后，拉福公司的资产从最初的20万美元发展为2亿美元，而比尔·拉福本人也成为一个奇迹，到处受人尊敬。

比尔·拉福率团到中国进行商业考察，在接受记者采访时，谈起了他的经历。比尔·拉福认为他的成功应感谢他父亲的指导，他们共同制订了一个重要的生涯方案，这个生涯设计方案使他最终功成名就。

——新生命教育网站 http：//www. xsmjy. com/www/9/2007 －09/16. html

从比尔·拉福个人经历来看，可以清楚地看到一个典型的“职业生涯规划与实施”的路线图。从确立目标，扎实的准备，积累经验和能力，到最后的创业并实现目标，比尔·拉福成就了他个人的职业理想。对于个人来讲，职业生涯的成功关键是要在清楚自己实际情况的前提下，确立人生方向和奋斗的策略，努力突破并塑造清新充实的自我，它强调准确评价个人特点和强项，客观评估个人目标与现实差距，从而实现准确定位，在认识自身的价值的基础上，发现新的机遇，增强自身竞争力并最终实现目标。

## 一、职业生涯规划的概念

职业生涯规划（career planning）简称职业规划，也可叫职业生涯设计，是西方学者20世纪50年代提出的新概念，是指个人和组织相结合，在对一个人职业生涯的主客观条件进行测定、分析、总结研究的基础上，对自己的兴趣、爱好、能力、特长、经历及不足等各方面进行综合分析与权衡，结合时代特点，根据自己的职业倾向，确定其最佳的职业奋斗目标，并为实现这一目标作出行之有效的安排。它从人生健康发展和与组织协调的角度，使职业指导更加贴近社会经济发展的需要，把个人利益与组织利益有机结合起来。最新意义上的职业生涯规划，实际上已经包含是人生规划的概念，即包括工作、学习、休闲、爱和家庭四大块。

在西方，“生涯”这个词本身包含有职业的意思，因此生涯与职业生涯用的都是同一个单词，即“career”，在我国则翻译为“职业生涯”或“生涯”，指一个人一生的工作经历，特别是职业、职位的变动及职业理想实现的整个过程。

## 二、职业生涯规划的特点

随着职业生涯规划理论的不断发展和完善，如何实施职业生涯规划成为了一个重要的教育问题。1971 年，曾任美国教育署长的马连博士（Sidney P. Marland, Jr.）提出的职业生涯规划教育认为，“职业生涯规划教育是为全民而非部分人民的教育，它是从义务教育开始，延伸至高等及继续教育的整个过程，它教育下一代在心理上、职业上及社会上的平衡与成熟的发展，使每个国民成为自我认知、自我实现及自觉有用的人。这种教育同时具有学识与职业功能、升学及就业准备，它强调在传统的普通教育中建立起职业的价值，使学生具有谋生能力。因此，其基本目标是培养个人能过丰饶创造、有生产价值的人生，这是发挥教育真实价值的整体构想。”

从广义上理解，职业生涯规划可以说是学校的一切课程和教育活动，其目的是为了学生的终身发展；狭义地说，应当是指为帮助学生进行职业生涯设计、进行个体的自我定位，确立职业生涯目标、选择职业生涯角色、寻求最佳职业生涯发展途径的专门性课程与活动。它能帮助学生更好地了解自己，知道自己想做什么、能做什么、适合做什么、应该做什么以及怎样实现自己的目标，从而促使学生不断提高自身的综合素质，帮助他们提高适应社会的能力，以期实现个体价值的最大化，创造有价值的人生。

职业生涯规划作为一种教育理念，具有以下特点：

（1）个别性。职业生涯规划强调每个人将来均有一个美满成功的职业生涯，而此种职业生涯因为每个人的差异而不同，具有适合每个人的特性。

（2）终身性。职业生涯规划不是一蹴而就或者集中于某个时间段的，而是贯穿于每个人的一生，是终身教育的过程。

（3）整体性。职业生涯规划是学校、家庭、社会的共同责任，应该发挥整体的合力，促进个人的职业发展。

（4）全面性。职业生涯规划面向所有的学生，平等地加以对待，而不能戴有色眼镜对待学习、生活、家境等处于劣势的学生。

（5）连贯性。这是基于职业生涯规划终身性特点的衍生。职业生涯规划联结了学生的文化教育与职业教育，而且将每个人不同阶段的职业生涯规划紧密衔接起来，形成连贯的教育过程。

（6）生活性。职业生涯规划贯穿其一生，其教育、实践的过程都需要与平常的生活很好地融为一体，在生活中进行教育，在教育中体现生活。

(7) 实际性。职业生涯规划打破了传统的知识、理论的单一内容，而且尤其强调对学生实际能力的培养和塑造，力求造就综合素质较高的人才。

(8) 发展性。职业生涯规划立足于人的职业生涯发展，强调通过各种有效的教育手段和有针对性的教育内容来促进学生的发展和特殊才能的充分发挥。

## 三、职业生涯规划的内容

由于每个人的个体差异和个人偏好，很难对职业生涯规划及职业问题的解决建立一个精确的按部就班的程序，一般将职业生涯规划过程归纳总结成八个部分：

(1) 认识问题，承担责任。意识到自己对职业前景的困惑，并决定采取行动来致力解决这一问题。职业前景指人们感兴趣的并愿意花时间来研究的潜在职业选择。

(2) 了解环境。了解所处的社会、经济、政治、地理环境，从而衡量可能影响职业选择的环境因素。

(3) 了解自己。收集并分析关于性格特征的信息——兴趣、需求、成就、能力和前景。

(4) 找出可能的选择。确立数个目标、计划或行动步骤。

(5) 收集信息。收集并研究职业前景的准确信息。

(6) 做出决定。根据对自己的特点和职业前景的判断选择确定一个职业目标。

(7) 执行决定。通过求职活动将职业决策付诸实施。求职活动和技能包括：教育培训、工作经验、职位信息、写作技巧、调查能力、表达能力、保住工作的能力。

(8) 获得反馈。评估职业决策。如果有太多的负面反馈，那就重复以上过程。

意识和责任、对环境的了解、自我认识、备选职业、有关职业前景的信息、决策、实施、反馈或再评估是职业生涯规划的关键要素。图 1－2 是对职业生涯规划的总览。

让我们来比较详细地看一下以上八个步骤：

**1. 认识问题，承担责任**

只有当人们意识到职业选择等问题存在时，才能开始解决诸如职业生涯规划的问题。大学生接触职业生涯规划相关知识之初，也许会说："职业生涯规划真的值得学习吗？我们面临着各种不确定的因素，有的时候计划甚至赶不上变化，做这样的规划有用吗？"这也是为什么很多人在作职业选择时从未做过职业生涯规划的其中一个主要原因。浙江省某独立学院对浙江省 3 所独立学院 2003～2005 届毕业生的调查显示，大部分学生在大学期间，对自己的发展规划并不明确，不能运用职业设计理论，规划未来的工作与人生发展方向，这种情况严重影响了学生对今后职业发展的提前准备和准确定位，甚至影响对工作的适应能力。

那么，职业生涯规划到底值得大学生学习吗？答案是肯定的。想想看，未来将要从事的职业占用了绝大多数人毕生最好的年华，赖以维生，并界定自己是一个怎样的人。它决定了人们大部分的生活风格、身心健康和自我认同感。职业生涯规划要求每一位大学生认清自我，明晰方向，帮助大学生作出更为准确的职业选择，从而拥有美满而幸福的人生。

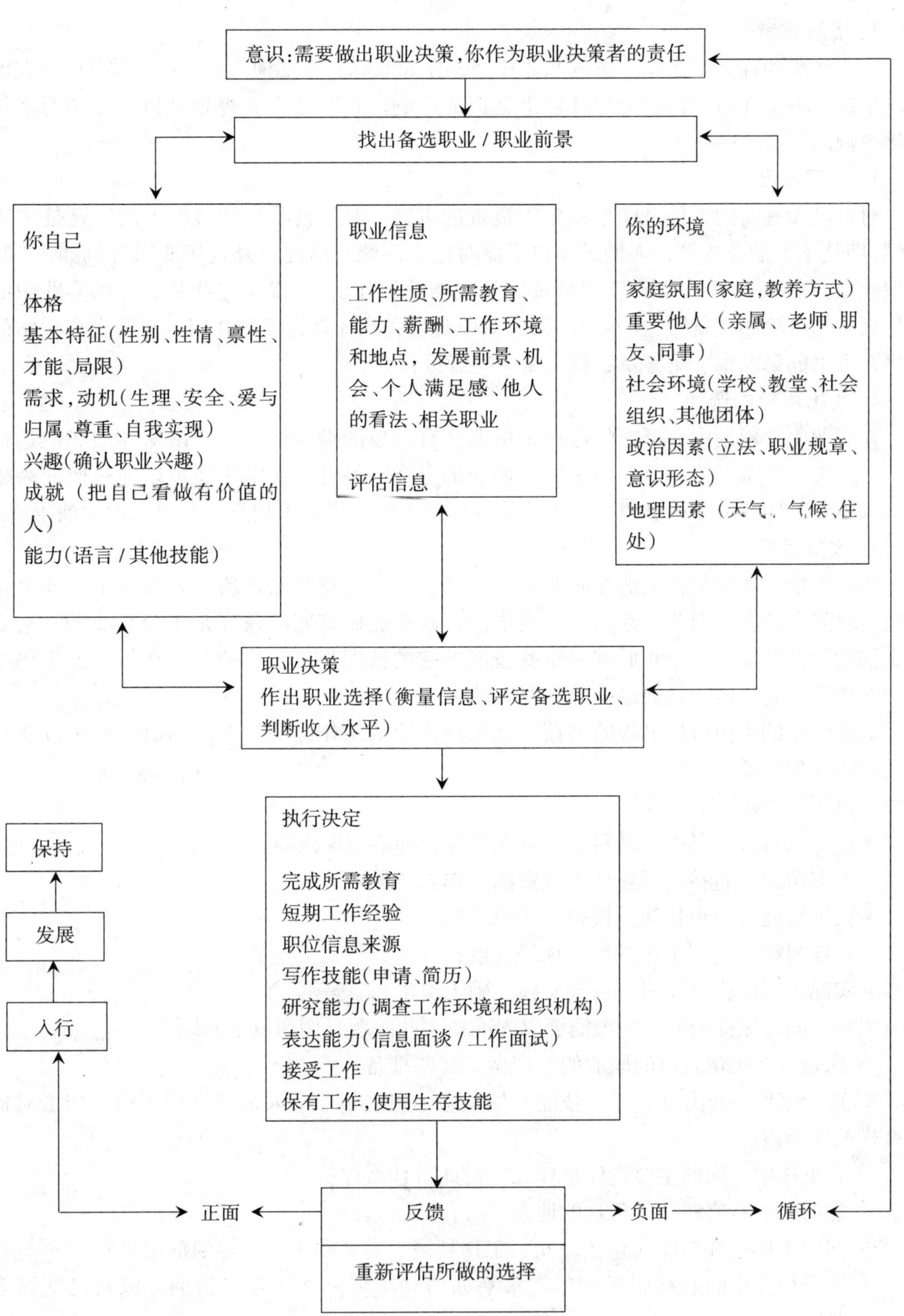


**图1-2　一个全面的职业生涯规划模型**

**2. 了解环境**

社会环境的许多方面都会影响职业抉择，比如家庭，重要他人，学校（老师），政治制度，信仰，经济环境，包括地理环境也会造成影响。对职业生涯规划来讲，经济通常是更直接影响的因素。

**3. 了解自己**

对自己做真实的评估可能是一生中最难的事情。对于自我认知最根本的问题是“我是谁?”即使不做职业决策，人们最终也要面对这个问题。除此以外，还要回答例如：“我喜欢做什么?”“我能够做什么?”“环境支持我能够做什么?”以及“我从过去的实践中能得到什么样的经验和成就”。在本书的第二章中对自我认知有详细的介绍。有关自我探索的内容将在本书的第四章、第五章、第六章中继续进行。

**4. 找出可能的选择**

在职业生涯规划中，可能的选择是指那些有兴趣的潜在职业。作出这样的职业选择有很多种方法，本章的第一节介绍了国内职业的分类，另外，大学生还可以通过职业兴趣问卷、分析有关职业方面的梦想、跟人谈论工作等方法获得相关信息，并填入职业前景清单。

**5. 收集信息**

我们每个人通常都会从潜在职业中选择其一作为安身立命之所，并在这个职业上花费大量的时间和精力。因此，在最终选定之前，对职业做彻底的研究是十分必要的。它需要什么样的教育背景？需要我们掌握哪些技能？它的待遇是怎么样的？它在行内处于一个什么样的地位？它能给予我们足够的心理满足吗？

职业信息的来源包括出版的书籍、杂志到实际的工作经历。下面列出一些可以获得职业信息的各种渠道：

- 出版的书籍、杂志。
- 教育材料（工具书，教科书，就业指导教师的授课内容）。
- 专家访谈（直接向行业代表或资深工作人员提问）。
- 模拟情境（角色扮演，模拟工作情境）。
- 直接观察（访问工作现场，现场观察）。
- 实际工作体验（实习、社会实践、勤工俭学），等等。

当我们向专家提问时，一般需要事先准备一些问题，例如以下问题：

☆ 您是怎么决定自己的职业的？您做了哪些准备？

☆ 这个工作要求有什么样的技能？如果您正想聘请一个人来做这项工作，您会对他有什么样的要求？

☆ 在工作中，您的主要责任是什么？对此有什么评价？

☆ 您的职业有哪些让你喜欢的地方？有什么回报？

☆ 您的工作条件怎样（包括时间、工作环境、着装要求、可能的危险等）？

☆ 这个行业中的起薪和平均工资水平如何（不要问你正在采访的专家自己能挣多少钱，只问平均水平）？

☆ 通常有哪些福利？

☆ 您认为您的职业、您的公司发展前景如何？

☆ 其他还有哪些职业与这个行业紧密相关，什么样的兼职工作经历能使我熟悉这个行业？

☆ 我还能和其他哪位业内人士谈一谈吗？

**6. 做出决定**

确定职业方向前，还需要对所有收集的信息进行整理和筛选，先找出最佳方案，再找出次优选择。对职业前景的所有判断和评估都来自个人的选择。当然，不断获取的信息、不断完善的性格、随时可能更替的环境变化可能会改变我们的职业生涯决策，对于工作的选择并不是一成不变的，也许在不久的将来，原先第二或第三的候选职业成了最佳选择。

**7. 执行决定**

执行决定意味着要对自己的职业决策付诸实施。下面介绍一下职业规划中的行动部分。

（1）教育培训。除了完成必要的教学环节，取得相应的学历证明外，我们还需要对确定职业作出额外的培训。例如，考取职业资格证书，如“教师资格证书”、“会计师资格证书”、“计算机程序员资格证书”。

（2）实践经验。与确定职业相关的社会实践和勤工俭学可以帮助了解结束学业后将进入的工作世界。因为，这些短期工作经验应和明确的职业目标相结合。例如，大型超市的促销员工作对从事市场营销、产品推广等工作会有所帮助。

（3）职位信息。学会从各种资源中获取招聘信息。比如亲朋好友、学校的就业指导部门、网络、职业中介机构以及报刊书籍等。

（4）写作技巧。学会写求职材料如自荐信、简历等。

（5）调查能力。学会对工作地点、工作环境、工作要求进行调查。

（6）表达能力。学会与人沟通。这个能力非常重要，它将直接决定我们最终是否能成功得到确定职位。

（7）保住工作。就职成功后，培养可以保住选定工作的那些能力和态度。

**8. 获得反馈**

每个人都会在寻求职业、社会实践和经历职业的过程中，因为自己的不断尝试来发现自己对确定职业的适应能力和喜爱程度。如果一个人的性格特征跟工作相吻合，那么他的内在感觉会是比较正面的，会感到满足，有成就感。随着合适的工作所带来的金钱和地位上的回报，他会变成更为自信。当然，人会变，人所处的环境也会变，有时候会发生一些意想不到的事情。原本看上去不错的工作一旦着手去做感觉却非常不好，这就是一个应该重新做出职业决策的信号。事实上，职业生涯规划的过程永远不会结束，它可以随时重新开始。在工作带来的负面感受下，人需要重复至少一部分职业决策过程，从而选择更适合自己的职业。反馈使职业决策模型更为动态和开放。

卢梭说过：“选择职业是人生的大事，因为职业决定了一个人的未来”。对于大学生而言，就是要学会如何适应学校生活和社会生活，学会如何掌握学习和自我学习的方法，学会求职的相关技能以及学会珍爱生命、珍爱生活、珍爱周围的人和物，具有高尚的人格与情操。因而，对于大学生而言，职业生涯发展能力的训练是职业生涯规划教育应当侧重关注的内容。这些内容主要包括自我经营的能力、规划与行动的能力、利用时间的能力、交往和处世的能力、对周围环境适应的能力、创新的能力、必备的专业知识和能力等，这些内容将会在后面的章节中逐一介绍。职业生涯规划着眼于教育对象的整个人生发展，对于人一生的影响很大。对于大学生而言，如果能够将职业生涯规划引入日常的学习和生活中，那么对于增强大学生的就业知识、就业技能、职业意识等，都将发挥重要作用。

## 第四节　职业测评技术

人才素质测评是现代人力资源管理的一门新兴学科，国外专家研究了60多年，并有了比较成熟的人才测评体系。在国内，人才测评在20世纪80年代开始运用于三资企业，人才测评中的职业测评技术，则是近几年随着人才市场的不断发展、就业压力加大而迅速发展起来的。目前正逐步运用于大学生、在职人员、社会求职者以及企事业单位的人力资源部门等单位和个人。

**【案例】小W就业的故事**

小W是中文专业大四的学生，毕业前被一家知名的广告公司录用，从事文案策划工作，虽然级别不高，但公司名气较大，工资待遇也不菲，试用期三个月。由于小W专业对口，工作勤奋，试用期间公司领导对小W非常满意，决定跟她签订就业协议书，只等她一毕业就可以签劳动合同。在这个时候，小W却犹豫了。在三个月的工作中，小W发现自己并不喜欢成天埋头写东西，这种对她而言没有挑战又缺乏广泛人际交往的工作使她十分烦恼。她找到了学院的就业指导老师，在老师的帮助下，小W完成了学校就业指导网站上的职业兴趣和职业倾向性测试。测试报告显示，小W个性独立，善于沟通，喜欢迎接挑战并能从中获得职业满足感。这一性格特质使得她的职业兴趣与现在的工作内容并不太吻合。策划方案的工作需要具有艺术气质、创作灵感，同时具备良好文字功底和市场敏感的人。最后，小W选择了到一家国际知名的化妆品公司从事市场推广工作。独立、热情、自信的性格使得她在这个职位上如鱼得水，并尝到了工作带来的满足和个人价值的实现。

——新浪博客 http://blog. sina. com. cn/580jy

### 一、职业测评技术的概念和内容

#### （一）职业测评技术的概念

职业测评技术是综合应用现代心理学、行为科学、管理学、心理测量学以及其他相关科学的研究成果，运用先进的计算机技术，对人们的知识水平、个性特征、职业兴趣以及职业发展潜力进行准备的分析和定位，为职业生涯规划设计提供科学的指导和参考的依据。

职业测评技术的发展为人们科学、正确地了解自我，准确地分析自身职业兴趣、职业能力，把握职业价值观以及进行科学的职业定位和选择等方面提供了一个比较客观标准的手段。通过职业测评技术得出的相关测评分析和报告，一方面，可以帮助参加者挖掘自身职业潜力，做好自身职业生涯规划，提高就业竞争力；另一方面，也可以让用人单位更好的做到人职匹配，实现组织与个人利益的最大化。

### （二）职业测评的主要内容

目前，常见的职业测评类型主要有五类，具体如下：

（1）个性测验。考察个人与职业相关的个性特点，即“我是谁”。

（2）职业兴趣测验。了解个人对职业的兴趣，即“我喜欢做什么”。

（3）职业价值观及动机测验。了解个人在职业发展中所重视的价值观以及驱动力，即“我想干什么”。

（4）职业能力测验。考察个人的基本或特殊的能力素质，如你的逻辑能力、口头表达能力，即“我能干什么”。

（5）职业发展评估测验。主要是评估你的求职技巧和职业发展阶段等。

相应的职业测评技术主要通过设计量表、在线测试以及开发相关软件等方式进行。在很多时候，职业测评结果可以作为人们职业选择的重要参考依据。

## 二、职业测评量表的使用方法

在评估职业兴趣的时候，一般可以运用一些职业兴趣或职业倾向的量表。现在运用的最广泛的量表主要以约翰·霍兰德和卡尔·荣格（Carl Jung）的心理类型理论为基础的。在前一章里，我们主要讨论了霍兰德的理论，他认为一个人的人格和职业选择有着密切的关系。霍兰德界定了6种人格，并认为没有人会只属于某一种类型，而应该是几种类型的综合，至于是哪几种类型的综合（又称为人格模型），则可以由霍兰德的职业倾向测量表测出。霍兰德认为职业满意度取决于人们对自我人格模型的了解以及找到与之相一致的工作环境类型。

另一个使用比较广泛的量表是以瑞士心理学家卡尔·荣格的心理类型为基础编制的《迈尔斯—布里格斯类型指标》（简称 MBTI）。该量表用于测试人的16种人格特质。根据 MBTI 量表，如果一个人了解自己在所处环境中获取信息，作决定及态度等方面的偏好，那他处理职业选择的问题就会容易得多。通过这两个量表测试，可以形成自己的职业前景，也可以向就业指导老师寻求进一步的帮助。

一类调查问卷是通过自我测试、自我评分和自我解释进行的。还有一些量表则是由测试人员进行测试、通过机器进行评分，然后由职业分析咨询员（职业规划师，人才测评师）进行解释。为了从测试中获得有用的结果，受测者通常会被问及是否喜欢一些特定的活动（如专业、课程、爱好、业余嗜好、习惯等），受测者的回答将按照职业分类被归到不同的类别，再将各类得分汇总，把得出的分数与其他人的分数（目标分数）进行比较，最后给出在该测试中的职业偏好程度报告。

为了使测试结果有效，受测者在作答时必须诚实。有时候测试的选题是很容易看出来测查的意图的，因而很容易作假。在有些心理测量问卷中，还会安排一些测谎题来甄别受测者的诚实度，以取得测量相对比较准确的效果。所以，在测试时，受测者应该根据第一印象迅速回答，回答完一题后直接进入下一题，不要在某一题上做过多的分析和考虑。

兴趣量表主要是用来评估职业兴趣，而非工作能力。兴趣和能力的区别在于，兴趣是内在的，它可以唤起人们的注意、好奇心，能让人们投入地做事；能力则是指具备做好某件事情的才能，有能力办到的事情有可能是感兴趣的，也有可能是不感兴趣的。兴趣量表的测试结果通常用高或低这样的词来描述，但兴趣测试分数的高低并不代表能力的高低，也没有好坏之分，它获取的只是人们对某项职业的喜好程度，并不代表对能力的评判。大学生未来事业成功与否有可能取决于个人的兴趣测试分数，但我们也要承认，职业评估工具本身也有其局限性，评估结果只能作为职业选择的重要参考依据而不是唯一的标准。当获悉自己的职业倾向和职业兴趣后，还应该进一步地研究自己，从而得到更准确的职业选择。

## 三、霍兰德的6种人格和职业类型

**【小游戏】迷路**

某一天，你开着车走在一个陌生的城市，到达一个十字路口的时候，你发现之前朋友告诉你的标志建筑物不见了，你发现自己迷路了，这时候，你会怎么做？给你几个备选答案。

1. 买地图，找路标，自己查着去。
2. 问路，向他人寻求帮助。
3. 自己开着车一圈一圈的找，直到找到目的地为止。
4. 打电话埋怨朋友：你怎么也不跟我说清楚？
5. 我从来没有这种类似的事情发情，在去一个陌生的城市之前，我一定会做足功课。
6. 既然迷路了就迷路了吧，随便走走玩玩也不错，大不了不去了，回家好了。

这个小游戏正是运用了霍兰德的6种人格的概念设计的，典型的人格类型一般都会做出备选答案中相近或相似的回答。对应的霍兰德职业类型：1——研究型；2——社会型；3——现实型；4——管理型；5——常规型；6——艺术型。

霍兰德的人格和职业类型倾向测试是现今最广泛使用的职业测评量表类型。人格一般是指一个人的价值取向、态度和行为表现等特有的思想和行为模式。人格类型是指人格特征相似的一群人所具有的共同特质。具有共同特质的人就算是某一种人格类型的人。如果你能接受霍兰德的假设（即职业选择是人格类型的体现，人格类型可以通过量表测试获取）的话，霍兰德的理论在职业生涯规划中就会显得非常有用。霍兰德认为，一个人对他人和职业的感知有其准确性，正如他对自己的感知一样，当人们对测试作出反应时，同时也反映了人们对自己、对他人和对职业的认知。因此，某一类型的职业通常会吸引具有相同人格特质的人，而具有相同人格特质的人对许多生活事件的反应模式也是相似的。他们创造了具有某一特色的生活环境，也包括工作环境。在同等条件下，人和环境的适配性或一致性将增加个体的工作满意度、职业稳定性和职业成就感。

霍兰德提出的6种人格类型描述的都是特质理想的、典型的形式，没有哪一种描述能一丝不差的恰好符合某一个人的情况。当将自己和霍兰德的人格类型和职业类型进行对号入座时，就会发现自己符合得分高的人格类型的大部分项目，同时会发现得分越低的类型与自己的情况越不符合。得分最低的类型甚至会和实际情况大相径庭。

霍兰德将人格类型和职业倾向进行了详细的分析，如表1-3所示。

表 1 – 3　　霍兰德人格类型与职业倾向

| 人格类型 | 人格类型的描述 | 职业倾向 |
| --- | --- | --- |
| 现实型<br>（R 型） | 喜欢使用手或工具从事操作性强的工作；做事手脚灵活，动作协调；喜欢从事户外工作或操作机器，不喜欢在办公室工作。<br>具有较强的实践性，身体强壮，粗犷，稳健，擅长机械和体力劳动。<br>不善言辞，不善交际，用语言表达情感存在困难 | 制造业，渔业，野生动物管理，技术贸易，机械，农业，技术，林业，特种工程师和军事工作 |
| 研究型<br>（I 型） | 喜欢与思想有关的研究活动，如数学、物理、生物、社会科学。喜欢研究需要分析和思考的抽象问题。<br>抽象思维能力强，求知欲强，肯动脑，善于思考，乐于运用词、符合和观念进行工作。<br>喜欢独立工作，聪明、好奇、有学问。<br>具有创造性和批判性，不善于领导他人 | 实验室工作人员、生物学家、化学家、社会学家、工程设计师、物理学家和程序设计员等 |
| 艺术型<br>（A 型） | 喜欢自我表达，喜欢在写作、音乐、艺术和戏剧等方面进行艺术创作。<br>善于表达，有直觉力，具有想象力和创造力。<br>具有表演、写作、音乐创作和讲演等天赋和天生的审美能力。<br>尽量避免过度模式化的环境 | 作家、艺术家、音乐家、诗人、漫画家、演员、导演、作曲家、乐队指挥、室内装潢等 |
| 社会型<br>（S 型） | 喜欢与人合作，积极关心他人幸福，喜欢给人做培训或给大家传达信息，愿意帮助别人解决困难。<br>合作、友好、仁慈、随和、机智、善解人意 | 教学、社会工作、宗教、心理咨询和娱乐等 |
| 管理型<br>（E 型） | 喜欢领导和控制别人，有说服他人的能力。追求高于平均水平的收入。喜欢利用权力，关心地位，希望成就一番事业，具有冒险精神。<br>精力充沛、自负、热情、自信、能控制形势，擅长表达和领导 | 商业管理、律师、政治运动领袖、推销商、市场经理或销售经理、体育运动策划者、采购员、投资商、电视制片人和保险代理等 |
| 常规型<br>（C 型） | 喜欢规范化的工作或活动，希望确切地知道别人希望他们怎么样和让他们干什么。<br>整洁有序，更愿意在一个大机构中处于从属地位。<br>细心、顺从、依赖、有条理、有毅力、效率高。<br>擅长文书或数据工作，在商业事务性工作中能取得成就 | 会计、银行出纳、图书管理员、簿记员、秘书、档案文书、税务专家、计算机操作员等 |

霍兰德同时还提出了 6 种职业环境模型，并给其与 6 种人格类型相同的命名。他提出了六角形模型来解释 6 种职业环境之间的关系（见图 1 – 3），其主要观点如下：在六角形模型上，任何两种职业类型之间的距离越近，其职业环境及人格物质的相似程度越高。例如，管理型和社会型在六角形模型上的距离最近，它们的相似性也最好，比如说，社会型

和管理型的人都较其他类型的人更喜欢与人打交道。而管理型和研究型在模型上正好处于相对的位置，这就意味着它们的相似性最低。管理型和现实型则具有中等程度的相似性。

六角形模型也表明了6种人格特质类型之间的一致性。相邻的类型组成了最一致的模型。从六角形模型上看，最一致的模型有现实型—研究型—常规型，社会型—管理型—艺术型，管理型—常规型—社会型等。而人格类型相反的模型，如现实型—社会型、管理型—研究型等，则一致性最低，它们所具有的特质也相反。例如，常规型和艺术型就具有相反的特质，常规型的人多墨守成规，艺术型的则富有创新精神；常规型的人擅长自控，而艺术型的人擅长表达等。

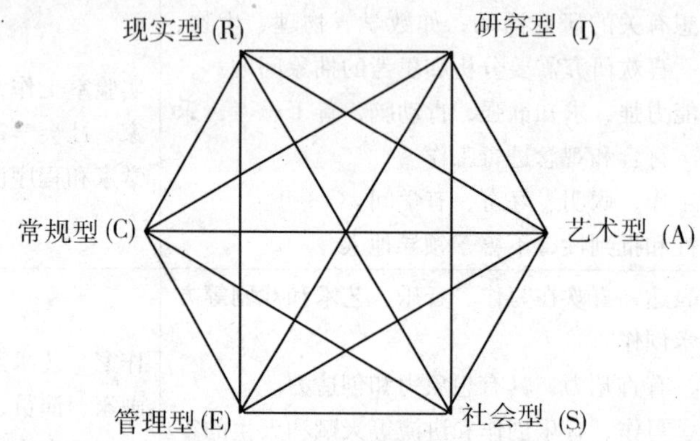


**图1-3　六角形人格物质和职业环境之间相似关系的描述**

六角形模型可以帮助人们对人格特质类型与职业环境类型之间的适配性进行评估。例如，一个社会型人格物质占主导地位的人在一个社会型职业环境中工作会感到更舒畅，但是如果让他在一个现实型的工作环境中工作，他就可能感到非常不舒服、不满意。

根据六角形公式，霍兰德提出了几个假设。他认为在同等条件下，下列情况发生的可能性比较大：

（1）高职业期望者更多见于如下人格特质顺序：管理型—社会型—艺术型—研究型—常规型—现实型（该顺序也可用对一个人的职业生活成就进行预测）。

（2）创造性表现由高到低的人格特质类型顺序：艺术型—研究型—社会型—管理型—现实型—常规型。

（3）能够有效处理工作变动或失业情形的人格特质类型顺序：社会型—管理型—艺术型—研究型—常规型—现实型，如果一个人的人格特质模型越接近此模型，其竞争性越强。

（4）在教育方面的抱负由高到低的人格特质类型顺序：研究型—社会型—艺术型—常规型—管理型—现实型（这一顺序也可以用作对一个人的学业成绩进行预测）。

（5）在人际交往中能力由高到低的人格特质类型顺序：社会型—管理型—艺术型—研究型—常规型—现实型。

根据霍兰德的人格特质和职业环境类型制定的量表主要有《自我指导探索量表》（Self-DirectedSearch，SDS）、《职业偏好问卷》（VocationalPreferenceInventory，VPI）、《斯特朗兴趣问卷》（the Strong Interest Inventory，SII）和《职业生涯评估问卷》（the Career Assessment Inventory，CAI）。在解释这些量表测试的结果时，一定要注意：没有一个人会恰好完全符合其中某一种类型，而往往会是6种类型的组合，不过这6种类型起主导地位的顺序会呈现从主到次的变化。出于实际运用的考虑，霍兰德的6种类型的层次被缩减为3种最强或者说是得分最高的类型组合。例如，一个现实型—研究型—管理型组合（RIE）的人，可能跟现实型人格特质有最大的相似性，其次是研究型，再次是管理型。这里未提及其他3种类型是因为它们的特征在描述该人格特质时不起主导作用。当你得到3个字母代码组合后，可以根据《霍兰德职业索引》来生成职业前景。有一些3个字母代码描述的职业很少或根本就没有这样的职业，一般被看做是缺乏一致性的组合。当然，你也需要考虑这3个字母组成的所有6种可能的组合。本章节信息园中提供了霍兰德《职业偏好量表》（VPI）及《霍兰德职业索引》供学生课后练习。

## 四、迈尔斯-布里格斯类型指标（MBTI）

在日常生活中，人们的注意力会指向外部世界（外倾）或者内心世界（内倾）。人们通常会通过感觉（利用五官）和直觉（超越耳、眼和其他感官之外的感觉）来获取外界的信息，然后通过逻辑思维和情感体验的方式，结合自己的价值观来对事情作出决断。如果一个人习惯于通过思考和感觉来对事物作出推断，有计划、有序的处理事物，就可能是判断型的人；而习惯于用一种灵活机动的方式来感觉和直觉事物的话，就可能属于知觉型的人。内倾和外倾、感觉和直觉、思维和情感、判断和知觉四个维度体现了我们对人、职业以及生活的态度和取向，是组成一个人人格意识层面的重要部分。

以上所述的4个维度可以采用《迈尔斯—布里格斯类型指标》（MBTI）来测量。MBTI是以卡尔·荣格有关人格中知觉、判断和态度的观点提出来的，即①外倾（E）—内倾（I）、②感觉（S）—直觉（N）、③思维（T）—情感（F）、④判断（J）—知觉（P）。四个维度如同四把标尺，每个人的性格都会落在标尺的某个点上，这个点靠近那个端点，就意味着个体就有哪方面的偏好。如在第一维度上，个体的性格靠近外倾这一端，就偏外倾，而且越接近端点，偏好越强。

MBTI的一个优点就是，它帮助大学生了解为什么会对某些特定职业的兴趣要比其他职业的兴趣强。

### （一）偏好

首先要做的是弄清每个维度的含义，并且能估计出自己在每个维度上的偏好。

**1. 外倾—内倾（EI）维度**

如果只能用一个维度将人群区分开来的话，那么，这个维度应该是内外倾向，它是区分个体的最基本的维度。一般以自身为界，可以将世界分为自身以外的世界和自我的世界两个部分，也可称为外部世界和内部世界。外倾的人倾向于将注意力和精力投注在外部世界、外在的人、外在的物、外在的环境等；而内倾的人则相反，较为关注自我的内部状况，如内心情感、思想。外倾者习惯于外界活动，愿意与人打交道；而内倾者则多安静、缄默，喜欢独处或习惯一对一的人际交往。两种类型的个体在自己偏好的世界里会感觉自在、充满活力，而到相反的世界里则会不安、疲惫。因此，外倾与内倾的个体之间的区分是广泛而明显的，并不像人们平时讲的“外倾者健谈、内倾者害羞”那么简单，具体可以参见表1－4。

**表1－4　内倾型与外倾型的特征比较**

| 外倾型 | 内倾型 |
|---|---|
| 与他人相处精力充沛 | 独自度过时光精力充沛 |
| 喜欢成为注意的中心 | 避免成为注意的焦点 |
| 行动，之后思考 | 思考，之后行动 |
| 喜欢边想边说出声 | 在心中思考问题 |
| 易于“读”和了解；随意地分享个人情况 | 更封闭，更愿意在经挑选的小群体中分享个人的情况 |
| 说的多于听的 | 听的比说的多 |
| 高度热情地社交 | 不把兴奋说出来 |
| 反应快，喜欢快节奏 | 仔细考虑后，才有所反应 |
| 重于广度而不是深度 | 喜欢深度而不是广度 |

参照上述内容，就能确定一个人的内外倾向的偏好了吗？当然，不要期望每条标准都完全符合，大部分符合基本上就可以确定了。也不要要求每时每刻都以同样类型的方式行事。人毕竟生活在社会中，有时会顺应外在环境和工作的需要调整自己的行为。即使是很外倾的人，在权威人士面前或者十分隆重、严肃的场合，也会是个好的倾听者；无论多么内倾的人，走上领导岗位，该发表意见的还得发表，准备充分的话，也会滔滔不绝。关键在于，人们需扪心自问：到底以什么样的方式行事，才是自己感觉最好的、最习惯的。

**2. 感觉—直觉（SN）维度**

每个人都在不断接受着信息，这是人们跟上外界节拍的必要前提。感觉和直觉是感知世界、获取信息的两种不同的方式。

首先，面对同样的情景，两者的注意中心不同，依赖的信息通道也不同。感觉型的人关注的是事实本身，注重细节，而直觉型的人注重的是基于事实的含义、关系和结论；感觉型的人信赖五官听到、看到、闻到、感觉到、尝到的实实在在、有形有据的事实和信息，而直觉型的人注重“第六感觉”，注重“弦外之音”，直觉型的人的许多结论在感觉型的人眼里，也许是飘忽的，不实在的。注重细节的结果是感觉型的人擅长记忆大量事实与材料，他们有时候像本“词典”，能清晰地讲出大量的数据、人名、概念乃至定义，常使其他人感到吃惊。而直觉型的更擅长解释事实，捕捉零星的信息，分析事情的发展趋向。

其次，两者处事的方式不同。感觉型的人对待任务，习惯于按照规则、手册办事，比如照着手册使用家电，比如看着地图辨认交通路线；而直觉型的人，习惯尝试，跟着感觉走，他不习惯仔细地看完一大本说明书再动手。结果呢？直觉型的人可能比感觉型的人更快地完成了任务，也可能因为失败而需重新开始。感觉型习惯于固守现实，享受现实，使用已有的技能；直觉型的人更习惯变化、突破现实，对于洞察力、抽象的事物和未来等方面有明显的偏好。

简言之，感觉型注意“是什么”，实际而仔细。直觉型则更关心“可能是什么”。具体区别参考表**1－5**。

**表1－5　　感觉型与直觉型的特征比较**

| 感觉型 | 直觉型 |
| --- | --- |
| 相信确定和有型的东西 | 相信灵感和推断 |
| 不喜欢新想法，除非它们有实际意义 | 为了自己的利益，喜欢新思想和概念 |
| 重视现实性和常情 | 重视想象力和独创力 |
| 喜欢使用和琢磨已知的技能 | 喜欢学习新技能，但掌握之后很容易就厌倦了 |
| 留心具体的和特殊的，进行细节描述 | 留心普遍的和有象征性的，使用隐喻和类比 |
| 循序渐进地讲述有关情况 | 跳跃性地展现事实 |
| 着眼于现实 | 以一种绕圈子的方式着眼于未来 |

两种类型的人都会存在，当然极端典型的比较少，大多数人兼有两种特质，但其中一种会更突出一些，成为特色，也由此可以确定类型。使用哪种方式接受信息都有利有弊。作为个体，往往只擅长一种，了解到这点，直觉型的人就不必在百科全书式的人物面前自叹不如，感觉型的人也无须在灵动、敏感的直觉者面前不好意思了。当然，人们在享受自我性格类型所带来的优势的同时，也不妨逐渐有意识地相互弥补。比如说，直觉型的人可多关注一些细节，而感觉型的人可多留神蕴含的潜在信息。国外的研究表明，25岁以后，伴随着对于人生的反思，个体完善自我性格的倾向会更明确。

**3. 思维—情感（TF）维度**

思维和情感是如何做出决策并得到结果的两种方式。仅看这个维度的名称，也许会觉得，思维型的人是理性的，而情感型的人是非理性的，事实上并非如此。两类人都有理性思考的成分，但作决定或下结论的主要依据不一样。思维型的人习惯于通过分析数据、权衡事实来作出符合逻辑的客观的结论和选择，注重依据客观事实的分析，一以贯之、一视同仁地贯彻规章制度，不太习惯根据人情因素变通，哪怕作出的决定并不令人舒服；情感型的人常从自我的价值观念出发，变通地贯彻规章制度，作出一些自己认定是对的，主观的评价，更关注决策给他人带来的情绪体验，人情味较浓。思维型的人通常是直接的、分析性的，他们用大脑做决定；而情感型的人更坚信自己的价值观，并习惯于用心灵作决定。具体区别参考表1－6。

**表1－6　　思维型与情感型的特征区别**

| 思维型 | 情感型 |
| --- | --- |
| 退后一步思考，对问题进行非个人因素的分析 | 超前思考，考虑行为对他人的影响 |
| 重视符合逻辑、公正、公平的价值，一视同仁 | 重视同情与和睦，重视准则的例外性 |
| 被认为冷酷、麻木、漠不关心 | 被认为感情过多，缺少逻辑性，软弱 |
| 认为圆通比坦率更重要 | 认为圆通与坦率同样重要 |

续表

| 思维型 | 情感型 |
|---|---|
| 只有情感符合逻辑时，才认为它可取 | 无论是否有意义，认为任何感情都可取 |
| 被认为渴望成就而激励 | 被认为为了获得欣赏而激励 |
| 很自然地看到缺点，倾向于批评 | |

不同性别的个体在这个维度上的偏好有所差异，据研究，大约 2/3 的女性偏好情感型，2/3 的男性偏好思维型，什么原因造成的？也许社会本身对不同性别的人就给予了不同的期待，期待女性的同情心，期待男性的冷静、客观。其实，这两种类型无所谓好或坏，重要的是理解和自己不同类型的人的做法，并且尽量避免走入极端。极端的思维倾向，可能会给人“冷酷”的感觉，而极端的情感倾向则给人“无原则”的感觉。

**4. 判断—知觉（JP）维度**

判断和知觉是关于如何对待所做出的决策以及面对外部环境时如何行动的两种态度，是从喜好的生活方式来看。如果看看人们的办公桌上、包内或柜子里摆放的物品，可以发现，有些人经常是井然有序，而有些人就不那么习惯于保持整齐，前者是判断型具有的特征，后者是知觉型的人经常有的状态。不仅如此，在处事方式上，判断型的人目的性较强，一板一眼，他们喜欢将事情管理得井井有条，习惯过一种井然有序的生活；知觉型的人好奇性、适宜性强，他们会不断关注新的信息，喜欢变化，也会考虑许多可能的变化因素，更愿意以比较灵活、随意、开放的方式生活。在做决策时，判断型的人较为果断，他们会对如何实施决定作出明确的计划，并考虑不同的观点；而知觉型的人总希望获得更多信息后再决断。逛了两天商场，还决定不了买什么的人，多半是知觉型的。两者的具体区别参考表 1－7。

**表 1－7　　判断型与知觉型的特征区别**

| 判断型 | 知觉型 |
|---|---|
| 作了决定后最为高兴 | 当各种选择都存在时，感到高兴 |
| 有“工作原则”：工作第一，玩其次（如果有时间的话） | “玩的原则”：现在享受，然后再完成工作（如果有时间的话） |
| 建立目标，准时地完成 | 随着新信息的获取，不断改变目标 |
| 愿意知道它们将面对的情况 | 喜欢适应新情况 |
| 着重结果（重点在于完成任务） | 着重过程（重点在于如何完成工作） |
| 满足感来源于完成计划 | 满足感来源于计划的开始 |
| 把时间看做有限的资源，认真地对待最后期限 | 认为时间是可更新的资源，而最后期限也是有收缩的 |

大多数人兼具两种倾向，只是更偏向某一端。在日常生活、工作中，也会受其他因素影响，改变一贯的方式，如面临紧急的、或期限明确的任务，知觉型的人也会果断起来。

兴致所至，也会把物品收拾得整整齐齐，但这些并不是他们常有的行为方式，也不是他们内心感到真正自然、舒服的方式。作为个体，一方面根据内心的感受识别自我的偏好，发挥优势；另一方面，则要约束一下性格的弱点。如完全的判断型，比较容易走入刻板、教条的境地；完全的知觉型则容易使事情的进行没有限制。

### （二） 判断类型

通过 MBTI 的 4 个维度可以测试 8 种人格特征，对照上面 4 个维度描述上的分析将组成受测者的类型偏好。它由 4 个字母组成，即取每个维度上对应类型的代表字母，构成性格类型。性格类型的偏好没有好坏之分，它的编码顺序为：E 或 I，S 或 N，T 或 F，J 或 P。例如，ESFP 代码代表的是外倾感觉思维知觉型这一类人：外倾（E），习惯于通过感觉（S）来获取信息，依据情感（F）来作决定，主要通过知觉（P）的方式来与外界发生联系。而 INTJ（内倾直觉思维判断型）的人则是一个内倾的（I）、习惯于通过直觉（N）来猎取信息的、依据思维（T）来作决定和通过判断（J）来与外界发生联系的人。

在 MBTI 中，4 个字母的代码代表了 16 种可能的偏好类型之一。表 1－8 列出了 16 种性格偏好类型。

表 1－8 性格偏好类型表

| 内倾感觉思维判断（ISTJ） | 内倾感觉情感判断（ISFJ） | 内倾直觉情感判断（INFJ） | 内倾直觉思维判断（INTJ） |
|---|---|---|---|
| 内倾感觉思维知觉（ISTP） | 内倾感觉情感知觉（ISFP） | 内倾直觉情感知觉（INFP） | 内倾直觉思维知觉（INTP） |
| 外倾感觉思维判断（ESTJ） | 外倾感觉情感判断（ESFJ） | 外倾直觉情感判断（ENFJ） | 外倾直觉思维判断（ENTJ） |
| 外倾感觉思维知觉（ESTP） | 外倾感觉情感知觉（ESFP） | 外倾直觉情感知觉（ENFP） | 外倾直觉思维知觉（ENTP） |

MBTI 仅仅提供对该量表的回答所提示的可能选择。测试者通过自我的判断来决定自己的类型。

知觉功能和判断功能的组合，即 MBTI 代码中的第 2 和第 3 个字母，是考虑职业选择时最重要的一组指标。任一知觉方式（感觉或直觉）可以与任一判断方式（思维或情感）组成 4 种可能的组合。

ST（感觉＋思维）型的人一般都属于那种比较实际、注重事实的类型，他们获取成就或令他们感到满意的通常是那些需要不带个人主观色彩的、对正确的事实进行分析的职业，如经济、法律、外科、商业、会计、生产、处理机械和材料等。

SF（感觉＋情感）型的人通常都是富有同情心的、友好的类型，他们倾向于在那些能发挥他们爱心的职业当中工作，如销售商品、教育孩子和健康服务等行业。

NF（直觉＋情感）型的人也同样具有满足他们需要的爱心、热情和洞察力等特点，他们更可能会被中学、大学、销售服务、咨询、写作和研究等职业吸引。

NT（直觉＋思维）型的人在其感兴趣的特定领域里会以符合逻辑、创新的方式处理问题。他们在例如科研、电子计算、数学、金融、技术革新或管理等职业中会表现出色。

信息园中提供了16种MBTI类型的职业兴趣并描述了每一种偏好的工作环境。

- **问题思考**

1. 从职业生涯规划理论中，你获得了哪些启示？
2. 在不同的职业生涯发展阶段，你将面临哪些不同的任务？
3. 请通过《霍兰德职业偏好测量表》及《霍兰德职业索引》判断自己的职业兴趣和倾向。
4. 大学生的职业生涯规划包括哪些内容，如何进行自己的职业生涯规划？请完成一份你的职业生涯规划书（附：大学生职业生涯规划书内容要求）。

大学生职业生涯规划书

姓名：　　年级：　　专业：

一、前言（为什么要做大学生职业生涯规划书）
二、自我盘点（1. 我的兴趣，2. 我的优势，3. 我的劣势，4. 我性格上的优点，5. 我性格上的弱势，6. 生活中成功经验，7. 生活中失败的教训）
三、解决自我盘点中的劣势和缺点的方法
四、我的职业兴趣（可以通过职业兴趣量表测量）
五、我的能力（语言能力、数学能力、写作能力、空间判断、形态知觉、运动能力等）
六、确定我的职业倾向
七、我的职业价值观
八、我的职业选择
九、我选择的职业所需的学识、知识和培训内容
十、分阶段的未来人生总规划（短期目标规划、长期目标规划）

- **信息园**

**1. 霍兰德职业偏好测量表**

**测试题**

本测验量表将帮助您发现和确定自己的职业兴趣和能力特长，从而更好地做出求职择业的决策。如果您已经考虑好或选择好了自己的职业，本测验将使您的这种考虑或选择具有理论基础，或向您展示其他合适的职业；如果您至今尚未确定职业方向，本测验将帮助您根据自己的情况选择一个恰当的职业目标。本测验共有七个部分，每部分测验都没有时间限制但请您尽快按要求完成。

第一部分　您心目中的理想职业（专业）

对于未来的职业（或升学进修的专业），您得早有考虑，它可能很抽象、很朦胧，也可能很具体、很清晰。不论是哪种情况，现在都请您把自己最想干的3种工作或最想读的3种专业，按顺序写下来。

第二部分　您所感兴趣的活动

下面列举了若干种活动，请就这些活动判断你的好恶。喜欢的，请在题后的“分数统计表”相应序号的格里打√；反之，打×。请按顺序回答全部问题。

R：实际型活动

1. 装配修理电器或玩具
2. 修理自行车
3. 用木头做东西
4. 开汽车或摩托车
5. 用机器做东西
6. 参加木工技术学习班
7. 参加制图描图学习班
8. 驾驶卡车或拖拉机
9. 参加机械和电气学习班
10. 装配修理机器

A：艺术型活动

1. 素描/制图或绘画
2. 参加话剧/戏剧
3. 设计家具/布置室内
4. 练习乐器/参加乐队
5. 欣赏音乐或戏剧
6. 看小说/读剧本
7. 从事摄影创作
8. 写诗或吟诗
9. 进艺术（美术/音乐）培训
10. 练习书法

I：调查型活动

1. 读科技图书和杂志
2. 在实验室工作
3. 改良水果品种，培育新的水果
4. 调查了解土和金属等物质的成分
5. 研究自己选择的特殊问题
6. 解算术题或玩数学游戏
7. 物理课
8. 化学课
9. 几何课
10. 生物课

S：社会型活动

1. 学校或单位组织的正式活动
2. 参加某个社会团体或俱乐部活动
3. 帮助别人解决困难
4. 照顾儿童
5. 出席晚会、联欢会、茶话会
6. 和大家一起出去郊游
7. 想获得关于心理方面的知识
8. 参加讲座会或辩论会
9. 观看或参加体育比赛和运动会
10. 结交新朋友

E：事业型活动

1. 说服鼓动他人
2. 卖东西
3. 谈论政治
4. 制订计划、参加会议
5. 以自己的意志影响别人的行为
6. 在社会团体中担任职务
7. 检查与评价别人的工作
8. 结交名流
9. 指导有某种目标的团体
10. 参与政治活动

C：常规型（传统型）活动

1. 整理好桌面和房间
2. 抄写文件和信件
3. 为领导写报告或公务信函
4. 检查个人收支情况
5. 打字培训班
6. 参加算盘、文秘等实务培训

7. 参加商业会计培训班
8. 参加情报处理培训班
9. 整理信件、报告、记录等
10. 写商业贸易信

第三部分　您所擅长获胜的活动

下面列举了若干种活动，你能做或大概能做的事，请在题后的“分数统计表”相应序号的格里打√；反之，打×。

R：实际型活动

1. 能使用电锯、电钻和锉刀等木工工具
2. 知道万用表的使用方法
3. 能够修理自行车或其他机械
4. 能够使用电钻床、磨床或缝纫机
5. 能给家具和木制品刷漆
6. 能看建筑设计图
7. 能够修理简单的电气用品
8. 能修理家具
9. 能修理收录机
10. 能简单地修理水管

A：艺术型能力

1. 能演奏乐器
2. 能参加二部或四部合唱
3. 独唱或独奏
4. 扮演剧中角色
5. 能创作简单的乐曲
6. 会跳舞
7. 能绘画、素描或书法
8. 能雕刻、剪纸或泥塑
9. 能设计板报、服装或家具
10. 写得一手好文章

I：调研型能力

1. 懂得真空管或晶体管的作用
2. 能够列举三种蛋白质多的食品
3. 理解铀的裂变
4. 能用计算尺、计算器、对数表
5. 会使用显微镜
6. 能找到三个星座
7. 能独立进行调查研究
8. 能解释简单的化学
9. 理解人造卫星为什么不落地
10. 经常参加学术的会议

S：社会型能力

1. 有向各种人说明解释的能力
2. 常参加社会福利活动
3. 能和大家一起友好相处地工作
4. 善于与年长者相处
5. 会邀请人、招待人
6. 能简单易懂地教育儿童
7. 能安排会议等活动顺序
8. 善于体察人心和帮助他人
9. 帮助护理病人和伤员
10. 安排社团组织的各种事务

E：事业型能力

1. 担任过学生干部并且干得不错
2. 工作上能指导和监督他人
3. 做事充满活力和热情
4. 有效利用自身的做法调动他人
5. 销售能力强
6. 曾作为俱乐部或社团的负责人
7. 向领导提出建议或反映意见
8. 有开创事业的能力
9. 知道怎样做能成为一个优秀的领导者
10. 健谈善辩

C：常规型能力

1. 会熟练地打印中文
2. 会用外文打字机或复印机

3. 能快速记笔记和抄写文章
4. 善于整理保管文件和资料
5. 善于从事事务性的工作
6. 会用算盘
7. 能在短时间内分类和处理大量文件
8. 能使用计算机
9. 能搜集数据
10. 善于为自己或集体做财务预算表

第四部分　你所喜欢的职业

下面列举了多种职业，请逐一认真地看，如果是你有兴趣的工作，请在题后的“分数统计表”相应序号的格里打√；如果你不太喜欢、不关心的工作，则打×。请回答全部问题。

R：实际型活动

1. 飞机机械师
2. 野生动物专家
3. 汽车维修工
4. 木匠
5. 测量工程师
6. 无线电报务员
7. 园艺师
8. 长途公共汽车司机
9. 火车司机
10. 电工

A：艺术型职业

1. 乐队指挥
2. 演奏家
3. 作家
4. 摄影家
5. 记者
6. 画家、书法家
7. 歌唱家
8. 作曲家
9. 电影电视演员
10. 节目主持人

I：调研型职业

1. 气象学或天文学者
2. 生物学者
3. 医学实验室的技术人员
4. 人类学者
5. 动物学者
6. 化学者
7. 数学学者
8. 科学杂志的编辑或作家
9，地质学者
10. 物理学者

S：社会型职业

1. 街道、工会或妇联干部
2. 小学、中学教师
3. 精神病医生
4. 婚姻介绍所工作人员
5. 体育教练
6. 福利机构负责人
7. 心理咨询员
8. 共青团干部
9. 导游
10. 国家机关工作人员

E：事业型职业

1. 厂长
2. 电视片编制人
3. 公司经理
4. 销售员
5. 不动产推销员
6. 广告部部长
7. 体育活动主办者
8. 销售部部长

9．个体工商业者　　10．企业管理咨询人员

C：常规型职业

1．会计师　　2．银行出纳员

3．税收管理员　　4．计算机操作员

5．簿记人员　　6．成本核算员

7．文书档案管理员　　8．打字员

9．法庭书记员　　10．人口普查登记员

第五部分　您的能力类型简评

下面两张表是您在6个职业能力方面的自我评定表。您可以先与同龄者比较出自己在每一方面的能力，然后经斟酌后对自己的能力作评估。请在表中适当的数字上画圈。数字越大，表示你的能力越强。注意，请勿全部画同样的数字，因为人的每项能力不可能完全一样。

| R型 | | I型 | | A型 | | S型 | | E型 | | C型 | |
|---|---|---|---|---|---|---|---|---|---|---|---|
| A | B | A | B | A | B | A | B | A | B | A | B |
| 机械操作能力 | 体力技能 | 科学研究能力 | 数学技能 | 艺术创作能力 | 音乐技能 | 解释表达能力 | 交际技能 | 商业洽谈能力 | 领导技能 | 事务执行能力 | 办公技能 |
| 7 | 7 | 7 | 7 | 7 | 7 | 7 | 7 | 7 | 7 | 7 | 7 |
| 6 | 6 | 6 | 6 | 6 | 6 | 6 | 6 | 6 | 6 | 6 | 6 |
| 5 | 5 | 5 | 5 | 5 | 5 | 5 | 5 | 5 | 5 | 5 | 5 |
| 4 | 4 | 4 | 4 | 4 | 4 | 4 | 4 | 4 | 4 | 4 | 4 |
| 3 | 3 | 3 | 3 | 3 | 3 | 3 | 3 | 3 | 3 | 3 | 3 |
| 2 | 2 | 2 | 2 | 2 | 2 | 2 | 2 | 2 | 2 | 2 | 2 |
| 1 | 1 | 1 | 1 | 1 | 1 | 1 | 1 | 1 | 1 | 1 | 1 |

**分数统计**

第一部分：

1. ______________________________

2. ______________________________

3. ______________________________

第二、第三、第四部分：

| | 第二部分 | | | | | | 第三部分 | | | | | | 第四部分 | | | | | |
|---|---|---|---|---|---|---|---|---|---|---|---|---|---|---|---|---|---|---|
| | R | A | I | S | E | C | R | A | I | S | E | C | R | A | I | S | E | C |
| 1 | | | | | | | | | | | | | | | | | | |
| 2 | | | | | | | | | | | | | | | | | | |
| 3 | | | | | | | | | | | | | | | | | | |
| 4 | | | | | | | | | | | | | | | | | | |

续表

| | 第二部分 | | | | | | 第三部分 | | | | | | 第四部分 | | | | | |
|---|---|---|---|---|---|---|---|---|---|---|---|---|---|---|---|---|---|---|
| | R | A | I | S | E | C | R | A | I | S | E | C | R | A | I | S | E | C |
| 5 | | | | | | | | | | | | | | | | | | |
| 6 | | | | | | | | | | | | | | | | | | |
| 7 | | | | | | | | | | | | | | | | | | |
| 8 | | | | | | | | | | | | | | | | | | |
| 9 | | | | | | | | | | | | | | | | | | |
| 10 | | | | | | | | | | | | | | | | | | |
| √栏得分 | | | | | | | | | | | | | | | | | | |

第五部分（请填分数）：

表A栏：　R：　A：　I：　S：　E：　C：

表B栏：　R：　A：　I：　S：　E：　C：

总分（A+B）：　R：　A：　I：　S：　E：　C：

综合统计：

请将第二部分至第五部分的全部测验分数按前面已统计好的6种职业倾向（R型、I型、A型、S型、E型和C型）得分填入下表，并作纵向累加。

| 测试 | R型 | I型 | A型 | S型 | E型 | C型 |
|---|---|---|---|---|---|---|
| 第二部分 | | | | | | |
| 第三部分 | | | | | | |
| 第四部分 | | | | | | |
| 第五部分 | | | | | | |
| 总分 | | | | | | |

**您所看重的东西——职业价值观**

这一部分测验列出了人们在选择工作时通常会考虑的10种因素（见所附工作价值标准）。现在请您在其中选出最重要的两项因素，并将序号填入下边相应空格上。

最重要：　次重要：

最不重要：　次不重要：

附：工作价值标准：

1. 工资高、福利好
2. 工作环境（物质方面）舒适
3. 人际关系良好
4. 工作稳定有保障
5. 能提供较好的受教育机会
6. 有较高的社会地位
7. 工作不太紧张、外部压力小
8. 能充分发挥自己的能力特长
9. 社会需要与社会贡献大
10. 能从事自己感兴趣的工作

**职业倾向归类**

请将上表中的6种职业倾向总分按大小顺序依次从左到右排列：

________型、________型、________型、________型、________型、________型、

最高分 ←__________您的职业倾向性得分__________→最低分

得分最高的职业类型意味着最合适您的职业。比方说，假如您在I型上得分最高，说明您适合做自然科学方面的研究工作，如气象研究、生物学研究和天文学研究等，或科学杂志编辑。其余类推。

如果最适合您的工作和你在第一部分所写的理想工作之间不太一致，或者在各种类型的职业上您的能力和兴趣不相匹配，那么请您参照“您所看重的东西——职业价值观”，作出最佳选择。比方说，假如第二部分你在I型上得分最高，但第三部分你在A型上得分最高，那么请参考你最看重的因素：最看重（8）能充分发挥自己的能力特长或（2）工作环境舒适，那么A型工作最适合你；假如你最看重（10）能从事自己感兴趣的工作或（4）工作稳定有保障，那么I型工作最适合你；假如你最看重的是其他因素，那么你参考《霍兰德人格类型与职业倾向》（表1－3）及《霍兰德职业索引》进行选择，或向你的就业指导老师进行咨询，选择和你的职业价值观最接近的工作。

**2. 霍兰德职业索引**

下面是霍兰德职业索引——职业兴趣代号与其相应的职业对照表。

R（现实型）：木匠、农民、操作X光的技师、工程师、飞机机械师、鱼类和野生动物专家、自动化技师、机械工（车工、钳工等）、电工、无线电报务员、火车司机、长途公共汽车司机、机械制图员、修理机器、电器师。

I（研究型）：气象学者、生物学者、天文学家、药剂师、动物学者、化学家、科学报刊编辑、地质学者、植物学者、物理学者、数学家、实验员、科研人员、科技作者。

A（艺术型）：室内装饰专家、图书管理专家、摄影师、音乐教师、作家、演员、记者、诗人、作曲家、编剧、雕刻家、漫画家。

S（社会型）：社会学者、导游、福利机构工作者、咨询人员、社会工作者、社会科学教师、学校领导、精神病工作者、公共保健护士。

E（事业型）：推销员、进货员、商品批发员、旅馆经理、饭店经理、广告宣传员、调度员、律师、政治家、零售商。

C（常规型）：记账员、会计、银行出纳、法庭速记员、成本估算员、税务员、核算员、打字员、办公室职员、统计员、计算机操作员、秘书。

下面介绍与你3个代号的职业兴趣类型一致的职业表，对照的方法如下：首先根据你的职业兴趣代号，职业表（表1－9）中找出相应的职业，例如你的职业兴趣代号是RIA，那么牙科技术人员、陶工等是适合你兴趣的职业。然后寻找与你职业兴趣代号相近的职业，如你的职业兴趣代号是RIA，那么，其他由这三个字母组合成的编号（如IRA、IAR、ARI等）对应的职业，也较适合你的兴趣。

表 1-9 职业表

RIA：牙科技术员、陶工、建筑设计员、模型工、细木工、制作链条人员。

RIS：厨师、林务员、跳水员、潜水员、染色员、电器修理、眼镜制作、电工、纺织机器装配工、服务员、装玻璃工人、发电厂工人、焊接工。

RIE：建筑和桥梁工程、环境工程、航空工程、公路工程、电力工程、信号工程、电话工程、一般机械工程、自动工程、矿业工程、海洋工程、交通工程技术人员、制图员、家政经济人员、计量员、农民、农场工人、农业机械操作、清洁工、无线电修理、汽车修理、手表修理、管工、线路装配工、工具仓库管理员。

RIC：船上工作人员、接待员、杂志保管员、牙医助手、制帽工、磨坊工、石匠、机器制造、机车（火车头）制造、农业机器装配、汽车装配工、缝纫机装配工、钟表装配和检验、电动器具装配、鞋匠、锁匠、货物检验员、电梯机修工、托儿所所长、钢琴调音员、装配工、印刷工、建筑钢铁工作、卡车司机。

RAI：手工雕刻、玻璃雕刻、制作模型人员、家具木工、制作皮革品、手工绣花、手工钩针纺织、排字工作、印刷工作、图画雕刻、装订工。

RSE：消防员、交通巡警、警察、门卫、理发师、房间清洁工、屠夫、锻工、开凿工人、管道安装工、出租汽车驾驶员、货物搬运工、送报员、勘探员、娱乐场所的服务员、起卸机操作工、灭害虫者、电梯操作工、厨房助手。

RSI：纺织工、编织工、农业学校教师、某些职业课程教师（诸如艺术、商业、技术、工艺课程）、雨衣上胶工。

REC：抄水表员、保姆、实验室动物饲养员、动物管理员。

REI：轮船船长、航海领航员、大副、试管实验员。

RES：旅馆服务员、家畜饲养员、渔民、渔网修补工、水手长、收割机操作工、搬运行李工人、公园服务员、救生员、登山导游、火车工程技术员、建筑工作、铺轨工人。

RES：抄水表员、保姆、实验室动物饲养员、动物管理员。

RCI：测量员、勘测员、仪表操作者、农业工程技术、化学工程技师、民用工程技师、石油工程技师、资料室管理员、探矿工、煅烧工、烧窑工、矿工、保养工、磨床工、取样工、样品检验员、纺纱工、炮手、漂洗工、电焊工、锯木工、刨床工、制帽工、手工缝纫工、油漆工、染色工、按摩工、木匠、农民建筑工作、电影放映员、勘测员助手。

RCS：公共汽车驾驶员、一等水手、游泳池服务员、裁缝、建筑工作、石匠、烟囱修建工、混凝土工、电话修理工、爆炸手、邮递员、矿工、裱糊工人、纺纱工。

RCE：打井工、吊车驾驶员、农场工人、邮件分类员、铲车司机、拖拉机司机。

IAS：普通经济学家、农场经济学家、财政经济学家、国际贸易经济学家、实验心理学家、工程心理学家、心理学家、哲学家、内科医生、数学家。

IAR：人类学家、天文学家、化学家、物理学家、医学病理、动物标本剥制者、化石修复者、艺术品管理者。

ISE：营养学家、饮食顾问、火灾检查员、邮政服务检查员。

续表

ISC：侦察员、电视播音室修理员、电视修理服务员、验尸室人员、编目录者、医学实验室技师、调查研究者。

ISR：水生生物学者、昆虫学者、微生物学家、配镜师、矫正视力者、细菌学家、牙科医生、骨科医生。

ISA：实验心理学家、普通心理学家、发展心理学家、教育心理学家、社会心理学家、临床心理学家、目标学家、皮肤病学家、精神病学家、妇产科医师、眼科医生、五官科医生、医学实验室技术专家、民航医务人员、护士。

IES：细菌学家、生理学家、化学专家、地质专家、地理物理学专家、纺织技术专家、医院药剂师、工业药剂师、药房营业员。

IEC：档案保管员、保险统计员。

ICR：质量检验技术员、地质学技师、工程师、法官、图书馆技术辅导员、计算机操作员、医院听诊员、家禽检查员。

IRA：地理学家、地质学家、声学物理学家、矿物学家、古生物学家、石油学家、地震学家、声学物理学家、原子和分子物理学家、电学和磁学物理学家、气象学家、设计审核员、人口统计学家、数学统计学家、外科医生、城市规划家、气象员。

IRS：流体物理学家、物理海洋学家、等离子体物理学家、农业科学家、动物学家、食品科学家、园艺学家、植物学家、细菌学家、解剖学家、动物病理学家、作物病理学家、药物学家、生物化学家、生物物理学家、细胞生物学家、临床化学家、遗传学家、分子生物学家、质量控制工程师、地理学家、兽医、放射性治疗技师。

IRE：化验员、化学工程师、纺织工程师、食品技师、渔业技术专家、材料和测试工程师、电气工程师、土木工程师、航空工程师、行政官员、冶金专家、原子核工程师、陶瓷工程师、地质工程师、电力工程量、口腔科医生、牙科医生。

IRC：飞机领航员、飞行员、物理实验室技师、文献检查员、农业技术专家、动植物技术专家、生物技师、油管检查员、工商业规划者、矿藏安全检查员、纺织品检验员、照相机修理者、工程技术员、编计算程序者、工具设计者、仪器维修工。

CRI：簿记员、会计、记时员、铸造机操作工、打字员、按键操作工、复印机操作工。

CRS：仓库保管员、档案管理员、缝纫工、讲述员、收款人。

CRE：标价员、实验室工作者、广告管理员、自动打字机操作员、电动机装配工、缝纫机操作工。

CIS：记账员、顾客服务员、报刊发行员、土地测量员、保险公司职员、会计师、估价员、邮政检查员、外贸检查员。

CIE：打字员、统计员、支票记录员、订货员、校对员、办公室工作人员。

CIR：校对员、工程职员、海底电报员、检修计划员、发报员。

CSE：接待员、通讯员、电话接线员、卖票员、旅馆服务员、私人职员、商学教师、旅游办事员。

续表

| |
|---|
| CSR：运货代理商、铁路职员、交通检查员、办公室通信员、簿记员、出纳员、银行财务职员。<br>CSA：秘书、图书管理员、办公室办事员。<br>CER：邮递员、数据处理员、办公室办事员。<br>CEI：推销员、经济分析家。<br>CES：银行会计、记账员、法人秘书、速记员、法院报告人。<br>ECI：银行行长、审计员、信用管理员、地产管理员、商业管理员。<br>ECS：信用办事员、保险人员、各类进货员、海关服务经理、售货员、购买员、会计。<br>ERI：建筑物管理员、工业工程师、农场管理员、护士长、农业经营管理人员。<br>ERS：仓库管理员、房屋管理员、货栈监督管理员。<br>ERC：邮政局长、渔船船长、机械操作领班、木工领班、瓦工领班、驾驶员领班。<br>EIR：科学、技术和有关周期出版物的管理员。<br>EIC：专利代理人、鉴定人、运输服务检查员、安全检查员、废品收购人员。<br>EIS：警官、侦察员、交通检验员、安全咨询员、合同管理者、商人。<br>EAS：法官、律师、公证人。<br>EAR：展览室管理员、舞台管理员、播音员、驯兽员。<br>ESC：理发师、裁判员、政府行政管理员、财政管理员、工程管理员、职业病防治、售货员、商业经理、办公室主任、人事负责人、调度员。<br>ESR：家具售货员、书店售货员、公共汽车的驾驶员、日用品售货员、护士长、自然科学和工程的行政领导。<br>ESI：博物馆管理员、图书馆管理员、古迹管理员、饮食业经理、地区安全服务管理员、技术服务咨询者、超级市场管理员、零售商品店店员、批发商、出租汽车服务站调度。<br>ESA：博物馆馆长、报刊管理员、音乐器材售货员、广告商售画营业员、导游、（轮船或班机上的）事务长、飞机上的服务员、船员、法官、律师。<br>ASE：戏剧导演，舞蹈教师，广告撰稿人，报刊、专栏作者，记者，演员，英语翻译。<br>ASI：音乐教师、乐器教师、美术教师、管弦乐指挥、合唱队指挥、歌星、演奏家、哲学家、作家、广告经理、时装模特。<br>AER：新闻摄影师、电视摄影师、艺术指导、录音指导、丑角演员、魔术师、木偶戏演员、骑士、跳水员。<br>AEI：音乐指挥、舞台指导、电影导演。<br>AES：流行歌手、舞蹈演员、电影导演、广播节目主持人、舞蹈教师、口技表演者、喜剧演员、模特。<br>AIS：画家、剧作家、编辑、评论家、时装艺术大师、新闻摄影师、男演员、文学作者。 |

续表

AIE：花匠、皮衣设计师、工业产品设计师、剪影艺术家、复制雕刻品大师。

AIR：建筑师、画家、摄影师、绘图员、环境美化工、雕刻家、包装设计师、陶器设计师、绣花工、漫画工。

SEC：社会活动家、退伍军人服务官员、工商会事务代表、教育咨询者、宿舍管理员、旅馆经理、饮食服务管理员。

SER：体育教练、游泳指导。

SEI：大学校长、学院院长、医院行政管理员、历史学家、家政经济学家、职业学校教师、资料员。

SEA：娱乐活动管理员、国外服务办事员、社会服务助理、一般咨询者、宗教教育工作者。

SCE：部长助理、福利机构职员、生产协调人、环境卫生管理人员、戏院经理、餐馆经理、售票员。

SRI：外科医师助手、医院服务员。

SRE：体育教师、职业病治疗者、体育教练、专业运动员、房管员、儿童家庭教师、警察、引座员、传达员、保姆。

SRC：护理员、护理助理、医院勤杂工、理发师、学校儿童服务人员。

SIA：社会学家、心理咨询者、学校心理学家、政治科学家、大学或学院的系主任、大学或学院的教育学教师、大学农业教师、大学工程和建筑课程的教师、大学法律教师、大学数学、医学、物理、社会科学和生命科学的教师、研究生助教、成人教育教师。

SIE：营养学家、饮食学家、海关检查员、安全检查员、税务稽查员、校长。

SIC：描图员、兽医助手、诊所助理、体检检查员、监督缓刑犯的工作者、娱乐指导者、咨询人员、社会科学教师。

SIR：理疗员、救护队工作人员、手足病医生、职业病治疗助手。

SAC：理发师、指甲修剪师、包装艺术家、美容师、整容专家、发式设计师。

SAE：听觉病治疗者、演讲矫正者。

SAR：图书馆管理员、小学教师、幼儿园教师、学前儿童教师、中学教师、师范学院教师、盲人教师、智力障碍人的教师、聋哑人的教师、学校护士、牙科助理、飞行指导员。

**3. 16 种 MBTI 类型的职业兴趣和工作环境偏好（见表 1－10）**

**表 1－10**

| 类型 | 可能的职业兴趣 | 工作环境偏好 |
|---|---|---|
| ISTJ | 会计/办公室管理人员 | 注重事实和结果 |
|  | 工程师 | 提供安全、结构和顺序 |
|  | 警察工作/法律工作 | 能保持稳定的情绪 |
|  | 生产、建筑、保健 | 努力、任务取向，为了工作不被中断而喜欢独处 |

续表

| 类型 | 可能的职业兴趣 | 工作环境偏好 |
|---|---|---|
| ISTP | 科研 | 注重迅速解决问题 |
| | 机械和修理 | 目标和行动取向 |
| | 农业 | 不受规律限制 |
| | 工程师和科学技术人员 | 着眼于现在的经历 |
| ESTP | 市场销售 | 注重第一手的经验 |
| | 工程师和技术人员 | 灵活、注重结果 |
| | 信用调查 | 工作具有灵活性 |
| | 健康技术、建筑/生产、娱乐 | 及时满足需要、技术取向 |
| ESTJ | 商业管理 | 注重正确、高效地做事 |
| | 银行、金融 | 任务取向，注重组织、结构 |
| | 建筑/生产 | 提供稳定性和可预知性 |
| | 教育、技术、服务 | 实现可靠的目标 |
| ISFJ | 保健专业 | 看重有条理的任务 |
| | 教学/图书馆工作 | 注重案例和隐私 |
| | 办公室管理 | 结构清晰、有效率，一致、平静、安静 |
| | 个人服务、文书管理 | 服务取向 |
| ISFP | 机构和维修 | 善于合作，喜爱自己的工作 |
| | 工厂操作 | 允许有自己的私人空间 |
| | 饮食服务 | 灵活、具有审美能力 |
| | 办公室工作、家务工作 | 谦恭有礼、以人为本 |
| ESFP | 保健服务 | 注重现实 |
| | 销售工作/设计 | 行动取向、活泼、精力充沛 |
| | 交通工作、管理工作 | 适应性强、和谐 |
| | 机械操作、办公室工作 | 以人为本、舒适的工作环境 |
| ESFJ | 保健服务 | 喜欢帮助他人 |
| | 接待员 | 目标明确的人和组织 |
| | 销售 | 有组织，气氛友好的 |
| | 看护孩子、家务工作 | 善于欣赏、有良心的，喜欢按事实办事 |
| INFJ | 宗教工作 | 关注人类的思想和心理健康 |
| | 教学/图书馆工作 | 具有创造性 |

续表

| 类型 | 可能的职业兴趣 | 工作环境偏好 |
|---|---|---|
| INFJ | 媒体专家 | 协调、安静、有组织的 |
| | 社会服务、研究和发展 | 具有情感、喜欢有反省的时间和空间 |
| INFP | 咨询 | 关注他们的价值 |
| | 教学，文学，艺术 | 合作的氛围 |
| | 戏剧、科学 | 允许有思考的时间和空间 |
| | 心理学、写作、新闻工作者 | 灵活、安静、不官僚 |
| ENFP | 教学、咨询 | 关注人类的潜能 |
| | 宗教工作 | 丰富多彩、积极参与的氛围 |
| | 广告、销售、艺术、戏剧 | 活泼的、不受限制的 |
| | 音乐 | 提供变化和挑战、思想取向 |
| ENFJ | 销售 | 愿意为帮助他人而作出改变 |
| | 艺术家、演艺人员 | 支持的、社会化的、和谐的 |
| | 宗教工作 | 以人为本、井井有条 |
| | 咨询、教学、保健 | 鼓励自我表达 |
| INTJ | 科学 | 注重实现长远规划 |
| | 工程师 | 有效率的、以任务为重的 |
| | 政治/法律 | 允许独自一人思考 |
| | 哲学、计算机专家 | 支持创造性和独立、人员是有效率的、多产的 |
| INTP | 科学、研究 | 喜欢解决复杂的问题 |
| | 工程师 | 鼓励独立、隐私 |
| | 社会服务 | 灵活的、不受限制的、安静的 |
| | 计算机程序、心理学、法律 | 喜欢自我决定 |
| ENTP | 摄影、艺术 | 独立处理复杂问题 |
| | 市场营销 | 灵活的、喜欢挑战的、不官僚 |
| | 零售、促销 | 求新取向 |
| | 计算机分析、娱乐 | 喜欢冒险 |
| ENTJ | 管理 | 结果取向、独立的 |
| | 操作和系统分析 | 喜欢解决复杂问题 |
| | 销售经理 | 目标取向、果断 |
| | 市场营销 | 有效率的系统和人 |
| | 人事关系 | 挑战性的、结构性的顽强的人员 |

# 第二章　认知自我

人生最困难的事情就是认识自己。

——古希腊哲学家泰勒斯

**本章概要**

一个人对自己的职业规划应该从认识自己开始。运用科学的方法认识自己，了解自己，厘清自己的各种特点和长短利弊，才能在规划大学生涯和未来职业时做到扬长避短，有的放矢，充分发挥自己的潜能。

认识自己可以从性格、气质、兴趣、能力、价值观与意志品质等六个方面入手。本章重点从气质、性格、兴趣、能力四个方面对自我做深层次解剖，帮助读者了解自己的能力大小，明确自己的优势和劣势，清楚个性与职业之间的关系。

认识自己（know thyself）——这几个字刻在德尔菲（Delphi）阿波罗神庙入口处的上方；这座神庙就是圣谕（Oracle）之所在。在古希腊，人们来到圣谕之处，渴望能找到自己终极的命运，或是寻求在某种特定状况下应该采取的行动。大部分的访客在进入神庙的时候，都应该读到了这几个字，但是他们不了解，这几个字所指向的真理，是比圣谕所能告诉他们的还要深远得多。他们可能也不会了解，无论在神庙里得到的启示有多伟大，或是接收到的信息有多正确，如果无法体会“认识自己”这个训谕所蕴含的真理，最终都是没有用的，也无法从更深层的不快乐和自己创造的痛苦中获得解脱。这几个字隐含的意思是：在你问任何其他的问题之前，先问生命中最基本的一个问题：我是谁？

——选自《新世界：灵性的觉醒》第七章《找出你的本来面目》

## 第一节　正确认知自我

“不识庐山真面目，只缘身在此山中。”世界上最难了解的人不是别人，恰恰是自己。人们常说：“人贵有自知之明”，只有正确认识自己，客观地评价自己，并愉快地接纳自己，才能发展自己，成就自己。

### 一、自我认知的含义

著名成功学大师拿破仑·希尔说：“一切的成就，一切的财富，都是始于自我认知。”自我认知就是一个人对自己的认识、评价和期望。一般而言，一个人的自我认知是根据自己过去的经历、自己的成功或失败、他人对自己的反应、自己与环境中其他人的比较等方面形成的。它会因势而变，但个人的所有行为、感情和举止，甚至才能都始终与自我意识一致。具体而言，自我认知就是包括对如下问题回答的全过程，即“WWHW”过程：

**1．“Why”（为什么）**

这一过程自我认知的内容是思想和行为的“动机”和“理由”，它要解决的任务是对是否行动进行决策。这一过程解决不好的人缺乏成功的动机，将很难开发出自己的智慧潜能。

2. “What”（是什么）

这一过程自我认知的内容是思想和行为的“结果”和“目标”。它要解决的任务是对取得什么样的目标进行决策。这一过程解决不好的人则不能合理地估量和揣度事情的结果以及结果对其人生的意义，经常与成功失之交臂。

3. “How”（怎么样）

这一过程自我认知的内容是思想和行为的“方法”和“策略”。它要解决的任务是对方法和策略进行决策。这一过程解决不好的人整天忙忙碌碌，却总是事倍功半。

4. “Where”（在哪里）

这一过程自我认知的内容是思想和行为的环境因素和自然基础，它要解决的任务是个体的优缺点、个性以及有无潜能及条件等问题。这一过程解决不好的人对环境及自己在环境中的位置缺乏清晰的认识，不是高估就是低估自己，从而导致自负或者自卑的消极情绪。

## 二、自我认知对择业的影响

大学生要规划自己的大学生涯和未来的职业生涯，首先应妥善地把握自我，清楚自己想干什么、能干什么。

### （一）自我认知对大学生择业目标的影响

1. 自己喜欢干什么

要通过自我认知的“WHY（为什么）”和“WHAT”（是什么）两个过程，弄清自己的态度、兴趣以及就业的理想和个人成功的标准思想和行为的动机和理由。

具体地说，就是深入思考：

（1）自己的人生需求到底是什么？

（2）什么对我来说最重要，是挣钱多少，还是从事什么样的职业？

（3）我的成就观是什么？如何才能使我快乐？

……

大学生要把个人的兴趣、理想和对成功的理解同自己的职业目标、职业方向联系起来，不可因为别的标准或实惠的利益而抹杀自己的兴趣，随随便便迁就一份工作，否则既影响工作又耽误个人的发展。

2. 自己能干什么

要通过自我认知的“WHERE（在哪里）”过程，弄清自己的知识、能力、个性和特长等思想和行为的环境因素和自然基础。知识确定专业背景，特长影响成功大小。

“天生我材必有用”，世界上既没有无所不能的人，也没有一无是处的人，总会有最适合自己干的事。学生求职择业时，一定要客观地对自己的政治表现、学习成绩、一般能力、专业技能与特殊才能、身体状况、社交情况、心理素质等进行全面的评价。

过高的评价往往使自己脱离现实，意识不到自身的条件限制，甚至狂妄自大，由自信走向自负；过低地评价自己，往往会忽视自身的长处，缺乏自信，过于自卑。因此，大学生要时常用“我能干什么”的眼光全面地审视自己，使自己走出求职择业的误区，找到最适合自己的工作。

### （二）　自我认知对大学生择业策略的影响

在人才市场的竞争中，人才的质量是成败的基础，而求职时采取的方法和策略则是成败的关键。要找到恰当的方法，必须对自己和自己应聘的工作有足够的了解，知己知彼，方能百战不殆。

因此大学生一旦确立了正确的择业目标，就要通过自我认知的“HOW”过程，对达到自己求职目标的方法和策略进行决策，了解自己在各方面的长短优劣，客观地给自己定位，在求职时采取恰当的方法和策略，扬长避短，以图顺利达成自己的就业目标。

### （三）　自我认知对大学生择业心理的影响

正确的自我认知，对于大学生求职择业时的心理调适具有十分重要的意义。学生求职择业时有许多心理误区，比如互相攀比、强求平衡、孤芳自赏、虚荣侥幸、缺乏主见、依赖他人，寻求依托，自命不凡，等等，这些都容易导致学生的心理障碍甚至心理疾病。

只有通过自我认知，对自己有了止确、客观的了解和评价，才可能避免因个人自负清高而遭到失败所造成的挫折和焦虑，不去期待改变那些事实上无法改变的现实。只有实事求是地对待自己，才能心安理得，避免心理冲突，防止心理障碍。

## 三、如何认清自我

**【小故事】**

纽约有一位摩天大楼的老板，每个月都为昂贵的大楼电梯修理费而苦恼。因为楼很高，电梯不是一按就到，乘客往往等得不耐烦，虽看见电梯按钮已经亮了，还是要再按一下才安心，好像别人按的都不算，非得自己的“魔术指”按一下，电梯才会来。所以，电梯按钮坏得很快。

为此，这个老板在电梯旁贴了很多次告示，都没效果。最后他贴出悬赏，若有人能使乘客改变习惯，将给予厚奖。结果一名心理学家在电梯门上装了一片大镜子，轻易解决了这个问题。

镜子使乘客看见自己的猴急样，原先熙熙攘攘的人群，只要一站到镜子前，立刻变得有礼貌了，都成了绅士、淑女，耐心等待电梯。要怎样才能看清自己的“原形”呢？以下是认识真实自我的几个常见渠道：

### （一）　经验法：从我与事的关系认识自我

从我与事的关系认识自我即我从做事的经验中了解自己。一般人取得的成果、成就及与社会接触的过程都是一种学习，不经一事，不长一智。成败得失，其经验的价值也因人而异。对聪明又善用智慧的人来说，成功、失败的经验都可以促他再成功，因为他们了解自己，有坚强的人格特征，善于学习，因而可以避免重蹈失败的覆辙．而对于某些自我比较脆弱的大学生，失败的经验更使其失败。这也是最常见的现象。因为他们没有从失败中学到教训，改变策略追求成功，反而挫败后形成怕败心理，不敢面对现实去应付困境或挑战，甚至失去许多良机。对有些自我狂大的人而言，成功反可能成为失败之源。他们可能幸得成功便骄傲自大，以后做事便自不量力，往往连遭失败。还有些人成长过于顺利，又有家世、关系，而一旦失去“保护源”，便一蹶不振，不能支撑起独立的自我。因此，一个大学生由成败经验中获得的自我意识也要细加分析和甄别。

### （二）比较法：从我与人的关系认识自我

他人是反映自我的镜子。与他人交往，是个人认识自我的重要来源。我们先从家庭中的感情扩展到外面的友爱关系，进入社会又体验到人与人之间的利害关系。有自知之明的人能从这些关系中用心向别人学习，获得足够的经验，然后按照自己的需要去规划自己的前途。但是，通过和人比较认识自己应该注意比较的参照系。

第一，跟别人比较的是行动前的条件，还是行为后的结果？大学生来大学学习，如果认为自己来自农村，条件不如别人，开始就置自己于次等地位，自然影响心态和情结，而大学毕业后看行动后的成绩才有意义。

第二，跟人比较是看相对标准还是绝对标准？是可变的标准还是不可变的标准？经常有大学生认为自己不如他人。其实他们关注的可能是身材、家世等不能改变的条件，没有实际比较的意义。

第三，比较的对象是什么人？是与自己条件相类似的人，还是个人心目中的偶像或极不如己的人？所以，确立合理的参照体系和立足点对自我的认识尤为重要。

### （三）反省法：从我与己的关系认识自我

古人曰：“吾日三省吾身”。从我与己关系中认识自我，看似容易实则困难。我们大概可以从以下几个“我”中去认识自我：

（1）自己眼中的我。个人实际观察到客观的我，包括身体、容貌、性别、年龄、性格、气质、能力等。

（2）别人眼中的我。与别人交往时，由别人对你的态度、情感反映而觉知的我。不同关系的人对自己的反应和评价不同。

（3）自己心中的我，也指自己对自己的期许，即理想的我。

我们还可以从实际的我、自觉别人眼中的我、自觉别人心中的我等多个我来全面认识自己。但是，对于现代大学生而言，虽然有多个“我”可供认识自己，但形成统合的自我观念比较困难。

### （四）心理测验：专业方式认识自我

心理测验是通过回答心理学专家精心研究设计的有关问题来认识自我、了解自我的一种方式。在测试时，应该如实回答，否则自测结果就不能反映真实情况，失去自测的意义。因此，在回答自测问题时，不要考虑别人会怎么认为、怎样回答才算正确，怎样回答才算符合社会常理，等等。心理测验有很多种，如学科成就测验、智力测验、人格与性格测验、性向测验（测量人的特殊潜能）、职业兴趣测验等。运用这些测验，可以协助受测者了解自己的职业兴趣、人格特质，协助作决定并发掘问题，协助规划并合理规划未来。对职业生涯规划来说，适当地运用心理测验是必要的。尽管测验结果未必完全准确，但作为自己及职业生涯规划的参考依据还是可取的。本章“信息园”中选取了部分与内容相关的测量表，帮助更好地认识自我。

# 第二节　自我气质探索

《水浒传》中的108位好汉，长相各异，性格不同，都有一身独特的武艺，他们充分发挥自身的个性特长，演绎了一个个回肠荡气的英雄故事。古今中外的事例说明，一个人职业的发展一般与其兴趣、气质、性格和能力等个性因素密切相关。既要从兴趣和性格方面了解自己，又要从能力等方面客观评价自己，扬长避短，不断地朝着更高的标准发展，才能成为社会需要的优秀人才。从本节开始，我们将逐一探讨气质、性格、兴趣和能力与职业的关系。

## 一、气质

当你把双手的十指自然地交叉在一起时，看看是左拇指在上还是右拇指在上？左拇指在上属于“艺术型”，一般是大脑右半球功能比较占优势，富于情感，想象力丰富，多愁善感，具有文学家、艺术家的气质。右拇指在上则属于“思维型”，一般是大脑左半球占优势，富于理智，善于思考，逻辑性强。具有思想家、政治家、科学家的气质。

这是近代心理学家设计的“了解自己气质”最简单的自测方法，这个方法虽然不是百分之百准确，但它有一定的科学依据。

### （一）气质的含义

气质是人生来就具有的，是指在人的认识、情感、言语、行动中，心理活动发生时力量的强弱、变化的快慢和均衡程度等稳定的人格特征。对于气质这种心理现象可以从以下几个方面理解：

（1）气质反映的是心理活动在速度、强度、稳定性和指向性等动力方面的特征。在心理活动的速度方面，主要表现为知觉、记忆、思维的速度和情绪变化的速度等；在心理活动的强度方面，主要表现为意志努力的强度和情绪体验的强度等；在心理活动的稳定性方面，主要表现为注意的稳定性和情绪的稳定性等；在心理活动的指向性方面，主要表现为内向或外向等特点。应当指出，人的心理活动的动力特点除了受气质影响，还与人的心理活动的内容、目的、动机有关。例如，不论什么气质的人，遇到高兴的事，都会情绪高涨；遇到不愉快的事总会情绪低落。

（2）气质是一种典型的心理特征。气质使人的全部精神活动都染上独特的色彩，表现出与他人不同的典型特点。具有某种气质的人，会在不同情境中表现出相同性质的心理活动的动力特点。例如，一个性情急躁的人，在争论时会情绪激动；在探究问题时会急不可待地要了解探究的结果。

（3）气质是一种稳定的心理特征。通常，它不会因活动的情境发生变化而变化。在环境和教育的影响下，可能有所改变，但变化很慢，几乎看不出。这就是所谓的“禀性难移”。

（4）气质具有天赋性。气质是与生俱来的，婴儿一生下来就存在着明显的气质差异。例如，有的婴儿生下来就哭声响亮，对外界刺激的反应迅速；有的则比较安静，对外界刺激的反应缓慢。

### （二） 气质的类型

心理学家们普遍认为，在通常情况下，人的气质可分为胆汁质、多血质、黏液质和抑郁质四种类型。这四种基本气质类型在情绪和行为方式方面以及智力活动方面有不同的典型表现。

**1. 胆汁质**

胆汁质相当于神经活动强而不均衡型。具备这种气质的人反应速度快，有较高的主动性。这类人情感和行为动作产生得迅速而且强烈，有极明显的外部表现；性情开朗、热情，坦率，但脾气暴躁，好争论；情感易于冲动但不持久；精力旺盛，能以极大的热情从事工作，兴奋时决心克服一切困难，精力耗尽时情绪一落千丈；思维具有一定的灵活性，但对问题的理解具有粗枝大叶、不求甚解的倾向；意志坚强、果断勇敢，注意力稳定而集中但难以转移；行动利落而敏捷，说话速度快且声音洪亮。

**2. 多血质**

多血质相当于神经活动强而均衡的灵活型。具备这种气质的人行动具有很高的反应性。这类人情感和行为动作发生得很快，变化得也快，但较为温和；易于产生情感，但体验不深，善于结交朋友，容易适应新的环境；语言具有表达力和感染力，姿态活泼，表情生动，有明显的外倾性特点；机智灵敏，思维灵活，但常表现出对问题不求甚解；注意与兴趣易于转移，不稳定；在意志力方面缺乏忍耐性，毅力不强。

**3. 黏液质**

黏液质相当于神经活动强而均衡的安静型。具备这种气质的人反应性低。这类人情感和行为动作进行得迟缓、稳定、缺乏灵活性；情绪不易发生，也不易外露，很少产生激情，遇到不愉快的事也不动声色；注意稳定、持久，但难以转移；思维灵活性较差，但比较细致，喜欢沉思；在意志力方面具有耐性，对自己的行为有较大的自制力；态度持重，好沉默寡言，办事谨慎细致，从不鲁莽，但对新的工作较难适应，行为和情绪都表现出内倾性，可塑性差。

**4. 抑郁质**

抑郁质相当于神经活动弱型。具备这种气质的人有较高的感受性。这类人情感和行为动作进行得都相当缓慢，柔弱；情感容易产生，而且体验相当深刻，隐晦而不外露，易多愁善感；往往富于想象，聪明且观察力敏锐，善于观察他人观察不到的细微事物，敏感性高，思维深刻；在意志方面常表现出胆小怕事、优柔寡断，受到挫折后常心神不安，但对力所能及的工作表现出坚忍的精神；不善交往，较为孤僻，具有明显的内倾性。

在古今中外的文学作品中，常常可以看到这四种气质类型的典型代表，例如《水浒》中的李逵是典型的胆汁质的代表，《红楼梦》中的王熙凤则是多血质的人物，薛宝钗属于黏液质，林黛玉是典型的抑郁质的人物。

气质类型测量表详见信息园之一。

**【小故事】**

苏联心理学家达维多娃曾用一个故事形象地描述了四种基本气质类型的人在同一情景

中的不同行为表现。

首场戏已开演，为了不影响观众，剧院规定凡迟到者只能等到第一场落幕休息时方准入场。四个不同气质类型的人上剧院看戏，但是都迟到了。

胆汁质的人面红耳赤地与检票员争吵起来，甚至企图推开检票员，冲过检票口，径直跑到自己的座位上去，并且还会埋怨说，戏院时钟走得太快了。

多血质的人明白检票员不会放他进去，他不与检票员发生争吵，而是悄悄跑到楼上另寻一个适当的地方来看戏剧表演。

黏液质的人看到检票员不让他从检票口进去，便想反正第一场戏不太精彩，还是暂且到小卖部待一会儿，待幕间休息再进去。

抑郁质的人对此情景会说自己老是不走运，偶尔来一次戏院，就这样倒霉，接着就垂头丧气地回家了。

气质带有自然的属性，每种气质都有它的特点，无所谓好坏。每一种气质都有它积极的一面，也有它消极的一面。任何一类气质的人在现实生活中，既可以是优秀的人才，也可能成为碌碌无为之辈。问题的本质不在于气质类型及其心理特征，而在于对生活的信念和追求。

## 二、气质与职业

由于人的气质类型的不同，不同的职业对人的气质特征的要求也不同。在选择职业时一定要“量质选择”。古希腊著名哲学家柏拉图在《理想国》一书中曾指出：“两个人不会完全一样，每个人都有自己的自然天赋，因此，一个人适宜于此种职业而另一个人适应于另外的职业，每个人应当只做一件适合于他本性的事情。”

### （一）　胆汁质与职业选择

胆汁质类型的人热情、行动迅速、精力充沛、思维敏锐、勇敢、喜欢表现自己，但又往往给人以不稳重、易冲动的感觉。胆汁质的人面临择业时，往往表现出很高的积极性，主动出击，求职和竞争意识强烈。这种热情和主动性往往为用人单位所赏识，易于被录用。一般说来，他们倾向于选择且适合于竞争激烈、冒险性和风险意识强的职业或者是社会服务型的职业，如体育运动员、企业改革者、航空者、勘探者、探险者、演说家、教师、营业员等，甚至选择到偏远的山区开创事业或者是到开发地区闯世界。但是胆汁质的人对工作不那么专注，或者他们的热情开始很高，但不能长久，不少胆汁质的人经常更换工作或职业，有的干脆凭着自己掌握的知识和技能，不要固定工作，而是成了自由职业者，自由自在地生活和工作着。胆汁质的人看起来与细致工作无缘，其实并不尽然。胆汁质的人也有特别精细的，他们不拘于眼前的胜负，而专注于行动，热情地向自己的极限挑战。胆汁质的人只要干，在任何工作中都会显示出较强的适应性。

### （二）　多血质与职业选择

多血质类型的人反应敏捷、灵活、情绪外露、活泼开朗、善于交往，具有较突出的外向型特点，对新环境适应能力较强，给人以颇有优越性或特殊才能的感觉。他们在职业市场往往很受青睐，占有较强和有利的竞争优势。相对来说有较宽广的选择范围和机会，无论哪种工作，他们都可以胜任。他们的外向型特点，使他们更适合于抛头露面、出风头的和人际交往方面的职业，如政治家、外交家、商人、管理者、记者、律师、公关人员、艺术工作者、秘书和其他一些社会性工作等。而对于过于简单、细致和琐碎的工作，对缺乏竞争和刺激、只要求细心谨慎的工作，多血质的人不太感兴趣，也做不深入。

### （三） 黏液质与职业选择

黏液质类型的人理智、沉着、稳重、安静、吃苦耐劳，善于控制和忍耐，但反应缓慢，常给人以呆板、执拗的感觉，适合做各种有条不紊、勤勤恳恳、需要长时间完成的工作任务。黏液质的人能力也不一般。他们的出色之处是善于处理人际关系，和任何人都能配合协调，能很好地利用协调性、积极性、社会性及感情稳定性表现自己的才能，发挥出卓越的能力，而且不论地位高低，都能在各自的职业中占有重要位置。所以，他们不仅能从事学术、教育、研究、技术、医师等内向型职业，而且可以活跃在政治家、外交官、商人、律师等外向型职业领域。当然，最适合他们的工作岗位是策划及一般事务性工作。由于黏液质的人能冷静地判断自己的才能，因而对不完全熟悉的特殊专业他们并不勉强自己。不少人会作为一名普通的工作人员，在一个岗位上苦苦工作一辈子，直到退休。

### （四） 抑郁质与职业选择

抑郁质类型的人内向、感情丰富细腻、情绪体验深刻，工作责任心强，但给人孤僻、怯懦、拘束、行动迟缓的感觉。他们比较适合选择稳定性强、变动小的工作，或选择需要一个人艰苦奋斗的学术、教育、研究、技术开发和医学等内在要求慎重、细致、周密思考的职业领域。不过，也不能绝对地说抑郁质的人对其他的职业都不能适应。无论置身于什么样的职业，只要肩负了责任，抑郁质类型的人都会一丝不苟，加倍努力，他们会以所从事的工作为荣，努力解决因不太适应而造成的困难，努力把工作做好，这正是抑郁质人的长处。可以说，抑郁质的人在选择了与其适应性相反的职业时，也会安心地干下去。但抑郁质的人内心很孤独，很不擅长与人共事，因此，在与人交往较多的职业上，他们需要付出更多的努力。

如果选择的职业与个人的气质不相符，对自己而言是痛苦的，对工作来说是一种损失。当一个人所具有的气质特点符合工作要求时，就比较容易适应，工作起来也比较轻松。如：要求作出迅速灵活反应的工作，多血质、胆汁质的人比较合适，黏液质、抑郁质的人则较难胜任；要求持久耐心细致的工作，黏液质、抑郁质的人较为合适，多血质、胆汁质的人又较难适应。反之，当这个人的气质特点不符合工作要求时，适应起来就困难些，工作也比较费劲。可以设想，让多血质的人当会计，他在处理许多繁琐复杂的日常事务中，为了克服自己粗心大意的坏习惯，养成谨慎细心的习惯，需要比黏液质的人经受更多的克制，付出更多的努力。而让黏液质的人当采购员，每天都与大量的人打交道，为了培养交际能力、表达能力，需要克服自己的内向、沉默冷淡的气质特点，就要比多血质的人经受更多的磨炼，付出更多的努力。

# 第三节　自我性格探索

## 一、性格

古印度有句谚语："播种行为，收获习惯；播种习惯，收获性格；播种性格，收获命运。"可见，性格与人们职业生涯的密切关系。

### （一）　性格的含义

近年来，国外用人单位在选人时出现一种新观念。他们认为，性格比能力重要。其原因是，如果一个人能力不足，可通过培训提高；但一个人的性格与职业不匹配，要改变起来，就困难多了。所以，这些单位在招聘新人时，将性格的测试放在首位，当性格与职业相匹配时，才对其能力进行测试检查。

性格是一个人在先天生理素质的基础上，在社会实践活动和不同环境熏陶下逐渐形成的、对现实较为稳固的心理特征。一个人对现实的某种态度，在类似的情况下不断出现，逐渐得到巩固，并且使相应的行为方式习惯化，那么就形成了性格。例如，在劳动中勤勤恳恳，就形成了勤劳的性格特点；经常不爱劳动，就形成懒惰的性格特点。在困难面前不惧怕，就表现出坚毅、勇敢的性格特点；前怕狼后怕虎，遇事畏缩不前，则形成懦弱的性格特点。

### （二）　性格的特征

由于性格受后天因素影响，所以性格既是相对稳定的，又是可以调适的。每个人的后天经历不尽相同，决定了人的性格千差万别。勤劳、懒惰、坚毅、勇敢、懦弱、急躁、温顺、开朗、固执、谨慎等，指的都是人的性格特征。正如马克思、恩格斯所指出的："人创造环境，同样环境也创造了人。"

认识自己的性格，把握住自己性格的基本特征，一般可以从四个方面来考察：

**1. 性格的态度特征**

态度特征主要是指个人在处理社会各方面的关系时的性格特征，即他对社会、对集体、对工作、对劳动、对他人以及对待自己的态度的性格特征。比如：对人是热情、诚恳，还是冷淡、虚伪；对劳动是勤劳、认真，还是懒散、粗心；对自己是谦虚、自信，还是骄傲、自卑；对集体是热爱、关心，还是熟视无睹、漠不关心；对工作是积极负责、富有创造性，还是消极回避、墨守成规；等等。

**2. 性格的情绪特征**

情绪特征主要是指个体在情绪表现方面的心理特征，可以分为情绪活动的强度、稳定性、持久性及主导心境四方面。在情绪的强度方面，有的情绪强烈，不易于控制；有的则情绪微弱，易于控制。在情绪的稳定性方面，有人情绪波动性大，情绪变化大；有人则情绪稳定，心平气和。在情绪的持久性方面，有的人情绪持续时间长，对工作学习的影响大；有的人则情绪持续时间短，对工作学习的影响小。在主导心境方面，有的人经常情绪饱满，处于愉快的情绪状态；有的人则经常郁郁寡欢。

3．性格的理智特征

理智特征主要是指个体在感知、记忆、想象、思维等认知活动中表现出来的心理特征。比如在感知方面：能按照一定的目的和任务主动地观察，属于主动观察型；有的则明显地受环境刺激的影响，属于被动观察型。有的倾向于观察对象的细节，属于分析型；有的倾向于观察对象的整体和轮廓，属于综合型。有的倾向于快速感知，属于快速感知型；有的倾向于精确地感知，属于精确感知型。想象方面：有主动想象和被动想象之分；有广泛想象与狭隘想象之分。在记忆方面：有主动与被动之分；有善于形象记忆与善于抽象记忆之分；等等。在思维方面：也有主动与被动之分；有独立思考与依赖他人之分；有深刻与肤浅之分；等等。

4．性格的意志特征

意志特征主要是指个体在调节自己的心理活动时表现出的心理特征，自觉性、坚定性、果断性、自制力等是主要的意志特征。自觉性是指在行动之前有明确的目的，事先确定了行动的步骤、方法，并且在行动的过程中能克服困难，始终如一地执行。与之相反的是盲从或独断专行。坚定性是指能采取一定的方法克服困难，以实现自己的目标。与坚定性相反的是执拗性和动摇性，前者不会采取有效的方法，一味地我行我素；后者则是轻易改变或放弃自己的计划。果断性是指善于在复杂的情境中辨别是非，迅速作出正确的决定。与果断性相反的是优柔寡断或武断、冒失。自制力是指善于控制自己的行为和情绪。与自制力相反的是任性。

### （三） 性格的类型

瑞士心理学家荣格（Carl Gustav Jung）曾将人的性格划分为内倾性、外倾性两种。他认为，在人的生命中存在着一种心理能量——“力比多”（libido），它是人的一切行为变化的基础。根据“力比多”的倾向不同，可以把人分为两种基本类型：“力比多”面向客体，其兴趣、关心也面向他人或他事的倾向者称为外倾型；“力比多”面向主体，将兴趣、关心面向自己倾向者称为内倾型。属于外倾型的人对外界事物表现出关心和兴趣，善于表露自己的情感和行为并乐于与人交往；而属于内倾型的人对外界事物缺少关心和兴趣，不善于表露自己的情感和行为而且不乐于与人交往。

无论是内倾型的人还是外倾型的人，都有许多非常具体和丰富的性格特征，而且纯粹属于内倾型或外倾型的人不多，大部分都属于混合型，只是存在着程度的差别而已。而且，外倾与内倾是相对而言的，没有一个确切的标准。因此，不能轻易给自己的性格类型做结论，要通过咨询和自我测验来确认自己的性格类型（性格类型测量表详见信息园之二）。

## 二、性格与职业

**【小故事】**

《三国演义》中有一个三顾茅庐的故事。当时曹操称霸天下，刘备兵弱将寡。为纳贤求能，刘备带领关羽、张飞亲上卧龙岗，三顾茅庐请诸葛亮出山。前两次因诸葛亮出门使三人碰壁，张飞窝火，牢骚满腹。第三次再赴隆中请诸葛亮，却见其正在草堂午睡，刘备便耐心在一旁等候。张飞急得火冒三丈，想到屋后放火烧醒诸葛亮，幸被关羽拉住，才没坏了刘备的大事。可见，张飞是一个性格十分暴烈的人，这种性格使他在打仗时冲锋陷阵，不畏生死。他为蜀国立下了汗马功劳，堪称猛将。

我国的湘绣举世闻名，堪称世界一绝。那些精美的刺绣工艺品都出自心灵手巧的绣花女之手，是她们一针一线悉心完成的。

如果我们将张飞和绣花女调换一下，让张飞去捏针绣花，让绣花女去持矛打仗，那么，张飞定会气炸肺，捻碎手中针；而绣花女也难免会在打仗中吃亏。

这个故事告诉我们：人的职业选择和性格是有联系的。

职业性格是指长期从事特定的职业活动，会使人巩固或改变原有的性格特征，形成一些更适合从事职业的比较稳定的性格特征。在职业心理学中，性格影响着一个人对职业的适应性，一定的性格适于从事一定的职业；同时，不同的职业对人有不同的性格要求。

因此，在考虑或选择职业时，不仅要考虑自己的职业兴趣、职业能力，还要考虑自己的职业性格特点。假如立志做一名教师，必须具有热爱教育事业，对学生热情负责，以身作则，为人师表等良好品质。一个不喜欢学生的教师，不可能成为好教师。假如立志做一名医生，必须具有救死扶伤的人道主义精神，富有同情心和高度的责任感以及一丝不苟、精益求精的工作态度。

从性格分类来说：外倾型性格类型的人，更适合从事能充分发挥自己行动能力积极性并与外界有着广泛接触的职业，如管理人员、律师、政治家、教师、推销员、警察、售货员、记者、人力资源工作者等；内倾型性格类型的人，比较适合从事有计划的、稳定的、不需要与人过多交往的职业，如自然科学家、技术人员、艺术家、会计师、一般事务性工作的人员、速记员、打字员、程序设计员等。

从具体的性格特征来说：开朗、活泼、热情、温和的性格比较适合于从事外贸、涉外工作、教育工作以及其他同人群交往多的职业；多疑、好问、倔强的性格比较适合于从事科研、治学方面的工作；深沉、严谨、认真的性格比较适合做人事、行政、党务工作；勇敢、沉着、果断与坚定是企业家和管理者不可缺少的性格；等等。

美国卓越的企业家雅科卡，在大学和研究生阶段都学的是工科，在研究生毕业后，被福特汽车公司招聘，当时给他安排的工作是工程技术。他干了9个月，自己主动要求转干销售工作。他要求改变工作的理由是：他善于与人打交道而不是与机器和技术打交道。后来，他从一个低级销售员干起，每隔5～6年就晋升一次，直到总经理的职位。事实证明，他选择的事业生涯是完全正确的，是一条成功之路。

近年来，一些教育学家和心理学专家将职业性格分为9类，可在考虑或选择职业时作为参考（职业性格测量表见信息园之三）。

（1）变化型。这些人在新的和意外的活动或工作环境中感到愉快，喜欢经常变化职务的工作。他们追求多样化的活动，善于转移注意力和工作环境。适合从事的职业类型有：记者、推销员、演员。

（2）重复型。这些人喜欢连续不停地从事同样的工作，喜欢按照机械的或别人安排好的计划或进度办事，喜欢重复的、有规则的、有标准的职业。适合从事的职业类型有：印刷工、纺织工、机床工、电影放映员等。

（3）服从型。这些人喜欢按别人的指示办事，不愿自己独立做出决策，而喜欢让他人对自己的工作负责。适合从事的职业有：办公室职员、秘书、翻译等。

（4）独立型。这些人喜欢计划自己的活动和指导别人的活动。在独立的和负有职责的工作环境中感到愉快，喜欢对将要发生的事情作决定。适合从事的职业类型有：管理人员、律师、侦察员等。

（5）协作型。这些人在与人协同工作时感到愉快，想得到同事们的喜欢。适合从事的职业类型有：社会工作者、咨询人员等。

（6）劝服型。这些人喜欢设法使别人同意他们的观点，一般通过谈话或写作来达到目的。对于别人的反应有较强的判断力，且善于影响他人的态度、观点和判断。适合从事的职业类型有：辅导人员、行政人员、宣传工作者、作家等。

（7）机智型。这些人在紧张和危险的情境下能很好地执行任务，在危险的状况下能自我控制和镇定自如，能出色地完成任务。适合从事的职业类型有：驾驶员、飞行员、公共安全专家员、消防员、救生员等。

（8）好表现型。这些人喜欢能够表现自己的爱好和个性的工作环境。适合从事的职业类型有：演员、诗人、音乐家、画家等。

（9）严谨型。这些人喜欢注重细节，按一套规则和步骤将工作尽可能做得完美。倾向于严格、努力地工作，以便能看到自己付出努力后完成的工作效果。适合从事的职业类型有：会计、出纳员、统计员、校对员、图书档案管理员、打字员等。

性格与职业相对应能给自己良好的职业生涯准备前提条件，以保证个体以积极的心理状态和良好的职业适应性从事职业，使职业更加理性化。但我们不能过分强调性格对职业的影响。因为，大多数职业并不过分强调与性格之间的严格对应。同一职业领域不可能完全由具有某一性格类型的人来从事，而某一性格类型的人在很多岗位上都可能取得成功。

## 第四节　自我兴趣探索

### 一、兴趣

哲学家尼采说过：“想知道你自己是怎样的人，只要看一看你自己喜欢什么。”自己喜欢什么也就是自己对什么感兴趣。

**【小故事】**

英国著名生物学家、动物行为学家古道尔从小喜欢生物，11 岁的时候，她接触到一本书《生活在丛林中的人猿泰山》，由此对黑猩猩产生了强烈兴趣，她开始痴迷黑猩猩这种丛林之王。为了解它们的生活和行为，1960 年，26 岁的古道尔只身前往在周围人看来是一片黑暗，充满野兽的非洲丛林。刚到森林的时候，古道尔吃尽了苦头，黑猩猩的个头甚至比她还大，“它们抓我的衣服，打我的脑袋，用树枝和石块砸我。”但是经过长期的跟踪，她逐渐赢得了黑猩猩的信任，这些可爱的黑猩猩甚至大摇大摆闯入她的帐篷，找她要香蕉吃。她与黑猩猩一起“生活”了 20 多年，通过研究黑猩猩的习性，她发现黑猩猩会组成相互合作的捕猎团体，并且会制造、使用简单的工具，比如，它们会用小树枝把白蚁从蚁巢中

“钓”出来……古道尔收集了大量的数据和资料，出版了几十本著作，为人类揭开黑猩猩的秘密做出了杰出的贡献。

### （一） 兴趣的含义

兴趣是一个人力求认识某种事物或爱好某种活动的心理倾向，或者说是人们积极探究某种事物的认识倾向。例如，对某种职业感兴趣，就会对该种职业活动表现出肯定的态度，并积极思考、探索和追求。

### （二） 兴趣的分类

兴趣可分为物质兴趣、精神兴趣和社会兴趣。物质兴趣与人的需要相关联，表现为对物质的迷恋和追求，例如收藏的兴趣；精神兴趣主要是指对文化、科学和艺术的迷恋与追求，例如旅游、写作、绘画、书法、摄影、发明创造等兴趣；社会兴趣主要是指对社会工作等活动的兴趣。

兴趣又可分为直接兴趣和间接兴趣。有人喜欢跳舞、打球，可能是因为这些活动本身对他有吸引力，通过这些活动他会获得愉快和满足，这就是直接兴趣。有人可能感到学外语是一件很枯燥的事情，但仍然兴致很浓，这并不是学外语本身会给他带来轻松愉快，而是学外语可以继续攻读学位，可以直接了解国外最新信息，可以找到满意的工作，可以出国学习或交流等，是这些结果在吸引他学习，这就是间接兴趣。直接兴趣和间接兴趣可以互相转化，也可以相互结合，从而更有效地调动人的积极性。

### （三） 兴趣的发展阶段

古人说：“知之者不如好之者，好之者不如乐之者。”这里讲的“好”就是爱好，“乐”就是在爱好的基础上乐意去做，二者说的都是兴趣，只是程度不同。

兴趣的发生和发展一般要经历这样一个过程：有趣——乐趣——志趣。有趣是兴趣的低级阶段，常常与一个人对某一事物的新奇感相联系。比如有人今天想当一名导游，明天又想当服装设计师，后天又对网络管理感兴趣，这种兴趣往往是短暂的，通常是一时心血来潮。乐趣是兴趣的第二个阶段，又称为爱好。它在有趣的基础上定向发展而成，比较稳定、专一和深入。比如一个人对计算机维修感兴趣，他不但会主动学习这方面的知识，还会寻找一切机会进行装配和修理实践。志趣是兴趣的高级阶段，当人的爱好和社会责任、理想结合起来时，他就会为之而奋斗。

## 二、兴趣与职业

兴趣是最好的老师，是成功的重要推动力，它能将一个人的潜能最大限度地调动起来，长期专注于某一方面，付出艰苦的努力，取得令人瞩目的成绩。调查表明：兴趣与成功几率有着明显的正相关性。获得诺贝尔物理学奖的丁肇中也说：“兴趣比天才重要。”

### （一） 兴趣与职业选择的关系

人们常说：“酒逢知己千杯少，话不投机半句多”，不仅人对人是如此，人对事物也同样如此。兴趣在职业活动中有着不可忽视的作用，会直接地影响到人的职业选择，主要表现在以下三个方面：

兴趣是职业选择的重要依据——兴趣是最好的老师，是一种强大的精神力量。兴趣可以使人集中精力去获得自己喜欢的职业知识，启迪智慧并创造性地开展工作。当一个人对某种职业发生兴趣时，他就能发挥整个身心的积极性；就能积极的感知和关注该职业知识、动态，并且积极思考，大胆探索；就能情绪高涨、想象丰富；就能增强记忆效果，增强克服困难的意志。反之，“强按牛头不喝水”，是不会取得良好效果的，当然也就很难在该职业上发挥个人的优势、做出巨大贡献了。正像人在日常生活中喜欢从事自己感兴趣的活动一样，具有一定兴趣类型的人更倾向于寻找与此有关的职业，特别是在外界环境限制较小时，人更倾向于选择自己感兴趣的职业。

兴趣可以提高人的工作效率，充分发挥人的才能——一个人对某一方面的工作有兴趣时，枯燥的工作会变得丰富多彩、趣味无穷。兴趣使工作不再是一种负担，而是一种享受。因为兴趣可以调动人的全部精力，以敏锐的观察力、高度的注意力、深刻的思维和丰富的想象力投入工作，促进能力的发挥，兴趣和能力的合理结合会大大提高工作效率。曾有人进行过研究：如果人从事自己感兴趣的职业，则能发挥他全部才能的80% ~90%，而且长时间保持高效率而不感到疲劳；而对所从事工作没有兴趣，只能发挥他全部才能的20% ~30%。

兴趣是保证职业稳定、职场成功的重要因素——对某一职业有浓厚的兴趣，是智力开发的“孵化器”。兴趣是工作动力的主要源泉之一。对于一个人来说，对工作感兴趣，就愿意钻研，就会出成就——这正是兴趣的作用所在。一般来说，兴趣是人职业适应的一个基本方面，可以为职业选择提供有效的信息。兴趣主要用于预测人的工作满意感和工作稳定性，工作满意是职业适应的一大标志。在其他条件相似的情况下，从事自己感兴趣的职业不但让人感到满意，而且能够让其工作单位感到满意，并由此导致工作的长期性和稳定性。此外，多方面的兴趣可以使人善于应付多变的环境。如需变换工作，只要自己感兴趣，就能够很快地学会这门工作，求职成功，并能够在新的岗位很快地熟悉和适应新的工作。

### （二） 职业兴趣的分类

如果一个人能根据自己的兴趣去选择或考虑自己的职业，他的主动性将会得到充分发挥。即使十分疲倦和辛劳，也总是兴致勃勃，心情愉快；即使困难重重也绝不灰心丧气，而能想尽办法，百折不挠地去克服它，甚至废寝忘食，如醉如痴。爱迪生就是个很好的例子。他几乎每天都在实验室里辛苦工作十几个小时，在那里吃饭、睡觉，但丝毫不以为苦，“我一生中从未间断过一天工作”。他宣称：“我每天其乐无穷”。难怪他会成功。

《加拿大职业分类词典》将职业兴趣划分为10种不同类型，见表2-1。

**表2-1**

| 兴趣类型 | 特　点 | 适合的职业岗位 |
|---|---|---|
| 喜欢与事物打交道 | 喜欢与事物打交道，不喜欢与人交往 | 制图、勘测、工程技术、建筑、机械制造、出纳、会计等 |
| 喜欢与人接触 | 喜欢与人交往，对销售、采访、传递信息一类的活动感兴趣 | 记者、推销员、服务员、教师、行政管理人员、外交联络员等 |

续表

| 兴趣类型 | 特　点 | 适合的职业岗位 |
|---|---|---|
| 喜欢干有规律的事情 | 喜欢常规的、有规律性的活动，习惯于在预先安排的程序下工作 | 邮件分类、图书管理、档案管理、办公室工作、打字、统计等 |
| 喜欢从事社会福利和助人的工作 | 乐意帮助别人，试图改善他人的状况，帮助他人排忧解难 | 律师、咨询人员、科技推广人员、医生、护士等 |
| 喜欢做领导和组织工作 | 喜欢掌管一些事情，希望受到众人尊敬和获得声望，他们在企事业单位中起着重要的作用 | 各级各类组织领导管理者，如行政人员、企业管理干部、学校领导和辅导员等 |
| 喜欢研究人的行为 | 对人的行为举止和心理状态感兴趣，喜欢谈论人的问题 | 研究人、管理人的工作，如心理学、政治学、人类学、人力资源管理、思想政治教育等研究工作以及教育、行为管理工作 |
| 喜欢从事科学技术工作 | 对分析的、推理的、测试的活动感兴趣，擅长于理论分析，喜欢独立地解决问题，也喜欢通过实验得到新发现 | 生物、化学、工程学、物理学、地质学等学科研究工作 |
| 喜欢抽象的和创造性的工作 | 对需要想象和创造的工作感兴趣，大都喜欢独立工作，对自己的学识和才能颇为自信。乐于解决抽象问题，而且急于了解周围世界 | 科学研究工作和实验室工作，如社会调查、经济分析、各类科学研究、化验、新产品开发等 |
| 喜欢操作机器的技术工作 | 对运用一定技术，操作各种机械，制造新产品或完成其他事物感兴趣。他们喜欢使用工具，特别是喜欢大型的、马力强的先进的机器，喜欢具体的东西 | 飞行员、驾驶员、机械制造、建筑、石油、煤炭开采等 |
| 喜欢具体的工作 | 希望能很快看到自己的劳动成果，愿意从事制作能看得见、摸得着的产品的工作，并从完成的产品中得到满足 | 室内装饰、园林、美容、理发、手工制作、机械维修、厨师等 |

# 第五节　自我能力探索

## 一、能力

### （一）　能力的含义

能力是指那些直接影响活动效率，使活动得以顺利完成的心理特征的总和。它总是和人的某种活动相联系，并表现于活动之中，是影响活动效率的最基本、最直接的心理因素。例如，节奏感和曲调感对于从事音乐活动是必不可少的；准确的估计比例关系对于人们从事绘画活动是不可缺少的；观察的精确性、记忆的正确性、思维的敏捷性和顺序性是完成许多活动所必备的，等等。缺乏这些心理特征，就会影响有关活动的效率，就会使这些活动不能顺利进行。

### （二） 能力的分类

按能力的倾向性，心理学家一般都把能力分为一般能力和专门能力。

**1. 一般能力**

一般能力是指完成任何一种活动都必须具备的基本能力，主要包括观察力、记忆力、注意力、想象力和思维能力等。有人也常常把一般能力称为智力。

观察力是指人们观察周围世界各种事物和观察自己的能力，观察力强的人一方面是能准确地观察事物，另一方面是能看到别人看不到的事物和现象。

记忆力是指人们能记住他所接触到的各种事物。记忆力强的人表现出来的特点是：记得快、记得准确，同时保持的时间也长。

注意力是指人们关注某件事物时间的长短。注意力强的人往往能比较长时间地关注一件事情，不轻易地转移。

想象力是指人们通过对周围事物的接触，构想出新的内容的能力。想象力丰富的人能超出一般人的想象，构想出独特的形象和内容。

思维能力是指人们通过观察事物的现象抓住事物本质和规律的能力。思维能力强的人往往能比较快地从各种复杂的事物中抓住事物的本质特点，发现事物的规律。我们所提及的各种能力中，思维能力是最重要的，因为只有发展了思维能力，人们才能发现事物的规律，掌握规律，才能解决比较复杂的问题。

一般能力在能力的构成中是最基本的，是十分重要的。

**2. 特殊能力**

特殊能力是指一般能力在职业活动中的延伸，在职业实践中得到体现的能力。如专门从事纺织或色染工作的人，能分辨出常人分辨不出的颜色；专门从事天文观测的人，能跟踪速度很快的空中飞行物体，这是常人无法做到的。我们说从事这些专门职业的人具有特殊能力。

能力的形成和发展离不开社会实践和个人的勤奋与努力。三国时的赵括遍读兵书，用兵之道烂熟于胸，谈起兵事，他的父亲赵奢都很难驳倒他。可就是这样一位军事“奇才”，在与秦将百起的战斗中，全军溃败，血染长平，其原因就在于他只是纸上谈兵。常言说：“勤能补拙”，在现实生活中，有些人虽然天资聪慧，但由于缺乏勤奋，最终事业无成；有些人虽然天生智力并不优越，但通过勤学苦练，同样能够取得事业的成功。

## 二、能力与职业

**【小故事：如此评奖】**

为了应付日益变化的世界，动物们决定创办一所学校，传授由跑、跳、爬、游泳、飞行等科目组成的活动课程。

鸭子在游泳课上表现相当突出，飞行课只勉强及格，而对跑这门课则感到吃力。它不

得不放弃心爱的游泳课以腾出时间练习跑步，脚掌都磨破了，终于勉强及格。而他的游泳科目由于长期得不到练习，期末只得了个“中”。兔子虽然跑得最快，但一上游泳课就痛苦万分。老师说：“这个问题好解决，你跑步是强项，游泳是弱项，以后就不用上跑步课了，可以专心练习游泳。”

学期结束公布成绩，结果让人大跌眼镜，普普通通的泥鳅同学虽然跑、跳、爬、游泳等都成绩平平，总成绩却超过了鸭子、兔子，并幸福地登上了优秀学员的领奖台，而鸭子、兔子只能在台下羞愧得低着头，痛苦地体验着失败者的无奈……

这个故事警示我们：一把尺子评价学生，只能评出少数优秀生；如果能够多几把尺子衡量，就会发现：每个人身上都有“闪光点”，人人都是优秀生。

不同的职业对人的能力有不同的要求，如服务员、机械操作员等工种需要有较强的动手操作能力；解说员、导游员、营销人员等需要有较强的语言表达能力。演员则既要有较强的语言、表演、模仿能力，也要有较强的应变能力和形体动作协调能力。无论从事什么职业总要有一定的能力作保证。没有任何能力，根本谈不到进入职业工作，对个人来讲也就无所谓职业生涯可言。

### （一） 能力与职业相适应的原则

对每个人而言，能力有大有小。能力的不同对职业选择就有差异。从能力差异的角度来看，在设计职业生涯时应遵循以下原则：

#### 1. 能力类型与职业类型的吻合

人的能力类型是有差异的，因而应注意能力类型与职业类型的吻合。比如，从思维能力来看，属于形象思维型的人比较适合从事文学艺术方面的职业和工作，抽象思维型的人比较适合于从事哲学、数学等理论性较强的职业和工作，而具体动作思维型的人则比较适合于从事机械等方面的工作。

#### 2. 能力水平与职业层次应一致或基本一致

对一种职业或职业类型来说，由于所承担的责任不同，又可分为不同层次，不同的层次对人的能力有不同的要求。因而，在根据能力类型确定了职业类型后，还应根据自己所达到或可能达到的能力水平确定相吻合的职业层次。只有这样，才能使能力与职业的吻合具体化。

#### 3. 充分发挥优势能力的作用

每个人都具有一个多种能力组成的能力系统，每个人在这个能力系统中，各方面能力的发展是不平衡的，常常是某方面的能力占优势，而另一些能力则不太突出。大学生在选择职业时，应主要考虑自己的最佳能力，选择最能运用其优势能力的职业。

### （二） 职业能力分析

职业能力是指人们从事某种职业必须具备的并在该职业活动中表现出的多种能力的综合，是择业的基本参照和就业的基本条件，是胜任职业岗位工作的基本要求。

#### 1. 职业能力的构成

人的职业能力是多种能力叠加和复合而成的。比如，一位教师只有语言表达能力还不够，还必须具有教学的组织与管理能力，对教材的理解与使用能力，对教学问题与学习效果的洞察、分析与判断能力等。因此，职业能力可以分为一般职业能力、专业能力和职业综合能力。

（1）一般职业能力。它主要是指一般的言语能力、数理能力、空间判断能力、察觉细节能力、书写能力、运动协调、动手能力、社会交往能力、组织管理能力等。此外，任何职业岗位的工作都需要与人打交道，因此人际交往能力、与他人良好协作的团队合作能力、生活与工作环境的适应能力以及面对失败和挫折的心理承受能力也是与职业能力相关的、不可缺少的能力。

（2）专业能力。它主要是指从事某一职业的专门能力。在求职中，招聘和录用单位最重视的是求职者是否具备胜任岗位工作的专门能力。从事某一职业领域工作的专业知识与技能要通过专门教育和培训来获得，如在各类职业学校、高等院校接受专门教育或参加专门的职业培训。

（3）职业综合能力。这里主要指的是国际上普遍注重培养的“关键能力”。概括起来说是三个方面：

- 跨职业的专业能力。首先是运用数学与测量方法的能力。因为许多职业岗位都离不开数学运算和逻辑分析，比如产品设计、工业制图、商品统计、收发款项、生产制作、保管、营销、售货、管理等涉及的职业都需要数学运算。如果要开办企业，自谋职业，离不开市场预测、价格比率、收支预算、使用消耗等方面的计算。其次是计算机应用能力，能够使用计算机处理和解决各种问题。对某些职业来说，还要有运用外语解决技术问题和进行交流的能力。这些都是跨职业的重要能力。
- 方法能力。一是信息收集和筛选能力。进入信息化社会，人们离开信息寸步难行。信息不准或错误就会导致决策失误。二是制订工作计划、独立策划与实施和能根据客观变化了的情况进行不断修正计划和安排部署的能力。三是总结能力，能正确地自我评价和接受他人评价，能及时从成功和失误中吸取经验教训。
- 社会能力。主要是指人的团队合作能力、人际交往能力、协作共事的能力。在工作中联络协调，协同其他人员共同完成计划或做好工作，对他人公正宽容，体谅合作者，正确裁定事物的判断力与自律能力等，是胜任岗位职责和在职业中开拓进取的重要条件。

**2. 职业能力与职业的关系**

（1）一定的职业能力是胜任职业岗位职责的必要条件。任何一个职业岗位都有相应的岗位职责要求，职业能力则是胜任职业岗位工作的必要条件。求职者在寻求职业时，首先自己要明确自己的特长、职业能力和胜任某种职业的可能性。必要时可以通过心理测试作为参考。在基本清楚自己的职业能力和胜任某种职业的可能性时，再选择职业和确定就业途径。

有时由于求职者对自己的职业能力不清楚，择业比较盲目，用人单位也缺乏认真考察，一些求职者虽然找到了工作，有了就业岗位，但干不了多长时间就不得不又离开这个岗位，再重新寻找职业。其中很多情况是因为求职者的职业能力与岗位要求不匹配。所以，要想达到稳定的就业，首先要做到个人的职业能力与职业岗位要求匹配。

（2）职业实践和教育培训是职业能力形成和提高的前提。

- 职业能力是在实践中形成和提高的。先天条件，如身高、体重、体质、智力水平等会对职业能力的形成和提高产生影响。如聋哑人无法从事歌唱事业，身材矮小的人很难成为篮球运动员，智力残障不能从事科学研究，对化学药品过敏的人不适宜从事医药工作等等。但这不是绝对的，不是不可变化的。如世界著名乒乓球选手、奥运会金牌得主邓亚萍，小时候由于个子不高，在行家看来不是打乒乓球的料，但由于她奋力拼搏，吃了常人没有吃过的苦头，终于成为乒坛一颗灿烂的星。鲁迅先生说过一句耐人寻味的话："其实即使是天才，在生下来的时候，第一声啼哭，也和平常儿童一样，绝不会是一首好诗。"可见，即使是天才，也要靠后天的刻苦努力。

在实践中劳动者个人的职业能力可得到提高。计算机文字录入人员要有较强的眼手协调能力和手指灵活性，随着工作的熟练和经验的积累，录入的速度会越来越快，准确性越来越高。

• 教育与培训促进职业能力的提高。提高职业能力的途径除了在实践中学习和摸索以外，最有效的方法就是接受教育和培训，大学教育能使人掌握一定的基础知识和职业技能。在上岗前再参加一些针对性强的专门培训，对上岗后更好地胜任岗位职责会有极大帮助。

职业能力是多方面能力的综合，需要长时间的积累，所以，在接受教育和培训过程中还要发挥主观能动性，充分利用学习和培训的机会加以提高。

• 职业能力是人发展的基础。人的生存与发展都要依靠自身的能力。一个人，没有能力或能力低下，不仅不能胜任工作任务，连维持生存都会有困难。职业能力强的人具有多方面能力，在工作中如鱼得水，游刃有余，能够取得工作业绩和作出卓越贡献。

**• 问题思考**

1. 如何正确的认识自我和评价他人？
2. 你预备从事的行业或职业需要什么样的性格、能力和素质？
3. 请从气质、性格、兴趣、能力等四个角度对自己进行分析，并根据结果思考该如何扬长避短，自我完善。

**• 信息园**

**一、气质类型测量表**

**测试题**

请认真阅读下列各题，对于每一题，你认为符合自己情况的记 2 分，比较符合的记 1 分，介于符合与不符合之间的记 0 分，比较不符合的记 -1 分，完全不符合的记 -2 分。

1. 做事力求稳妥，一般不做无把握的事。
2. 遇到可气的事就怒不可遏，想把心里话全说出来才痛快。
3. 宁可一个人干事，不愿很多人在一起。
4. 到一个新的环境很快就能适应。
5. 厌恶那些强烈的刺激，如尖叫、噪音、危险镜头等。
6. 和人争吵时，总是先发制人，喜欢挑衅别人。
7. 喜欢安静的环境。

8. 善于和人交往。
9. 羡慕那种善于克制自己感情的人。
10. 生活有规律，很少违反作息制度。
11. 在多数情况下情绪是乐观的。
12. 碰到陌生人觉得很拘束。
13. 遇到令人气愤的事，能很好地自我克制。
14. 做事总是有旺盛的精力。
15. 遇到问题总是举棋不定、优柔寡断。
16. 在人群中从不觉得过分拘束。
17. 情绪高昂时，觉得干什么都有趣；情绪低落时，又觉得什么都没有意思。
18. 当注意力集中于某一事物时，别的事很难使我分心。
19. 理解问题总比别人快。
20. 碰到危险情境，常有一种极度恐怖感。
21. 对学习、工作怀有很高的热情。
22. 能够长时间做枯燥、单调的工作。
23. 符合兴趣的事情，干起来劲头十足，否则就不想干。
24. 一点小事就能引起情绪波动。
25. 讨厌做那些需要耐心、细致的工作。
26. 与人交往不卑不亢。
27. 喜欢参加热烈的活动。
28. 爱看感情细腻、描写人物内心活动的文艺作品。
29. 工作、学习时间长了，常感到厌倦。
30. 不喜欢长时间谈论一个话题，愿意实际动手干。
31. 宁愿侃侃而谈，不愿窃窃私语。
32. 别人总是说我闷闷不乐。
33. 理解问题常比别人慢些。
34. 疲倦时只要短暂的休息就能精神抖擞，重新投入工作中。
35. 心里有话宁愿自己想，不愿说出来。
36. 认准一个目标就希望尽快实现，不达目的，誓不罢休。
37. 学习、工作一段时间后，常比别人更疲倦。
38. 做事有些莽撞，常常不考虑后果。
39. 老师或他人讲授新知识、新技术时，总希望他讲得慢些，多重复几遍。
40. 能够很快地忘记那些不愉快的事情。
41. 做作业或完成一件工作总比别人花时间多。
42. 喜欢运动量大的剧烈体育运动，或者参加各种文艺活动。
43. 不能很快地把注意力从一件事转移到另一件事上去。
44. 接受一个任务后就希望把它迅速解决。

45. 认为墨守成规比冒险好一些。
46. 能够同时注意几件事物。
47. 当我烦闷的时候，别人很难使我高兴起来。
48. 爱看情节起伏跌宕、激动人心的小说。
49. 对工作抱认真严谨、始终如一的态度。
50. 和周围人的关系总是相处不好。
51. 喜欢复习学过的知识，重复做能熟练做的工作。
52. 希望做变化大、花样多的工作。
53. 小时候会背的诗歌，我似乎比别人记得更清楚。
54. 别人说我“出语伤人”，可我并不觉得这样。
55. 在体育活动中，常因反应慢而落后。
56. 反应敏捷，头脑机智。
57. 喜欢有条理而不甚麻烦的工作。
58. 兴奋的事常使我失眠。
59. 老师讲新概念，常常听不懂，但是弄懂了以后很难忘记。
60. 假如工作枯燥无味，马上就会情绪低落。

**分数统计**

将各类每题得分汇总：

| | | | | | | | | | | | | | | | | | |
|---|---|---|---|---|---|---|---|---|---|---|---|---|---|---|---|---|---|
| 胆汁质 | 题号 | 2 | 6 | 9 | 14 | 17 | 21 | 27 | 31 | 36 | 38 | 42 | 48 | 50 | 54 | 58 | 总分 |
| | 得分 | | | | | | | | | | | | | | | | |
| 多血质 | 题号 | 4 | 8 | 11 | 16 | 19 | 23 | 25 | 29 | 34 | 40 | 44 | 46 | 52 | 56 | 60 | 总分 |
| | 得分 | | | | | | | | | | | | | | | | |
| 黏液质 | 题号 | 1 | 7 | 10 | 13 | 18 | 22 | 26 | 30 | 33 | 39 | 43 | 45 | 49 | 55 | 57 | 总分 |
| | 得分 | | | | | | | | | | | | | | | | |
| 抑郁质 | 题号 | 3 | 5 | 12 | 15 | 20 | 24 | 28 | 32 | 35 | 37 | 41 | 47 | 51 | 53 | 59 | 总分 |
| | 得分 | | | | | | | | | | | | | | | | |

**气质归类**

对比以上四类题的得分总和：

1. 如果某气质类型得分明显高于其他三种，均高出 4 分以上，则可定为该气质类型；如果该气质类型得分超过 20 分，则为典型性；如果该气质类型得分在 10 ~ 20 分之间，则为一般型。

2. 两种气质类型得分接近，其差异低于 3 分，而且又明显高于其他两种，高出 4 分以上，则可定为两种气质类型的混合型。

3．三种气质类型得分接近且均高于第四种，则为三种气质类型的混合型。

## 二、性格类型测量表

### 测试题

下列试题中，凡单数题，回答“是”记0分，“不置可否”记1分，“否”记2分；凡双数题，回答“是”记2分，“不置可否”记1分，“否”记0分。

1．在大庭广众面前不好意思。

2．对人一见如故。

3．愿意一个人独处。

4．好表现自己。

5．与陌生人难打交道。

6．开会时喜欢坐在被人注意的地方。

7．遇有不快事情，能抑制感情，不露声色。

8．在众人面前能爽快地回答问题。

9．不喜欢社交活动。

10．愿意经常和朋友在一起。

11．自己的想法不轻易告诉别人。

12．只要认为是好东西立即就买。

13．爱刨根问底。

14．容易接受别人的意见。

15．凡事很有主见。

16．喜欢高谈阔论。

17．会议休息时宁肯一个人独坐也不愿同别人聊天。

18．决定问题爽快。

19．遇到难题非弄懂不可。

20．常常未等别人把话讲完，就觉得自己已经懂了。

21．不善于和人辩论。

22．遇有挫折不易丧气。

23．时常因为自己的无能而沮丧。

24．碰到高兴事极易喜形于色。

25．常常对自己面临的选择犹豫不决。

26．不大注意别人的事。

27．好把自己同别人比较。

28．好憧憬未来。

29．容易羡慕别人的成绩。

30．相信自己不比别人差。

31．注意别人对自己的看法。

32．不大注意外表。

33. 发现异常现象容易想入非非。
34. 即使有亏心事也很快被遗忘。
35. 总是把家里收拾得干干净净。
36. 自己放的东西常常不知在哪里。
37. 做事很细心。
38. 对于别人的请求乐于帮助。
39. 十分注意自己的信用。
40. 热情来得快，消退得也快。
41. 信奉“不干则已，干则必成”。
42. 做事情更注意速度而不是质量。
43. 一本书可以反复看几遍。
44. 不习惯长时间读书。
45. 办事大多有计划。
46. 兴趣广泛而多变。
47. 学习时不易受外界干扰。
48. 开会时喜欢同人交头接耳。
49. 作业大都整洁、干净。
50. 答应别人的事情经常会忘记。
51. 一旦对人有看法不易改变。
52. 容易和人交朋友。
53. 不喜欢体育运动。
54. 对电视节目中的球赛尤有兴趣。
55. 买东西前总要估量一番。
56. 不怕从来没做过的事情。
57. 遇有不愉快的事情可以生气很长时间。
58. 自己做错了事，容易承认和改正。
59. 常常担心自己会遭遇失败。
60. 容易原谅别人。

**分数统计**

把每个小计分相加得总分，总分的含义如下：90 以上为典型外向；81 ~ 90 为较外向；71 ~ 80 为稍外向；61 ~ 70 为混合型（略偏外向）；51 ~ 60 为混合型（略偏内向）；41 ~ 50 为稍内向；31 ~ 40 为较内向；30 以下为典型内向。

## 三、职业性格测量表

**测试题**

下面的测验根据人的职业性格特点和职业对人的性格要求两方面来划分类型，每一种职业都与其中的几种性格类型相关。请根据自己的实际情况，对下面的问题回答“是”与“否”。

第一组

1. 喜欢内容经常变化的活动或职业情景。
2. 喜欢参加新颖的活动。
3. 喜欢提出新的活动并付诸行动。
4. 不喜欢预先对活动或职业作出明确而细致的计划。
5. 讨厌需要耐心、细致的工作。
6. 能够很快适应新环境。

总计“是”的次数（　　　　），“否”的次数（　　　　）。

第二组

1. 当注意力集中于一件事时，别的事很难使我分心。
2. 在做事情时，不喜欢受到出乎意料的干扰。
3. 生活有规律，很少违反作息制度。
4. 按照一个设计好的职业模式来做事情。
5. 能够长时间做枯燥、单调的工作。
6. 喜欢做有条件的重复性的事情。

总计“是”的次数（　　　　），“否”的次数（　　　　）。

第三组

1. 喜欢按照别人的指示办事，自己不需要负责任。
2. 在按别人的指示做事时，自己不考虑为什么要做此事，只是完成任务就算完事。
3. 喜欢让别人来检查工作。
4. 在工作上听从指挥，不喜欢自己作出决定。
5. 工作时喜欢别人把任务的要求讲得明确而细致。
6. 喜欢一丝不苟按计划做事，直到得到一个圆满的结果。

总计“是”的次数（　　　　），“否”的次数（　　　　）。

第四组

1. 喜欢对自己的职业独立作出计划。
2. 能处理和安排突然发生的事情。
3. 能对将要发生的事情负起责任。
4. 喜欢在紧急情况下果断作出决定。
5. 善于动脑筋，出主意，想办法。
6. 通常情况下对学习、活动有自信心。

总计“是”的次数（　　　　），“否”的次数（　　　　）。

第五组

1. 喜欢与新朋友相识和一起工作。
2. 喜欢在几乎没有个人秘密的场所工作。
3. 试图忠实于别人且与别人友好。
4. 喜欢与人互通信息，交流思想。

5. 喜欢参加集体活动，努力完成所分给的任务。

总计“是”的次数（　　　　），“否”的次数（　　　　）。

第六组

1. 理解问题总比别人快。
2. 试图使别人相信你的观点。
3. 善于通过谈话或书信来说服别人。
4. 善于使别人按你的想法来做事情。
5. 试图让一些自信心差的同学振作起来。
6. 试图在一场争论中获胜。

总计“是”的次数（　　　　），“否”的次数（　　　　）。

第七组

1. 你能做到临危不惧吗？
2. 你能做到临场不慌吗？
3. 你能做到知难而退吗？
4. 你能冷静处理好突然发生的事故吗？
5. 遇到偶然事故可能伤及他人时，你能果断采取措施吗？
6. 你是机智灵活、反应敏捷的人吗？

总计“是”的次数（　　　　），“否”的次数（　　　　）。

第八组

1. 喜欢表达自己的观点和感情。
2. 做一件事情时，很少考虑它的利弊得失。
3. 喜欢讨论对一部电影或一本书的感情。
4. 在陌生场合不感到拘谨和紧张。
5. 相信自己的判断，不喜欢模仿别人。
6. 很喜欢参加学校的各种活动。

总计“是”的次数（　　　　），“否”的次数（　　　　）。

第九组

1. 职业细致而努力，试图将事情完成得尽善尽美。
2. 对学习和职业抱认真严谨、始终一贯的态度。
3. 喜欢花很长时间集中于一件事情的细小问题。
4. 擅长于观察事物的细节。
5. 无论填什么表格都非常认真。
6. 做事情力求稳妥，不做无把握的事情。

总计“是”的次数（　　　　），“否”的次数（　　　　）。

**统计和确定类型**

将每组回答“是”的总次数填入下表：

| 组 | 回答“是”的次数 | 相应的职业性格 |
|---|---|---|
| 第一组 | （　　） | 变化型 |
| 第二组 | （　　） | 重复型 |
| 第三组 | （　　） | 服从型 |
| 第四组 | （　　） | 独立型 |
| 第五组 | （　　） | 协作型 |
| 第六组 | （　　） | 劝服型 |
| 第七组 | （　　） | 机智型 |
| 第八组 | （　　） | 好表现型 |
| 第九组 | （　　） | 严谨型 |

选择“是”的次数越多，则相应的职业性格类型越接近你的性格特点；选择“否”的次数越多，则相应性格类型越不符合你的性格特点。

# 第三章 走进大学

大学者，“囊括大典，网罗众家”之学府也。

——蔡元培

**本章概要**

大学生涯是整个人生最美好的时期，它是职业发展的准备期和起步阶段，是协调自我概念的增强与认知能力发展的关键阶段，也是情感丰富与智力开发的关键阶段。本章将带领你认识大学，熟悉大学专业设置的必要性和重要性，掌握大学学习与职业发展的关系，明确自己在大学期间的任务，进而作出在大学期间的学习发展规划，通过自我评估，确定短期和长期目标，制订行动计划并分阶段实施，通过有效尝试，调整和修正自己的学业生涯规划，从而高效地度过大学生涯。

## 第一节 认识大学

很多同学都会有这样的感受，没上大学之前，总是对它充满憧憬，想象着大学里有环境幽雅的校园、有学识渊博的教授、有来自五湖四海的同学、有美好的爱情故事、有丰富多彩的业余生活，一切都应该是五彩缤纷的，对一切充满了新鲜和好奇。进入大学，有许多事情可以让我们投入精力去做。在这里，我们可以第一次跟随那么多学识丰富的学者遨游知识的殿堂，第一次拥有如此轻松自由的课余生活，第一次学会独立思考人生，也可以第一次自主选择自己想要的生活方式……很多人都会感受到这些第一次的美好与魅力。

然而，进入大学后，突然发现大学生活并不是当初设想的那样，失落感、迷茫感便会油然而生。于是，一部分人开始任由自己的惰性滋长，等到毕业时又叹息不迭，后悔自己没有好好珍惜大学生活。当然，也有一部分人经过失落彷徨后，又重新找到了自己的定位，对大学有了更加现实的认识，并对自己的大学生涯进行了科学、合理的规划。对这部分学生来说，他们的大学生活虽然艰苦，但是却很充实，等到毕业进入社会时，内心蕴藏了更多的自信和勇气。

**【案例】心有多大，舞台就有多大 ——记保送北大研究生章云丽**

人物引擎：章云丽，浙江某高校广告学专业学生。2004 年 9 月 ~2006 年 7 月，就读于该校独立学院，先后担任班长，系组织部部长、主席团副主席。2006 年 9 月至今，就读于该校本部，担任校勤工助学中心主任助理、学院学生第七党支部书记。连续三年获得校一等奖学金、三好学生等荣誉称号。不久前，被保送至北京大学攻读硕士研究生。

10 月，是收获的季节。21 岁的章云丽收获了求学之路上的又一个硕果。从独立学院到本部，已经是一个跨越了，而现在又到了北京大学，不能不说又是一次跨越。这跨越的背后有着什么样的故事呢？通过与记者的交谈，这些故事跃然纸上。大一志于学、大二而立、大三不惑、大四知天命。

### 保研之路，忙更充实着

“其实保送研究生对我而言就像天上掉下的馅饼，我从没想过自己会被保研。9月，我和室友一起钻在书籍成堆的自习室里奋斗，得知自己获得了所在专业唯一的保研名额，把书一扔，飞奔回寝室，马上上网查学校的保送通知。”谈到保研，章云丽这样描述着，“一阵激动之后，接下来就该准备各类学校要求上交的材料了。我当时跑三个校区找老师，去办公室填表盖章。后来参加了北京师范大学和北京大学的面试和复试。一个月后，双双榜上有名，做梦一般。”保研，将章云丽从考研复习这个自己感觉最脆弱的时刻中拯救出来。激动之后，章云丽更多的是感激，是学校给了她这样一个去更好学校深造的机会。

### 大一志于学

2004年9月，像所有新生一样，章云丽开始了自己的大学生活。“学校校园不大，但是这里环境优美，所以当时就觉得这里很适合学习”。

在大一，她首先学会了如何去选择，选择适合自己的路。大学的第一年，在新鲜和兴奋中度过。走出书堆和考卷，她发现大学的生活原来丰富多彩。第一次去应聘想要获得的职位，去竞争想要得到的东西。“我觉得选择真正适合自己的，感兴趣的，也是我们这些从高考中走出来的学生第一个要学会的”，章云丽饶有兴致地谈着选择，“大一的时候我就选择进入组织部和体育部，一个是根据自己的性格所定，一个是根据我的爱好所定。之后也证实我的选择是正确的。组织部需要耐心和细心的工作，锻炼了我的工作能力，体育部丰富多彩的活动，更多的是充实了我的课余生活。”

当然，学习对学生而言永远是最重要的，章云丽就一直那么提醒自己。“大一的课程，以基础知识为主，很容易让人觉得枯燥，忘记学习是主旨。在自主把握学习和丰富多彩的课余活动占主要比重之间，我选择了学习永远占大比例。”

### 大二而立

大二开始，专业课多起来了，所以学习的乐趣就更大了。

“我深刻体会到了有付出就会有回报”，章云丽回忆着高中与大学的生活，“在高中，可能你每天都是在题海中埋头苦干，可是你的成绩却依然不尽如人意。在大学，这是个人人都可以出色的地方。只要你能够好好利用自己的特长，学会去付出，就会获得好的回报。”她喜欢组织部紧密的工作，需要持久的耐心，也需要精密的心思，更需要组织性。于是她努力从一个干事做到副部长，再到部长。团学会的工作，使她在为人处世等方面获得了不少的锻炼，通过努力，她进入了主席团，成了副主席。

学习上，章云丽一直保持对英语的强烈爱好，也顺利通过了英语四、六级。在广告的专业知识学习过程中她爱上了广告设计，于是参加各种大赛，获得了不错的成绩。而她在大学两年的成绩都是专业第一，并获得了去本部学习的机会，这些，都是付出后获得的回报。

### 大三不惑

在去还是不去的问题上她有过犹豫。最后老师给了她很大的勇气，鼓励她去面对更大的挑战，接受更大的舞台。

本部广阔的校园，令章云丽大开眼界。这里有比之前的校区更加丰富的社团活动和形形色色的同学。因为与以前有着不同的环境和氛围，她的大三，就是在这样的不断适应中前进的。“有过胆怯，因为褪去了所有以前的光环，我一下子无法适应；有过迷茫，因为处在陌生环境中的我一下子找不到自己了”，章云丽讲述着变化，“以前订立的计划全盘打乱。面对新的环境，我有些乱。于是不断地自我镇定，不断地给自己加油，从开始认识第一个老师、同学起”。于是，章云丽开始安心去学习，安心去寻找新的课余生活，不再去想以前的光辉。她说自己很荣幸能够通过应聘获得了担任校勤工助学指导中心办公室主任、系党支部书记的机会，这些，离不开之前获得的锻炼和勇气。也是在那个时候，考研的计划诞生了。

大三的一年很快，从陌生到熟悉。正是因为自己有了明确的目标，才有了动力。大三的一年，章云丽的综合学习、任职情况、获奖情况，获得了专业第一的成绩，这是她预料之外的。

大四知天命

谈到现在大四的情况，她说：“生活会有太多意外的惊喜。获得了北京大学保送研究生的接收函亦是如此。可是，仔细想想，你会发现，机会总是给有准备的人。”

在交流中，章云丽一直在强调着英语学习的重要性，对于在校的广大学子，她语重心长地说：“在大学里，英语是永远不能放弃的。四级、六级，是不变的硬性目标，虽然跟学位不挂钩，但是能够激励你不断保持并提高自己的英语水平，在毕业以后也是证明你英语能力的主要标准。作为以后竞争的资本，英语也是绝对不能放弃的。”

采访过程中章云丽脸上始终保持着自信而平和的微笑，也许正是“心有多大，舞台就有多大”的精神和一颗平和的心成就了她昨日的精彩。明天仍有一条崭新的道路摆在她面前，这条路上有她更加坚定、勇敢、快乐的步伐。

（摘自《之江先锋报》2007 年 11 月 第 4 期）

## 一、关于大学

### （一）　大学的定义

“大学”一词在古代有两种含义：一是“博学”的意思；二是相对于小学而言的“大人之学”。古人八岁入小学，学习“洒扫应对进退、礼乐射御书数”等文化基础知识和礼节；十五岁入大学，学习伦理、政治、哲学等“穷理正心，修己治人”的学问。

1917 年，蔡元培在就任北京大学校长的演说中说：“大学者，研究高深学问者也。”1918 年，他在《北大一九一八年开学式演说词》中说：“大学为纯粹研究学问之机关，不可视为养成资格之所，亦不可视为贩卖知识之所。学者当有研究学问之兴趣，尤当养成学问家之人格。”1919 年又在《北大第二十二年开学式演说词》中说：“诸君须知，大学并不是贩卖毕业的机关，也不是灌输固定知识的机关，而是研究学理的机关。所以，大学的学生并不是熬资格，也不是硬记教员讲义，是在教员指导之下自动的研究学问的。为要达上文所说的目的，所以延聘教员，不但是求有学问的，还要求于学问上很有研究的兴趣，并能引起学生的研究兴趣的。”在这种表述中，大学是与三个概念紧密相连的：综合性、学术性和人文性。

20 世纪 30 年代，清华大学校长梅贻琦在《校友通讯》中写道："纵使新旧院系设备尚多欠缺，而师资必须蔚然可观，则他日校友重返故园时，勿徒注视大树又高几许，大楼又添几座，应致其仰慕于吾校大师又添几人，此大学之所以为大学，而吾清华最应致力者也。"

现在，大学在我国泛指中等以上的教育（如"上大学"、"大学生"词义中的大学），其特指则是如北京大学、复旦大学之类的文理科综合性学府。真正意义上的大学教育，是一种文化陶冶和思想智慧训练的多元艺术化的力量教育。大学之"大"，一是有"大家"，即思想解放、高瞻远瞩、勇于进取的大学领导；二是有"大师"，即德高望重、造诣精深、诲人不倦的教授专家；三是有"大业"，即环境幽雅、校舍充足、设施先进、图书资料丰富的办学资源；四是有"大度"，即囊括大典、网罗众家、学术自由的大学涵养；五是有"大雅"，即博学厚德、求真务实、崇尚美化人生的大学氛围；六是有"大学生"，即风华正茂、与时俱进、全面发展的大学主体。

### （二） 独立学院

独立学院是指实施本科以上学历教育的普通高等学校与国家机构以外的社会组织或者个人合作，利用非国家财政性经费举办的实施本科学历教育的高等学校。

中国的普通高等学校曾经被划分为重点本科、普通本科和专科三个档次，现在又被划分为第一批本科、第二批本科、第三批本科等层次。招生时，独立学院列入高校年度招生计划，在本科第三批进行录取。独立学院有三大特征：

（1）一律采用民办机制，所需经费投入及其他相关支出，均由合作方承担或以民办机制共同筹措，学生收费标准也按国家有关民办高校招生收费政策制定。

（2）实行新的办学模式。独立学院应具有独立的校园和基本办学设施，实施相对独立的教学组织和管理，独立进行招生，独立颁发学历证书，独立进行财务核算，应具有独立法人资格，能独立承担民事责任。

（3）实行新的管理体制。独立学院的管理制度和办法由申请者和合作者共同商定。

### （三） 大学的分类

我国 1952 年按照苏联的模式对全国高校进行院系调整后，建立了以专门学院为主体的高等教育体制。在这个体制下，全国大学实行按学科分类，除少数大学保留若干个学科外，大部分大学都只有一个学科，全国大学分为文理（也称综合）、工科、农科、林科、医药、师范、语言、财经、政法、艺术、体育、民族等 12 种类型。

2002 年，广东管理科学研究院武书连研究员针对 1978 年以后我国高等教育发展过程中的实际情况，提出了一种新的大学分类标准。在新的分类标准中，大学的类型由类和型两部分组成。类反映大学的学科特点，按教育部对学科门类的划分和大学各学科门类的比例，现有大学分为综合类、文理类、理科类、文科类、理学类、工学类、农学类、医学类、法学类、文学类、管理类、体育类、艺术类等 13 类。型表现大学的科研规模，按科研规模的大小，现有大学分为研究型、研究教学型、教学研究型、教学型等 4 型。每个大学的类型由上述类和型两部分组成，类在前型在后。例如：按各学科比例情况，北京大学属于综合类；按科研规模，北大属于研究型。故北京大学的类型是综合类研究型，简称综合研究型。

再如：按各学科比例情况，清华大学属于工学类，按科研规模，清华属于研究型，故清华大学的类型是工学类研究型，简称工学研究型。

新的分类方法改变了过去单一模式的大学分类标准，从科研规模和学科比例两方面比较真实地反映了当前中国大学的实际情况。

### （四） 大学的责任

大学的责任用一句话说，就是培养社会需要的德才兼备的人。《高等教育法》第一章第四条："高等教育必须贯彻国家的教育方针，为社会主义现代化建设服务，与生产劳动相结合，使受教育者成为德、智、体等方面全面发展的社会主义事业的建设者和接班人。"《高等教育法》明确规定高等教育的中心任务是育人，"育人为本"是我国教育的传统。19 世纪末，德国教育家洪堡在《论柏林高等学术机构的内部和外部组织》中指出："大学立身的根本原则是，在最深入、最广泛的意义上培植科学，并使之服务于全民族的精神和道德教育。"

古今中外的名家也早对大学责任有过精辟的论述。中国最早的教育家孔子在《大学》中开篇明义："大学之道，在于明得，在亲民，在止于至善。"他告诉我们，大学的学问就在于弘扬光明正大的品德，在于使人学会关心并服务于广大的人民，在于使人达到最完善的境界。

一方面，作为人才培养基地的大学，首先就是要培养具备专业知识的人才。清华大学老校长梅贻琦先生曾说："所谓大学者，非谓之有大楼之谓也，有大师之谓也。"英国哲学家、数学家怀特海也在《教育的目的》一书中说，"大学的任务在于把一个孩子的知识转变为一个成人的力量"，"在中学阶段，学生伏案学习；在大学里，他应该站起来，四面瞭望"。

另一方面，大学的责任不仅在于培养有知识的人，更在于培养有高尚品质、和谐发展的人。爱因斯坦说："用专业知识教育人是不够的。通过专业教育，他可以成为一种有用的机器，但是不能成为一个和谐发展的人。"著名科学家、原浙江大学校长竺可桢先生说："大学教育之目的，在于养一国之领导人才，一方提倡人格教育，一方研讨专门知识，而尤重于锻炼人之思想，使之正大精确，独立不阿，遇事不为习俗所囿，不崇拜偶像，不盲从潮流，惟其能运用一己之思想，此所以曾受真正的大学之常识也。"大学就是要进行修养教育，培养人提升自我修养的能力，培养出具备良好修养的有"德"之人，德才兼备，以德为先。它舍弃了世俗的工具理性，造就的是一种化人的价值，而这其实就是大学的责任。

### （五） 大学的文化

对于大学而言，它不仅仅是一些仪器、设备和建筑群落，更是一种制度文明的产物。它的抽象的特性、内涵和所具备的内在精神，较之实体的存在物，更具生命力。

大学之所以称为大学，关键在于它的文化和精神存在。大学的文化是追求真理的文化，是追求理想和人生抱负的文化，是严谨求实的文化，是崇尚自由的文化，是提倡理论联系实际的文化，是崇尚道德的文化，是宽厚包容的文化，是具有批判精神的文化。大学文化体现的是一种共性，其核心与灵魂则体现于大学的精神。而这种精神主要表现在自觉的学术精神、永恒的道德精神和敏锐的时代精神。

大学文化是社会文化的亚文化，在一定程度上受社会文化的影响。但是大学因其特殊的组织属性使大学文化对社会文化又不只是简单的依存和适应。大学文化引领社会文化，大学文化辐射社会文化，大学文化创新社会文化。

## 二、大学的发展历程

### （一）国外大学的发展历程

**1. 古代大学**

公元前5世纪，古希腊各地兴起一些专门学校，如希波克拉底医学校。苏格拉底、伊索克拉底、柏拉图等人为广泛传播自己的学说，纷纷开创新的教育途径。公元前393年，柏拉图在雅典开办了学园（akademine），该学园被视为雅典的第一个永久性高等教育机构，是教育史上公认的名副其实的高等教育机构。

在希腊化时期（公元前334～前30年），亚历山大学校是著名的学术和教育中心；在古罗马时期（公元前8世纪～公元5世纪）后期，开办了修辞、医学、法律、建筑、哲学、机械等专门学校；在拜占庭时期（公元330年～公元1453年），由政府创办的君士坦丁堡大学是拜占庭帝国最大的教育中心，教育水平在欧洲和地中海地区首屈一指。

**2. 中世纪大学**

中世纪大学被公认为最早的真正的大学（university），它们是现代大学的雏形。在12世纪的西欧，聚集一处讲学或求学的师生组成了教师行会或学生行会，他们借助行会维护自己的权益，获取法律保护，这些学术性和教育性的“universitas”就是我们现在所说的“大学”或“university”的原型。这些“universitas”形成自己独有的特征，例如组成学部和学院，设置规定的课程，实施正式的考试，雇佣稳定的教学人员，颁发被认可的文凭和学位，等等。

**3. 近代大学**

1810年，威廉·冯·洪堡创办了柏林大学，它被誉为“第一所具有现代意义的大学”，该大学的诞生标志着德国和世界高等教育的发展进入了一个新的历史时期。19世纪20年代以后，伦敦大学的成立在英国掀起了兴办近代新式大学的运动。美国高等教育的发展极为迅速，在传承英国大学的传统、借鉴德国大学的经验的基础上不断创新，州立大学、赠地学院、社区学院等新式高等教育机构的陆续问世，以及哈佛、耶鲁、普林斯顿等老大学的转型，使美国形成了由社区学院、州立大学和私立大学组成的高等教育体系。

**4. “二战”后的大学**

第二次世界大战后，高等教育发展的多样化特征更加明显，在传统的正规高等教育之外，主要发达国家开拓了许多非正规高等教育的授学形式。1969年，英国创办了开放大学；日本在20世纪80年代兴办了一批广播电视大学和函授大学。大学教育朝着大众化、普及化、法治化、终身化、民主化和国际化的方向发展。

### （二）国内大学的发展历程

#### 1. 古代大学

中国古代的大学起源于商朝的“右学”。“右学”是集教育、习射、养老于一体的场所。在商、周奴隶社会，高等教育被奴隶主阶级所垄断，在春秋、战国时期，官学日趋衰落，私学红极一时。这个时期成为我国古代大学的萌芽和形成时期。

在两汉时期，举办了太学。首期太学学生有 50 人，在读学生最多时曾达到 30000 人。太学是传授高深知识、研究学问的大学，它的出现标志着中国封建社会官立大学的开端。

隋朝开科举制之先河。唐朝由“五学”发展为“六学”。“六学”中的国子学、太学和四门学属于大学性质的经学教育，书学、算学和律学属于专科性质的专业教育。唐朝的留学生教育也很发达，从日本、朝鲜、吐蕃和东南亚国家招收了许多留学生。

宋朝初年，萌芽于唐末的书院开始转型，国家图书馆和私人读书场所变成一种重要的高等教育机构。中国古代大学达到全盛时期。

在元、明、清时期，高等教育逐步走向衰落并最终瓦解。

#### 2. 近现代大学

1862 年，洋务派在北京创办了京师同文馆，1902 年，它被并入京师大学堂（现北京大学的前身）。官办的京师同文馆是我国近现代第一所高等学堂。在维新变法运动期间，我国开始出现真正的新式大学，1895 年，在天津开办了中西学堂（现天津大学的前身）。1903 年，它被更名为北洋大学堂。

在 1911 ~1949 年的“中华民国”时期，高等教育经历了许多变革、调整和发展，到 1949 年，全国共有高校 205 所，其中综合大学 49 所，工业院校 28 所，私立院校 61 所，教会院校 21 所。而在 1924 ~1949 年的革命战争时期，中国共产党所领导的高等教育形成了自身特色，出现了中法大学、工农红军大学、中国人民抗日军政大学等一大批办学机构，它们大致相当于专科水平的学校，在革命战争时期培养了大批政治、经济、军事、文化等方面的人才。

#### 3. 当代大学

新中国成立伊始，废除了国民党时期的教育制度，接管了旧中国的公立和私立院校，并将私立院校改为公立，裁并接受外国津贴的院校，全面收回了教育主权。

“文化大革命”时期，中国高等教育受到严重摧残，直到 1977 年中国恢复高等院校招生考试制度。1985 年 5 月，《中共中央关于教育体制改革的决定》正式颁布，进一步明确了高等教育的分级办学原则，实行中央、省（自治区、直辖市）、中心城市三级办学的体制。

1995 年，“211 工程”正式启动建设。“211 工程”是我国政府在 21 世纪重点建设 100 所左右的高等学校和一批重点学科的建设工程。

1998 年 5 月 4 日，江泽民同志在庆祝北京大学建校 100 周年大会上向全社会宣告：“为了实现现代化，我国要有若干所具有世界先进水平的一流大学。”为贯彻落实党中央科教兴国战略和江泽民同志的号召，1999 年，国务院批转教育部《面向 21 世纪教育振兴行动计划》，决定重点支持北京大学、清华大学等部分高等学校创建世界一流大学和高水平大学，简称“985 工程”。

教育部《2003～2007 年教育振兴行动计划》提出继续实施“985 工程”和“211 工程”，努力建设一批高水平大学和重点学科。这标志着我国高水平大学及其重点学科建设进入新的阶段。

## 三、大学的社会地位

**1. 大学是人类文明发展的圣殿**

无论在古代还是现代，也不论在哪个国家、哪个地区，大学的作用亘古不变，它始终是人类发展的基石。过去，大学主要创造思想、哲学；现在，很多学者在基础学科上广泛开展研究，拓展新的合作项目，并应用于实践，使大学的作用得以进一步显现。

**2. 大学是催生新知识产生的摇篮**

知识是第一生产力，而大学正是生产知识、创造知识的重要源泉，一些重大的科学发明都是在大学里实现的。在欧盟共有 3000 所大学，它们的研究工作占欧盟区研发工作的 20%，占全区基础研究的 80%，雇用全区研究人员的 34%。大学的研究产生了大量对经济发展有价值的知识，通过知识共享和知识转移，积极开展产学研合作，进行科研成果的产业化。

**3. 大学是创造人力资源的宝库**

当今时代，国力的强弱，越来越取决于劳动者素质的高低，而教育是提高劳动者素质的根本途径。社会经济建设需要大量受过正规教育的劳动力，随着知识经济的发展，对高学历劳动力的需求会更大。我国高等教育通过 20 世纪末以来的快速发展，已经进入大众化阶段，目前全国有 2300 多所高校、2700 万在校人数，每年以 500 万毕业生的规模跃居世界高等教育大国地位。据统计，2007 年我国普通高校大学生和研究生招生规模分别达到 570 万人和 42.4 万人，普通高等教育在校生达 1738.8 万人，研究生 110.5 万人，在学人数位居世界第一，高等教育毛入学率达到 22%。

## 四、大学与自我实现

大学的个人目标，就是使所有大学生成为自己想成为的人。大学不仅强调专业技能，更强调生成这种专业技能的文化、素质和方法。真正的大学，之所以称“大”，是指学校内在灵魂的伟大、精神的博大、理想的宏大，是指学校的大人格、大胸襟、大气魄、大境界，更是指大家、大师。大学就是大家、大师云集的地方；大学更是培养大家、大师的“摇篮”。

在大学里，使所有人慢慢成长，成为大人，这是大学的基本法。这一大学的基本法，要求大学必须成为大熔炉。在这座大熔炉里，每位教师都是金子，每个学生都是金矿。大学就是将金子的纯度提纯，使其相互放大光彩，把思想和智慧在系统中放大。优秀的大学，就是通过这种放大，使平凡的人变成不平凡，使不平凡的人变成优秀者，使优秀的人变得更优秀。

### （一）　大学能增强自我实现的力量

时代的快速发展，使得知识的更新速度也随之加快。有人会认为大学学到的知识往往难以应付社会的要求，再加上每个人把知识转化为能力的程度不同。这时，许多人不禁会问：“上大学是否还有价值?”

根据人口普查资料显示，中国人口中92%的人靠手工劳动谋生，只有8%的人进入了靠大脑谋生的职业生涯。如果你的工作属于92%中的一种，如果你在基本教育阶段所学的知识还没有忘记，那么，你还有很多途径获得更多的教育。但是，大学教育不仅仅是一些课程，如果希望自己能够进入那8%，你就有必要去读大学，或接受更高等级的技术培训。

从实际来看，大学阶段也确实存在一些不足。它所采用的教育方法，对于培养实践能力似乎并不怎么有效。理论的、思辨的能力，被作为衡量学生的主要指标；思考、省察，一而再，再而三地反复思考能力，这些方面往往得到特别的开发；而实践能力，迅速地把事情列入议程并进行果断决策的能力，以及积极行动的能力，却往往得不到充分的开发。

但是大公司仍然喜欢聘用大学生，这是因为：大公司的老板们知道，如果一个人的资质不错的话，大学教育尽管会暂时阻碍一个人实际操作能力的开发，但能够使一个人具有很好地分析问题的能力，迅速抓住问题的实质。年轻的大学毕业生最大的缺点是他肚子里理论太多，而这些理论又往往过于书本化却没有什么大的价值。但是，当一位大学毕业生淡化理论和空想的色彩，从事实际事务之后，就会很快适应。而且，一旦掌握了事务的细节方面，就会向顶峰大踏步地前进。因为大学已经教会学生如何思考，如何支配自己的力量。当认识到实际工作与书本知识的区别并懂得如何应用所学知识时，大学生与那些没有接受过更高级教育的人相比，将会成为一个更有力量的人。

### （二）　大学能提高自我实现的能力

大学能够给予学生无穷的力量，因为教育能创造力量，增强力量。尤其是它的两个方面使我们得到提高，这两个方面都是现代社会生活所必需的，这就是思考的能力和意志的力量。

思考的能力是最伟大的精神力量。思考的能力就是看的能力，是看得更长远的能力，是推理、判断、预测的能力。这种能力，大学的每一项学习都在帮助我们培养。语言，教我们描述能力、观察能力、分析能力和综合能力；数学，也是分析能力和综合能力的训练——把要素进行分解和加总；历史，主要是训练我们的理解能力；哲学，则教会我们如何充实自我、发现自我。通过这些途径使人的能力得到不断提高。

在大学里控制和管理他人的过程中，我们也会变得有经验。通过和其他学生的联系，尤其是通过丰富多彩的大学社团生活，我们要学着教会自己如何做一个管理者，如何做一个执行官。美国一个月薪两万美元的职业经理人说：“在哈佛大学，通过老师，我学到了很多；但通过大学足球队，我学到的东西更多。”对他来说，学术固然对他有帮助，但社会实践能力有着更大的价值。清晰、深刻、正确思考的能力，加上果断、坚强的意志力量，加上丰富的学识，是通过大学教育所能获得的主要收获。

毫无疑问大学学习为一个人的一生所提供的东西，要超过任何家庭的教育或纯粹的实务经验。它使我们的视野更宽阔，能够看到事物之间的内在联系，从而理解那些本质隐藏着的事物，为今后的人生之路做好准备，这就是大学教育带给我们的特殊益处。

## 第二节　我的大学

### 一、大学与中学的区别

要读好大学，了解大学是必要的；而了解大学，首先必须了解大学与中学的区别。只有真正洞悉两者的差异，才能做好学业上的自我定位。

#### （一）大学教育与中学教育的区别

（1）中学是以基础知识传授和技能训练为主要内容的教育，它以记忆、掌握和重复运用知识为主要任务；大学却是智慧教育，它要求学习者必须拥有独立的思想和见解，具备自主寻求知识关联性的习惯，具备独立思考、判断问题的能力和创造新知识的方法。因而，同样是学知识，中学生学的是对知识的掌握，以及在考场上的灵活运用；大学生学的是对知识结构的剖析，对知识背后的思想和方法的理解，然后运用其思想和方法去探求新知。

（2）中学教育是完整固定的：固定的课程，固定的教师，固定的教室和固定的教学模式，这种固定形成了中学的单调感和重复感。大学的教育则不一样，在许多方面都体现出动态变化性，大学的不固定性，使大学学习更灵活，更富有张力。

（3）中学是一种对知识和智力进行反复强化训练的教育；大学教育却强化方法的训练，包括强化训练人的思维方法，思想方法，学习方法，读书方法，查阅、检索资料的方法，收集、处理、归类信息的方法，发现问题、探索问题、解决问题的方法，实践操作的方法。因而，探索方法、革新方法，成为大学生学习的基础性任务。

（4）中学教育的主要任务是：培养学生的情感、开阔学生知识视野、激发学生好奇心、想象力；大学的重要任务是：开阔学生文化视野、形成学生的学科历史意识，促进学科间的渗透、融合与发展，培养学生严谨的科学探索精神。因而，大学生的学习面临两个基本问题：一是在学习学科理论知识的过程中，必须养成学科发展观；二是在学科知识拓展的过程中，必须追求跨越学科、跨越专业的文化视野拓展，进行知识储备，培养并具备专通并举的科学探索精神。

（5）中学以培养学生的感性思维能力为主，并在此基础上引导学生初步具备理性思维能力基础；大学则着力对学生进行理性思维能力的深度训练和广度训练，并在此基础上培养学生独立性、创见性的认知能力和思想能力。

#### （二）大学生活与中学生活的区别

（1）中学生的生活是不自主的。在家里，由父母管理；在学校里，由学校和老师监督，所以，中学生的生活从根本上缺乏自由度，是一种“两点一线”的半囚禁式的强迫性生活。

大学生的生活却是自主的，一切都由自己安排。所以，大学生的生活，存在很大的自由空间；这种自由空间能否得到发挥，发挥得好坏，则决定了你能否真正学到东西，能否具备扎实的学习能力。

（2）中学生是未成年人，其生活始终处于被监护状态，因而，中学生没有多少责任意识，缺乏责任感；中学生一旦进了大学，就须学做大人。作为大人，大学生应该具备责任意识，学会负责任，并要不断努力提高自己担当责任的能力。

（3）在中学阶段，生活是单调的，什么都是固定的，没有多少学习之外的事情需要自己去处理；进入大学之后，一切都是不固定的，生活是丰富的，并且处处充满了诱惑，一切都需要自己拿主意，一切都需要自己面对和处理。因而，大学生活，始终具有未完成性，时时面临挑战。

（4）成长与学习，是大学生生活的主题。大学生的成长与中学生的成长同样具有不同的含义与要求。

对中学生来讲，其成长：第一，更多是生理的，因而，中学生的成长往往与独立、自主、责任相脱离，第二，是在襁褓中展开的，它具有方向不明确的散漫性、任意性，中学生的成长就是在家长的监护和老师的保护下展开的。

大学生的成长则完全不同：第一，成长更多是精神领域的，因而，大学生的成长必然与独立、自主、责任紧密联系，并体现个人的人格、尊严、荣誉和道德感。换句话讲，大学生的成长，首先是独立地对“是”与“非”的正确判断与把握；其次是必须追求独立人格，担当责任，道德地做人、尊严地生活。第二，成长是在独立自主匍匐前行中展开的，它具有明确的方向性和自我鞭策性。也就是说，大学生的成长主要是靠自我激励、自我教育、自我关怀来实现。

## 二、大学生的三种本领

大学的学习是短暂的，但是对人的影响可能是一辈子的。在四年的学习生活中，我们要学会主动去关心他人、学会合理安排时间、学会选择自己的生活方式，同时必须学会三种有用的本领。

### （一）　学会做人

所谓做人，是指人们在人际交往中所表现出来的待人、做事的原则、方式和态度。作为受教育者的大学生，在大学学习的过程中首先应该学会做人。著名教育专家孙云晓在《教育的秘诀是真爱》一书中指出“教育的核心是学会做人”。它体现在人际交往中所表现出来的对人、对自己的原则和态度。统一集团创始人高清愿也说：“学问好不如做事好，做事好不如做人好。”在日常的学习和生活中，我们应该做一个有心人，从老师、同学和朋友的言行举止中去分析、去体会，在面对同样一件事情时，别人为什么会比自己处理得好，我应该吸取什么，这是一个逐渐积累的过程，它不仅是大学阶段的主要任务，也是整个职业生涯发展过程中的重要方面。

### （二）　学会学习

大学阶段的学习与中学阶段的学习相比，在学习内容、学习方法等方面发生了较大变化。主要表现在以下四个方面：

（1）大学学习内容广、课程多、难度大。中学阶段，课程少，主要讲授一般性的基础知识；而大学里开设课程分公共课、基础课、专业基础课、专业课四个层次，每一个层次又由许多门课程综合而成。

(2) 学习方式不同。中学学习主要是课堂讲授，教学过程中的每一天，甚至每一节课，都由老师具体安排，课堂教学连续紧凑；而在大学里，课堂讲授相对减少，自学时间大量增加。

(3) 学习方法变化明显。中学时期，“填鸭式”教学方式还比较明显，老师安排得详细周到，不少同学养成了依赖老师，只会记忆和背诵的习惯；而大学老师则倡导开放式教学，提倡学生自主学习，逐渐从“要我学”向“我要学”转变，不采用题海战术和死记硬背的方法，鼓励生动活泼地学习，提倡勤于思考。

(4) 教师讲课差异显著。大学教师讲课介绍思路多，详细讲解少；授课手段多样化，授课进度快；抽象理论多，直观内容少；课堂讨论多，课外答疑少；参考书目多，课外习题少。

### (三) 学会做事

大学阶段，要充分利用优质资源，培养职业胜任能力，这将有助于今后的职业发展。可利用的资源主要有：①与同学、同行交流信息；②与老师和资深长者交流沟通；③访问学校网站、学生社团网站、图书馆、任课教师的个人网站或博客；④各种专业网站、专业BBS和平面媒体。在学好专业知识，打好基础知识的同时，我们要通过辅修、选修、自学等多种途径和方式培养专业能力和综合技能，全面提高自己的素质，善于对复杂的事务进行深入分析，找到解决问题的根源和对策，并加以有效地解决。善于制订周密的实施计划，善于在计划的实施过程中，进行及时准确地调整，保证事务的顺利进行。在这种积累中，养成沉着冷静、处变不惊的工作态度和习惯。

“做人、学习、做事”是一个整体，三者之间相互辅成，相互促进。其中，做人是目标，是一种素质要求；学习是基础，是一种知识要求；做事是创造价值的手段，是一种能力要求。

## 三、学业与职业的关系

### (一) 学业

大学生的学业是指大学生在高等教育阶段所进行的以学习为主的一切活动，是广义的学习阶段，它不仅包括科学文化知识的学习，还包括思想、政治、道德、业务、组织管理能力、科研及创新能力等的学习。

作为大学生，学习仍然是我们最基本的任务。在我们从学生向社会人转变之前，打下扎实的知识基础是十分必要的。正是出于这个原因，学校中许多政策的制定都以此为出发点。

目前，大学里普遍采取的是学分制管理模式，学生想要顺利毕业，必须按规定修完课程，拿到所需的学分。同时，学习成绩与奖学金的评定也有很大的关系，通常学习成绩占奖学金评定的很大一部分，有时甚至纯粹按照学习成绩排名评奖学金。此外，一些机会的获得，如出国交流、参加竞赛等，都是以学习成绩为重要衡量标准进行筛选的。

### (二) 职业

美国著名哲学家、教育家杜威（John Dewey）曾说，职业是唯一能使个人的特异才能

和他的社会服务取得平衡的事情。天下最可悲的事，莫过于一个人不能发现一生的真正事业，或未能发现他已随波逐流或为环境所迫陷入了不合志趣的职业。人生的1/2甚至更多的时间是在职业生涯中度过的，职业是实现梦想和人生价值的平台。社会职业是一个范围极广、丰富多彩的领域。对于职业的含义，不同的学者有不同的看法。

根据不同学者的论述，可以为职业下一个比较全面的定义，即职业一般是指人们在社会生活中所从事的以获得物质报酬作为自己主要生活来源并能满足自己精神需求的、在社会分工中具有专门技能的工作。它是人类文明进步、经济发展以及社会分工的结果。关于职业的特点，本书已在第一章详细论述。

### （三）学业与职业

学业状况在大学阶段是十分重要的，大学阶段掌握的文化知识是毕业后选择工作所必须具备的基础。许多学生在大学毕业后就业，走向社会。那么，我们就必须了解课程学习对于就业的重要性。许多单位在招聘时，仍十分注重学生在学校中的学习情况。学习成绩常常作为"一道坎"，成为单位甄选人才的一个标准。虽然我们在学校里所学到的知识和工作中所用到的知识差异较大，在投入工作之前，单位都会对员工进行培训。但是，招聘方仍然很看重学生的学习成绩。一般认为，学生阶段还是要以学习为主，学习成绩反映了学生的学习态度和学习能力。因此，在招聘的第一关——筛选简历的时候，同等条件之下，学习成绩优秀往往是胜出的关键因素。总之，在学校里作为一名学生，学好课程，完成最基本的任务，是每位学生的责任。

每一个身在象牙塔的大学生都希望通过今天的苦读来实现人生的价值和理想，这一切都应与将要从事的职业紧密相连。职业将伴随我们的一生，它将塑造我们的行为模式，标示我们的社会地位，体现我们的人生价值。毫不夸张地说，职业铸就了我们的人生。职业是生活的前提和基础，无论如何描绘人生，生存都是第一位的。对于绝大多数人来说，如果没有职业也就失去了基本的生活条件。作为一名终将走入社会的大学生，职业是施展才华的平台，是实现经济独立的手段，也是实现人生价值的有效途径。一个寻找不到适当职业的大学生是难以发展的，古往今来，凡是成就伟大事业者往往离不开他们在职业岗位上的不懈努力和执著追求。职业不仅为生存奠定了物质基础，更为实现自我价值提供了宽阔的舞台。不管人生追求是否崇高，都要通过职业的方式，踏着职业的阶梯去实现。

## 四、专业与职业的关系

**【案例】都是专业惹的"祸"**

小张是浙江省某大学2005届旅游管理专业的学生，高考那年听从父母的安排选报了现在的专业。从小学到高中，他的很多事情多是父母一手包办的。高考的压力让他无心考虑以后的发展方向，只是一味地拼命学习，一心想拿高分上重点。高考结束后，他感觉整个人都松懈了，在填报志愿的时候自己也没怎么想就听凭父母在那里拿着招生简章反复地挑来挑去。后来爸爸说还是选择旅游管理专业吧，这个专业还挺热门的，分数又适中，并且父母都在从事这个行业，将来就业渠道比较多。

但是，经过一年的课程学习和实践后，他发现自己的兴趣已经不在旅游管理上。2004

年时小张曾利用暑假时间自己创办了一个英语学习辅导班，同时在一家当地很有名的四星级宾馆实习。

小张就读的是独立学院的本科，是该院英语协会的会长，一直以来英语成绩很好，经常参加各类英语演讲比赛并频频获奖，但对专业旅游管理却不喜欢甚至有点厌烦，学得很吃力，特别是对像财务管理、会计学等这些专业课更是痛恨之极，两门课连补考都不能通过。他想自己创业，但总觉得自己的知识和经验非常缺乏。

说到将来创立公司，小张痛苦不堪。因为他认为恰好是财务和会计知识对将来公司的发展非常有帮助，而自己却非常讨厌这两门课，专业知识贫乏，一看账就两眼迷糊，当初选择这个专业完全是因为爸妈的一厢情愿，他们相信儿子将来在这个领域能够很好找工作。但是到了大学后才发现原来自己根本不喜欢这个专业，感觉荒废了4年。毕业后家里说让他报考公务员的相关职位，这次他不再听从家里的安排了，但是又很害怕爸妈伤心。

后来，经过反复考虑，小张准备考当地对外经贸部门的公务员，因为这个职位可以发挥他英语好的特长。他说如果考不上就打算去一家非常有名的私立学校当一名外语老师，他的父母最后也很支持他的决定。

相信一部分同学存在或碰到过类似这样的困惑：就读的专业不是自己喜欢的专业，对所学专业无法了解透彻，自己的兴趣和能力与所学专业要求不太匹配，对所学专业与未来想从事的职业之间的关系也非常模糊。

在大学里，经常会遇到这样的学生，他们稀里糊涂地选择了自己所学的专业，有的是服从分配的被动选择，有的是父母帮忙做的决定，相当一部分人不知道自己喜欢什么。你问他们今后想朝什么方向发展，他们说“不知道”，因为上高中、考大学对于他们而言只是时间表，人人都这样走，所以自己也一样。实际上，进入大学学习是为未来职业生涯做定向准备，与高中不同。高中教育也是为未来职业生涯做准备，但大学的方向性更强。如果一个学生从来没有思考过这个问题，那么现在则是该考虑的时候了。你需要问问自己：我上大学和我今后想要发展的职业有什么关系。

从小学开始，一个学生面临的真正意义上的选择就是选择就读的大学和就读的专业，其中专业对人的影响有时比大学对人的影响还要大。一方面，一个好的对口的专业能极大地调动一个人的学习兴趣，同时专业在极大程度上影响着择业；另一方面，择业过程的变迁和社会的发展又从一定程度上反馈于大学生专业的选择和高校专业的设置。

### （一） 专业与职业

专业泛指专门学业或专门职业，如干部专业化、生产专业化、分工专业化、专业化经济、专业化制作、专业户等。就学业来说，专业是指教育机构培养专门人才的学业门类。大学设置专业是大学培养人才的重要特征。

专业是学业门类，职业是工作门类，专业与职业之间大体有四种关系。

（1）专业包容职业。在这种情况下，个人的职业发展一直在所学专业的领域内，选择的职业与学习的专业相吻合，能够做到学以致用。

（2）专业为核心，职业包容专业。它是指以专业为核心发展职业，个人的职业发展以所学专业为核心，向外扩展。这种情况下，选择的职业与学习的专业虽然方向一致，但职业发展超出所学专业领域，需要根据自己的职业规划，在学好专业的基础上通过选修、自学提高自己所从事职业的素质。

（3）专业与职业交叉。以专业为基础发展职业，个人的职业发展在所学专业基础上有重点地沿某一方向拓展。所学专业在个人职业发展中仍有重要意义，需要在职业生涯规划的指导下，在学好本专业的基础上，同时辅修或自学自己规划要从事的其他专业课程。

（4）专业与职业分离。个人规划要从事的职业与所学专业基本无关，所学专业的某些方面在个人职业发展中有一定的重要性，但方向并不一致，这时应尽早调整专业，若为时已晚，应辅修其他专业。

专业与职业的关系如图 3－1 所示：

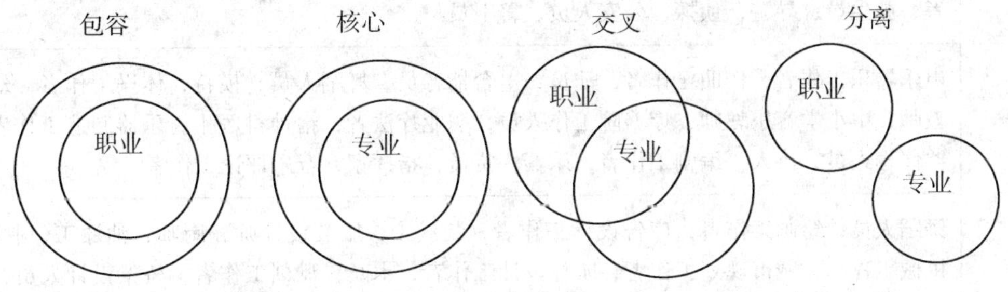


**图 3－1**

而在我们所学专业中，基础课程又与职业有着很大的关系，基础课程与职业的对应关系见表 3－1。

**表 3－1　　基础课程与职业的对应关系**

| 课程 | 职　业 |
| --- | --- |
| 语言文学 | 作家，编辑，记者，教师，诗人，电台、电视台播音员，演员，图书管理员，资料员，翻译，外交、外贸、海关、外事工作人员，速记员，办公室职员，售货员，秘书，职业咨询人员，图书发行人员，法官，律师，作曲家 |
| 数学 | 工程师，化学家，建筑师，制图员，计算机工作者，数理统计人员，会计，簿记员，营业员，银行职员，出纳员，保险公司职员，部分学科教师，机械工，木工，电工，测量员，统计人员，经济工作人员 |
| 物理学 | 机械制造工程师，设计师，电力工程人员，矿业工程人员，航空工程人员，机械维修工，制模工，领航员，飞行员，物理化学科技工作者，原子物理科技工作者，地理物理科技工作者，气象科技工作者，无线电技术工作人员 |
| 化学 | 牙科医生，药剂师，化学工程科技人员，化学研究工作者，石油化工工艺师，兽医，冶金工程师，染色工，实验室技术人员，放射技术人员，摄影师，化学制药工艺师，护士，临床检验师，化验师，农技人员，陶瓷工，美容师，画师，地质勘察工程人员，皮肤科医生，生物化学科技工作者，营养学科技工作者，植物学科技工作者，动物学科技工作者 |

续表

| 课程 | 职　业 |
|---|---|
| 生物学 | 生物化学科技工作者，生物研究助手，昆虫学科技工作者，动物学科技工作者，人类学科技工作者，营养学科技工作者，植物学科技工作者，环境景色美化者，农业园林工作者，兽医，博物馆管理员，图书馆管理员，医生，护士，学科教师，遗传学科技工作者，医疗秘书，卫生工作者，细菌学科技工作者，免疫学科技工作者，实验室人员，X 光技师，林务员，森林保护人员 |
| 体育 | 运动员，体育教师，体操运动员，教练，裁判员，军人，演员，潜水员，飞行员，船员，水手，骨科医生，地理学专业科技工作者，体育编辑，体育理论研究工作者，体育解说者，记者，救生员，导游，侦探，公安人员，警卫员 |
| 音乐 | 声乐器乐工作者，作曲工作者，演员，电台播音员，舞蹈人员，模特，体操工作者，幼儿园教师，中小学音乐教师，疗养院工作人员，职业疗法者，精神科医生，乐器制造工作者，乐器修理人员，诗人，编剧工作者，乐器售货员，指挥家，音乐评论工作者 |
| 美术 | 舞蹈人员，绘画工作者，广告设计工作者，装潢工，服装设计师，厨师，油漆工，制图员，机械工程师，城市规划工作者，园林设计工作者，木匠，雕刻工作者，桥梁设计人员，建筑师，艺术教师，布景制作人员，舞台设计人员，美容工作者，摄影师 |

进入大学的新生要尽快熟悉和适应所学专业的内容和该专业的具体要求。在了解这些要求时，不但要了解所学专业对能力的要求，还包括对所需要投入的时间和经济上的要求，了解这个专业往届毕业生的就业去向。

要了解自己的专业，可以询问高年级的同学，也可以跟老师交谈。了解专业，要从正反两个方面入手，不仅要听那些令人激动的优势方面，也要了解所学专业的劣势。有了进一步的探索，对环境有了进一步的了解之后，接下去要做的事情就是如何度过四年的大学生活了。喜欢自己专业的学生可以在专业中多投入力量，喜欢其他专业的学生除了“跳槽”之外，还可以选择辅修其他专业。不过，我们应该清楚地认识到：

（1）热门专业并不等同于自己喜欢的专业。

（2）热门专业学生在学习过程中面临更加激烈的竞争。

（3）热门专业的学生容易被“热门”的假想所迷惑。

（4）应该理智、冷静地面对专业冷热的动态变化。

一般而言，大学生在择业时主要考虑自己的专业，再考虑以自己的兴趣爱好、特长等来选择就业单位。反过来，用人单位在招聘新职员时一般首先考虑的是应聘者的就业素质和所学专业、特长及相关经历。

但是，无论做什么选择，需要明确的是，任何人所适合的职业或者专业都是一个大体的范围，而不是一个局限的点。因此，很难说，一个人只有在某一个领域才有兴趣和能力。无论职业选择还是专业选择，都是双向的，一旦选择的决定作出，就要在一段时间内对所作出的决定给予承诺，这是一种负责任的态度和成熟的表现。了解自己，了解所学专业和未来工作的世界，并在此基础上作出选择决定。

**【案例】IBM 大学合作部总经理对大学生专业的看法**

IBM 是一个技术背景很强的跨国公司，可我们对应聘者的专业背景并不严格要求。IBM 招聘人才的第一关是笔试，主要测试学生的综合素质。也许你很难想象，笔试题中没有任何关于计算机知识的内容。这有两方面原因，一是 IBM 招聘的岗位覆盖面较广，不是所有的人员都从事 IT 技术，如果应聘技术岗位，在将来的面试中会有专门部门进行考核。二是 IBM 看重应聘者的潜能，是不是一块可造之材。笔试题目类似于 GRE、GMAT 考试，时间很短，有一些题目要求应聘者在一组数字和图形中排序、找规律等，由于时间紧迫，在压力之下，有的应聘者由于紧张，脑子里呈现一团糨糊，而有的应聘者却有很好的心理素质，十分冷静。通过这样的笔试，就检查出应聘者的综合反应速度、判断能力以及心理素质等。在 IBM 中，有很多例子反映，非 IT 专业出身的应聘者最终却在 IT 技术岗位上做得十分出色。我认识一位出色的技术经理，她原来是学戏剧编剧，纯文科的，进 IBM 后却担任系统工程师，做大型机的操作系统。在 IBM 中，只要你有兴趣和潜力，公司就会给你机会。在笔试之后的各轮面试和今后的培训与工作中，IBM 会发现你的兴趣和潜力。

（文章来源：http：//edu. sina. com cn/l/2003 - 12 - 10/57779. html）

大学里所修的专业对你的职业生涯影响很大吗？不尽其然。现行的高考制度将大学生安置于某一个专业领域中，或许该领域正是你所青睐的，又或许由于调配等种种原因导致专业与自己的期望有所差距，但专业并没有在你的身上刻下烙印，它只是提供了一个空间。从职场环境中反映出的信息来看，企事业单位用人的准则往往更倾向于综合素质及附加值，而不单单是社会分工的初级符号——专业。

### （二）　未来职业发展趋势展望

随着 21 世纪社会经济的不断发展，科学技术的突飞猛进，特别是经济全球化和信息化特征的日益凸显，职业的数量、种类、结构、要求都在不停地变迁。职业的发展趋势主要表现在以下几个方面：

（1）职业内容不断更新。

（2）职业结构不断地变化。

（3）新型职业不断产生现代职业。

（4）职业分工越来越细。

（5）对人的素质要求越来越高。

而对我们国家来说，21 世纪的主导职业主要集中在 16 类行业，即会计类、计算机技术类、计算机软件开发类、环境保护类、中医和健康医学类、老年医学类、咨询服务类、家庭护理和服务类、保险类、法律类、专业公关类、市场营销类、生物化学和生物技术类、心理学类、旅游类、人力资源类。

### （三）　大学专业设置及分析

高校专业设置是人才培养规格的重要标志。目前，各高校实行的是 1998 年颁布的《普通高等学校本科专业目录》，分设哲学、经济学、法学、教育学、文学、历史学、理学、工学、农学、医学、管理学等 11 个门类，下设 71 个二级类，249 种专业。专业的设置既要使培养的人才具有较宽广的适应性，又要适宜于合格的专业人才的培养。

关于专业设置有三点需要说明：

（1）专业设置满足了人才培养规格的要求。一个大学生只有完成专业教学计划规定的学习任务，才是一个符合该专业培养规格的合格毕业生。

（2）专业设置兼顾了职业群的要求。大学本科的专业设置是以学科为主进行划分的。学科有其自身的科学体系和内涵，与职业有联系，但不紧密。大学生除完成专业学习外，还可以跨专业选修课程，以适应自己职业规划的需要。

（3）专业设置受社会需求发展变化制约。在“精英”教育年代，大学生是社会紧缺的人才资源，比较容易就业；但是在高等教育“大众化”的当前，大学生不再是社会紧缺人才资源，而是社会高层次人才资源。专业设置在很大程度上取决于社会的需求，学习专业应明确个人职业发展方向，合理安排学习计划，选择主修和辅修专业课程，选择要参加的培训和要取得的证书，才能培养出适应社会需要和个人职业发展需要的专业素质。

在精英教育时代，按教学计划学好专业是首要的；在大众教育时代，提高职业适应性更为重要。上大学是为了提高素质，更是为了个人职业发展。而学习专业技能，是为了就业。认为上大学就能够保证有一个好职业的时代已经结束。了解专业必须了解专业的社会需求情况，上大学不对专业进行认真选择至少是对个人不负责任的表现。

## 第三节　大学生涯规划

大学生涯规划是大学生根据社会的客观需要和自己对未来人生的追求，在学校的指导下，对自己在大学不同阶段的发展目标及其实现途径进行具体设计和全面规划，并在大学学习和生活中为成功迈向社会做知识、能力、身体、心理和信息等方面的准备。

### 一、大学生涯规划策略

#### （一）第一阶段：自我探索阶段

这一阶段的大学生已基本适应大学生活，对大学生活有了一定的了解和理解，并且对自我有了一定的认识，制定了大学生涯规划。随着对所学专业的进一步了解及大学生活的深入，每一位学生的具体目标逐渐凸显出来。

该阶段生涯目标的特点是：目标逐渐与所学专业结合。

该阶段大学生的生涯规划策略是：

（1）发现自身的优势、劣势、兴趣、爱好、性格、能力，发现自己希望提高的地方。

（2）了解社会职位素质要求。

（3）根据发现确定阶段性具体目标。

（4）制订实现目标的计划。

（5）进行相应的素质测评。

（6）参加校园文化活动和社会实践活动。

#### （二）第二阶段：初步探索社会阶段

这一阶段的大学生经过一年的大学生活的适应，已经完全适应大学生活，掌握了大学

生活规律，建立了一定的人际关系，新环境的适应压力逐渐消退。这时的大学生开始真正从现实角度关注自己的成长，积极参加各种活动，主动进行能力提升训练；与此同时，大学生对于自己的性格、能力、优势、劣势、职业兴趣以及将来的职业方向、社会对各种人才的需求、社会政治、经济的发展、社会各职业发展的趋势等状况的探索更加积极和有实效，他们已经意识到探索的重要性，并积极行动，希望自己快速成长。但是，受经历、经验、阅历的影响，这一阶段的大学生需要有效的帮助，借助外力的支持，会大大地加快大学生成长的速度。

该阶段生涯目标的特点是：目标确立并开始考虑社会需要与个人需要的结合。

该阶段大学生的生涯规划策略是：

（1）进一步进行自我探索。

（2）了解将来的就业环境及职业方向。

（3）了解社会政治、经济、文化发展状况及职业、职位状况。

（4）参加校园文化活动和社会实践活动。

（5）参加能力提升训练。

### （三）　第三阶段：加速执行阶段

这一阶段的大学生通过对自我及环境的探索，逐渐找到了自我定位与社会需求的结合，积极探求实现自我价值的有效途径；通过学习生涯规划目标的确立及生涯抉择方法，大大提高了自我掌控及自我设计的能力；通过参加各种实践及成长训练，综合能力快速提升，为即将到来的职业实践奠定了良好的基础。这时的大学生职业生涯发展道路开始出现不同，有的学生希望大学本科毕业后找到一份称心的工作，开始自己的职业生涯；有的学生则希望继续在某一领域深造。

该阶段生涯目标的特点是：目标的确立直接反映了大学生的个人价值观，并与社会现实相结合。

该阶段大学生的生涯规划策略是：

（1）学习并掌握生涯规划中生涯目标建立方法和生涯抉择方法。

（2）建立合理的价值体系和认知结构。

（3）围绕职业生涯规划制订相应的成长计划。

（4）参加校园文化活动和社会实践活动。

（5）完善并落实成长计划。

（6）参加专项行为训练，提升实现目标的行动力。

### （四）　第四阶段：职位实践阶段

这一阶段的大学生由于志向的不同出现了生涯发展方向的不同，这种不同带来了大学生活以后不同的发展道路。希望继续深造的学生开始备战应考研究生，将志向确定为找工作的大学生则更加积极地参加各种活动，有些学生则会到相关的单位进行职位实习。

该阶段生涯目标的特点是：长远目标逐渐明确和坚定；近期目标更加具体。

该阶段大学生的生涯规划策略是：

（1）进一步明确自己的职业方向。

（2）发现自身职业竞争力的不足之处，制定职业竞争力提升计划。

（3）参加职业实践。

（4）参加校园文化活动和社会实践活动。

（5）继续参加专项行为训练，提升实现目标的行动力。

### （五）第五阶段：调整修正阶段

这一阶段的大学生通过前三年的专业理论学习和相关训练，掌握了一定的专业理论和专业技能，人际交往能力、思维能力、创新意识、团队精神都得到了相应提高。经过一年的职位实习，发现了自己的能力与职位要求之间的差距，也发现了自己理想的职业与社会可以提供的职位之间的差距。这时的大学生开始对自己进行全面的反思，重新建立更加切合社会现实的工作理念及自我认知。学生参加各种活动更具目的性，会有意识地结合自己的理想职业规划自己剩余的大学生活。

该阶段生涯目标的特点是：由于与社会密切接触，职业生涯目标得到有效修正，修正后的目标进一步反映了个人理想与社会现实的结合，目标更具有现实性和可操作性。

该阶段大学生的生涯规划策略是：

（1）对生涯规划相关问题进行评估，发现问题。

（2）掌握生涯评估方法和生涯目标修正方法。

（3）寻求适合自己职业生涯发展的最佳路径。

（4）掌握与就业相关的信息。

（5）参加能力快速提升训练。

### （六）第六阶段：目标冲刺阶段

这一阶段的大学生面临大学毕业，即将走入社会，真正开始进入自己的职业生涯，从职业生涯规划的层面上而言，能否真正适应将来的工作及工作环境，尽快走向成功，成为每一位即将走入社会的大学生关心的问题。大学生希望通过最后的大学生活使自己更加完善。

该阶段生涯目标的特点是：目标更加具体，体现为职业素质的培养和专项训练。

该阶段大学生的生涯规划策略是：

（1）深入了解相关就业及创业信息。

（2）掌握与就业相关的法律、政策、就业程序。

（3）与相关单位及个人建立稳定的关系。

## 二、学业规划四个步骤

学业规划理论由我国学业规划与升学决策研究专家张恒亮先生创立，它继承和发展了从20世纪发迹于美国的职业指导与生涯教育理论，不仅能够实现人职匹配，更在于帮助人们提高个人发展的效率，即以最小的代价实现人职匹配并促进个人的可持续发展。它与传统的生涯规划理论有着本质的区别，见表3-2。

表 3－2　　学业规划理论与传统生涯规划理论的区别

| 区别 | 学业规划理论 | 传统生涯规划理论 |
| --- | --- | --- |
| 目标 | 提高个人的职业发展效率，实现可持续发展 | 以人职匹配为最终目标 |
| 理论来源 | 更侧重于吸收马克思主义哲学、古典经济学等方面的理论和思想 | 社会学、教育学及西方的人职匹配理论 |
| 实践效果 | 根本上提高社会的劳动生产率，促进社会经济的全面发展 | 解决个人毕业后的成功就业的问题 |

大学生学业规划是大学生涯规划的重要组成部分，是指大学生对与其职业目标相关的学业所进行的安排和筹划。具体来讲，是指大学生通过对自身特点（性格特点、能力特点）和社会未来需要的深入分析和正确认识，确定自己的事业（职业）目标，进而确定学业发展方向，然后结合自己的实际情况（经济条件、工作生活现状、家庭情况等）制订学业发展计划。换言之，就是大学生通过解决学什么、怎么学、什么时候学等问题，以确保自身顺利完成学业，为成功实现就业或开辟事业打好基础。

由此看来，学业规划对人一生的职业发展来说意义重大。美国哈佛大学 30 年前曾对当时的在校学生做过一份调查，结果显示，有没有做学业规划和做学业规划的深度在很大程度上影响着一个人日后的发展（见表 3－3）。

表 3－3　　学业规划对一个人职业发展的影响

| 学业规划情况 | 所占比例（%） | 30 年后的结果 |
| --- | --- | --- |
| 没有做学业规划 | 27 | 生活在社会最底层 |
| 学业规划模糊 | 60 | 生活在社会的中下层 |
| 短期学业规划 | 10 | 生活在社会的中上层 |
| 长期学业规划 | 3 | 成为精英人物 |

生命属于每个人只有一次，人生之旅只发行单程车票，如果规划不好，很可能坎坎坷坷。

当然，要做好学业规划并非易事，学业规划的效果受到多方面因素的影响和制约，如图 3－2。

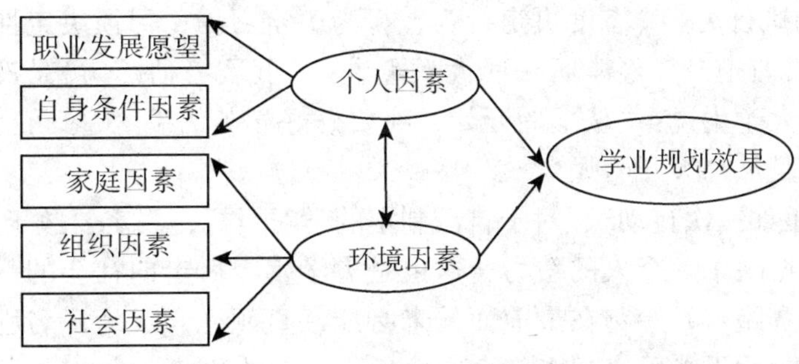


图 3－2　大学生学业规划效果影响因素的模型

**【案例】成功从目标开始**

唐僧西天取经的白龙马，据说从前住在长安城西的一家磨房，它和一头驴子是好朋友。平日，马在外面拉东西，驴子在屋子里面推磨。没想到，当这匹马昂首西去之后，它和驴子的命运从此迥然不同。

14 年后，这匹马驮着佛经回到长安，它们相见，听到白龙马讲种种神化般的见闻，这头驴子惊叹道："你有这么丰富的见闻呀，那么遥远的道路，我简直连想都不敢想啊。""你知道吗？"老马说，"其实，我们跨过的距离是大体相等的。当我向西天前进的时候，你一步也没停止。不同的是，唐僧和我有一个遥远的目标，按照始终如一的方向前进，所以我们看到了一个广阔的世界。而你被蒙住了眼睛，一生就围着磨盘打转，所以永远也走不出这个狭隘的空间。"

（摘自《孙悟空是个好员工》，中信出版社 2004 年版）

这个故事同样适合大学生：我们经常可以看到，同样的课程和教育模式，同样基础，同样背景，也同样经历着忙碌的大学生活的大学生，在学习成绩上却是千差万别。为什么会有这么大的区别呢？究其原因，在于有没有确立明确的目标，有没有选择合适的方向。

影响学业规划的因素有：

（1）学习目标明确性。目标引领未来，促进行动。一个大学生在大学期间，既要学习成绩一流又想当个好的学生干部，既想恋爱成功，又想打工赚钱，如果不把这些目标分阶段实施，这显然是不太可能实现的。

就业、出国、创业均可以作为大学期间的发展目标，但必须具体对待。如果选择就业，那就要想清楚去什么地方就业、在什么行业就业、从事什么职位与性质的工作、希望拿多少工资等；如果选择出国留学，那就要考虑家庭经济承受能力、个人学习成绩尤其是外语水平等；如果考虑毕业后自主创业那就必须积累经验、学会分析市场行情、制订创业计划等。

目标没有对错之分，合理的就是最好的。如果选定的目标不合理，那就已经失败了一半。在大学四年的学习生活中，每位学生必然逐渐形成"学业锚"。等到大学毕业，应该形成鲜明的"学业锚"，并为自己"职业锚"的形成做好准备。当前有些大学生对于自我学业其实没有明确的规划，学业规划的观念和意识是比较模糊和朦胧的。而目标具体性和方向性的缺失，使得整个学业规划的目标体系显得比较松散和模糊。

（2）对目标的执行力。"态度决定行为，行为决定习惯，习惯决定性格，性格决定命运。"这话讲得非常有道理。经常听一些大学生讲："我要考研。"可是没过多久，他就改变主意了。还有的大学生说："从下周开始，我要好好学英语。"大家可能会问：为什么非要从下周开始而不是从今天开始呢？

"千百次心动不如一次行动"，对于自己制定的学习目标，一定要敢于执行、勇于执行。对于目标的执行力反映了一个人的毅力，这也是大学生今后走向社会的一个重要品质。人生就是一场马拉松赛跑，开始跑在最前面的未必能一直领先，成为一名胜利者；原来落在后头的并不一定就永远不能后来居上，命中注定做一名失败者。每一位马拉松参赛者都明白，迟个三步五步，甚至十步百步也不算晚，关键是能否坚持到终点。

明确了学业规划的概念和影响因素，我们就可以对大学四年的学习发展进行规划。在做学业生涯规划时，鉴于不同的人分析和解决问题的能力不一样，要求学业规划的设计具有一定的弹性和缓冲性，以便自己及时反省和修正学业目标。概括起来说，学业规划必须遵循四个准则：择己所爱、择己所长、择己所利、择世所需。而具体的规划包括认识自我、学业规划检测、学业规划分解、学业规划评估四个步骤。

### （一） 认识自我

俗话说："人贵有自知之明"，认识自己是最高智慧的表现。曾有人问著名的哲学家第奥根："世界上什么事情最难办到?"他的回答是："认识你自己。"由此可见，认识自我存在着一定的难度。

首先，分析自己的兴趣爱好，认定自己想要干什么。古今中外，因兴趣之花而点燃成功之火的事例不胜枚举。兴趣与成功几率有着明显的正相关性，它是理想产生的基础，可以使人为自己所钟爱的事业奋斗终生。但目前很多大学生对自己的兴趣模糊，甚至没有。所以一定要认定自己的兴趣爱好是什么，择己所爱，选择自己喜欢的专业方向和研究领域进行奋斗和学习。

其次，分析自己的能力特长，确定自己能够干什么。能力是人的综合素质在现实行动中的表现，是正确驾驭某种活动的实际本领、能量和熟练水平，能力是实现人的价值的一种有效方式，也是左右与支配人生命运的一种主导性的积极力量。因为任何职业都要求从业者掌握一定的技能，具备一定的条件，所以结合自己的兴趣爱好，在认定自己想干什么的基础上确定已经具备的能力和应该培养的能力。随意、盲目地相信自己，那是过于轻率、幼稚的行为。唯有全面看清自己，了解自己，才能找到属于自己的方向。

再次，分析未来，确定社会要求干什么。着眼未来、预测趋势，立足于社会不断发展变化的需求。避免盲目跟风，因为最热门的并非是最好的。选择社会需要又最适合发挥自身优势的专业方向和研究领域才是最好的。把自己的兴趣爱好、能力特长和社会需要结合起来，把想干什么、能干什么和社会要求干什么有机地结合起来。这几方面的结合点和连接处正是大学生学业规划的关键所在。

**【案例】"幸运"的小马**

小马，浙江省某高校2002级广播电视新闻学专业学生，进校时他是专业最后一名，但小马认为高考时自己已经尽了最大努力，最终被自己喜欢的学校和钟爱的专业录取，他感到非常高兴。小马觉得自己一直以来对电视新闻特别有感觉，自己平时也很喜欢摄影和写作，并在高中阶段多次获得各级各类奖励，他立志发挥自己的特长，将来成为一名电视记者。于是，他一进大学就与其他新生不同，在别人都趁刚进大学，好好放松之时，他却一方面经常呆在图书馆博览群书，充实自己，一方面发挥自己的组织管理能力强的优点，先后在院级协会、分院学生会中担任主要学生干部，同时还兼任了摄影协会会长，在学院与学生之间架起了一座沟通之桥，原本平常的他在学生中脱颖而出。他说自己来自农村，父母培养自己很不容易，而现在社会竞争又非常激烈，有自信和能力才能走天下。大学四年正是凭借着这样的坚定信念，他几乎牺牲了所有的节假日去努力学习和工作。毕业时间，在学院的招聘活动中，他凭借扎实的专业功底、广博的知识和良好的语言表达能力、组织管理能力与担任学生干部的背景，在与众多“211 工程”的大学生一起竞争中胜出，顺利进入电视台工作。

### （二） 学业规划检测

表 3 – 4 的测试，帮助你了解自己在学习方面的情况，请你根据自己的实际情况进行选择。在题目后填上符合自己情况的数字。①代表不符合自己的情况，②代表很少符合自己的情况，③代表说不太清楚，④代表比较符合自己的情况，⑤代表非常不符合自己的情况。

表 3 – 4 学业规划检测

| 题项 | 内 容 | 你的情况 | | | | |
|---|---|---|---|---|---|---|
| | | ① | ② | ③ | ④ | ⑤ |
| 1 | 高中时你的学习成绩总是名列前茅，进入大学仍想保持这一优势 | | | | | |
| 2 | 如果制定一个切实可行的学习目标，你总会坚持到底不言放弃 | | | | | |
| 3 | 除了通过最基本的英语四级考试外，你还会考一些其他证书 | | | | | |
| 4 | 为实现一个大目标而给自己制定循序渐进的小目标 | | | | | |
| 5 | 上课从不迟到、不早退，更不旷课 | | | | | |
| 6 | 能独立地、认真地完成老师布置的各项作业 | | | | | |
| 7 | 上课时，几乎不会开小差，不打瞌睡 | | | | | |
| 8 | 如果别人不监督，你也能主动学习 | | | | | |
| 9 | 如果你有点儿不舒服，你依然能坚持上课 | | | | | |
| 10 | 你正在学习时，如果别人叫你出去玩，你会说不 | | | | | |
| 11 | 如果某门功课不感兴趣或学习很吃力，你也会认真学习这门课 | | | | | |
| 12 | 如果某门课很重要但又很枯燥，你也能坚持学完学好 | | | | | |
| 13 | 当你在完成某项学习任务时遇到了困难，你也能坚持到底 | | | | | |
| 14 | 如果室友都在寝室玩游戏，你仍然能不加入而是坚持学习 | | | | | |
| 15 | 你会因需及时完成某项学习任务，而废寝忘食乃至通宵达旦 | | | | | |
| 16 | 你能长时间坚持早读、晚自习 | | | | | |

续表

| 题项 | 内　容 | 你的情况 | | | | |
|---|---|---|---|---|---|---|
| | | ① | ② | ③ | ④ | ⑤ |
| 17 | 当你上课或自习时，很快就能提起精神，进入状态 | | | | | |
| 18 | 你为了学好功课，宁可放弃过多感兴趣的课外活动 | | | | | |
| 19 | 你会经常看各种书籍，学知识不限于本专业的课程 | | | | | |
| 20 | 你能做到课前预习，课后复习巩固 | | | | | |
| 21 | 上课时，你能高度集中精力，保证听课效果 | | | | | |
| 22 | 有不懂的问题，你会主动找老师或者同学请教 | | | | | |
| 23 | 关注其他学科内容并进行学习与探究 | | | | | |
| 24 | 你常常会对学习上的问题寻根究底 | | | | | |
| 25 | 上课时，你会认真记笔记 | | | | | |
| 26 | 你充分利用图书馆、实验室等学习资源 | | | | | |
| 27 | 你有一套对自己来说行之有效的学习方法 | | | | | |
| 28 | 你会抽时间把没学好的课或落下的内容补上 | | | | | |
| 29 | 如果落后别人能长时间坚持早读、晚自习，想赶上乃至超过别人 | | | | | |
| 30 | 除了老师指定的作业和必读书外，你还额外做作业和看书 | | | | | |

统计表 **3－4** 的总分。①得 **1** 分，②得 **2** 分，③得 **3** 分，④得 **4** 分，⑤得 **5** 分。如果你的总分为 **135** 分以上为优秀，**108** 分以上为较好，**90** 分以上为一般，**60** 分以下为较差。如果你的得分较高，说明目前你的学业情况良好，请你继续保持，争取更大进步；如果你的得分还较低，则要加倍努力，调整和优化你的学业规划，争取有所提高。

### （三） 学业规划分解

经过前面两个步骤以后，每个人对自己都有了一个较为客观的认识。这时，需要对学业总目标进行自上而下的分解，可以按照下面的思路进行：四年的总学习目标→**1** 年的学习目标—**1** 学期的学习目标→**1** 个月的学习目标→**1** 周的学习目标→**1** 日的学习目标。使得学业规划落实到学习生活的每一天，确保学业的严格执行。如图 **3－3** 所示。

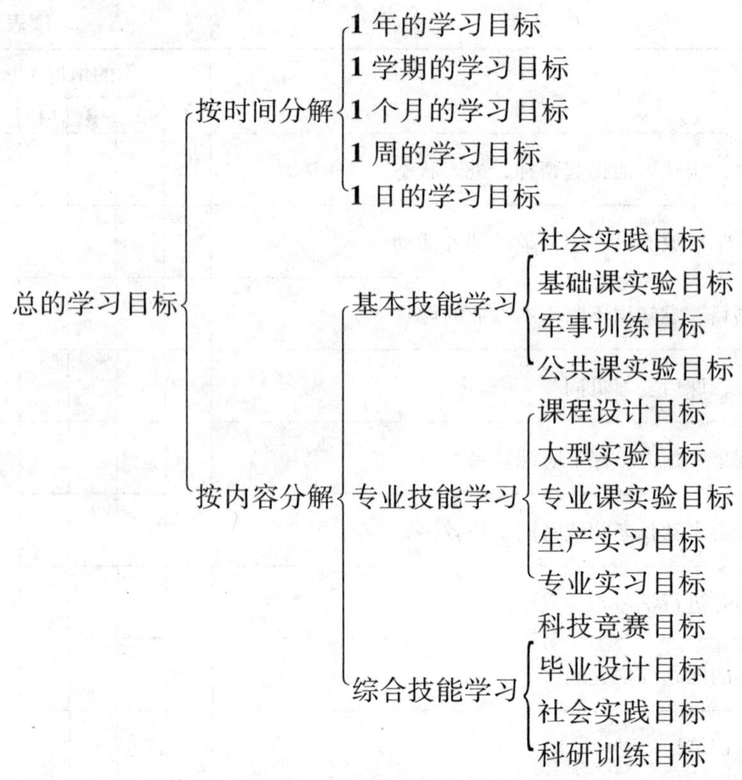


**图3－3　学业规划目标分解**

通过对学业规划总目标的分解，结合大学各阶段的特点，你可以把最重要的几个学习目标进行排序，定期检验已经完成的目标和尚未达到的目标，并考虑如何改进，如表3－5所示。

**表3－5　　学业规划目标完成情况**

| 时期 | 完成目标 | 未完成目标 | 改进措施 |
|---|---|---|---|
| 大一 | （1）… | （1）… | （1）… |
| | （2）… | （2）… | （2）… |
| | （3）… | （3）… | （3）… |
| 大二 | （1）… | （1）… | （1）… |
| | （2）… | （2）… | （2）… |
| | （3）… | （3）… | （3）… |
| 大三 | （1）… | （1）… | （1）… |
| | （2）… | （2）… | （2）… |
| | （3）… | （3）… | （3）… |

续表

| 时期 | 完成目标 | 未完成目标 | 改进措施 |
|---|---|---|---|
| 大四 | （1）… | （1）… | （1）… |
| | （2）… | （2）… | （2）… |
| | （3）… | （3）… | （3）… |

### （四）学业规划评估

在学业规划实施的过程中，需要及时地对环境和条件作出评价和估计，对自己的执行情况作出评估。由于现实生活存在种种不确定的因素，要求学业规划的设计具有一定的弹性，以便于自己及时反省和修正学业目标，更新实施措施与计划，做到定期评估：每年、每学期、每月、每日进行检查，进而分析原因与障碍，找出改进的方法与措施。

通过上面的测试，请你结合自己的实际情况，进一步检测自己，明确自己在学习方面的优势和劣势，跟踪自己在学习目标、学习态度、学习意志、学习方法、学习动力、学习兴趣等六大维度上的变动情况，如表3－6所示。请你实事求是地进行选择，在题目后填上符合自己情况的数字。①～⑤代表你在题项内容上反映情况的程度，从①～⑤依次递增。

表3－6　学业规划六维度跟踪调查表

| 题项 | 内容 | 你的情况 | | | | |
|---|---|---|---|---|---|---|
| 1 | 学习目标 | ① | ② | ③ | ④ | ⑤ |
| 2 | 学习态度 | | | | | |
| 3 | 学习意志 | | | | | |
| 4 | 学习方法 | | | | | |
| 5 | 学习动力 | | | | | |
| 6 | 学习兴趣 | | | | | |

统计表3－6的总得分。①得1分，②得2分，③得3分，④得4分，⑤得5分。如果你的总分在27分以上为优秀，21分以上为较好，15分以上为一般，10分以下为较差。如果你的得分较高，说明你目前学业评价情况较为理想，请你继续保持；如果你的得分还较低，则需要进行针对性调整和加强，以期提高学习成绩。

## 三、学业规划四个时期

对于大学生来说，学习学业生涯规划是最现实的也是最重要的，要从生涯初期规划做起。做好这个规划对专业学习阶段以及职业准备阶段具有不可估量的促进作用，是被动应付向主动探究转折的起点，是随心所欲向合理安排过渡的起点，更是单维训练（认知）向多维训练（认知、技能、情感）发展的起点。职业生涯初期规划可以在自主学习规划的基础上扩充而成。下面介绍一下学业规划四个时期的关键点。

### （一）大学一年级是试探期

这个时期是打牢地基的阶段。经过紧张的高考，跨进大学的校门，学习方法、生活环境已发生很大改变，重新为自己确定学习目标，是大学学习成败的关键。

这一阶段，大学生主要存在的问题是：

（1）对环境不熟悉。

（2）对专业了解不清楚。

（3）学习不适应。

（4）人际交流不畅通。

因此，大一需要正确认识大学，认识自我，进行学业规划，制定职业目标。具体实施措施有：

（1）正确评估自己，调整好心态，尽快实现学习观念和学习方法的改变，了解大学学习特点，找到适合自己的学习方法，摆脱中学形成的对家长、老师的依赖心理，培养自主学习的能力，培养学习兴趣。

（2）初步了解本专业培养计划和就业方向，了解职业，特别是自己未来所想从事的职业或自己所学专业对口的职业，提高人际沟通能力。

（3）建立新的人际关系；多和学长们，尤其是大四的毕业生，进行交流，询问就业情况，大一学习任务不重，要主动参加学校活动，增强交流技巧，为可能的转专业、获得双学位、留学计划等做好资料收集及课程准备。

（4）充分利用好图书馆等学习资源，认真听好每一堂课，脚踏实地地学好基础课，特别是计算机、英语、数学等。同时，应注重基础知识和人文知识的学习，打好宽泛而坚实的知识基础。

### （二） 大学二年级是定向期

这个时期是个承前启后的阶段。这一年可能要面对日益繁重的专业学习，面对英语四级的考验、面对各种考证的压力，可能还面对难以取舍的较多的选修课。因此要进行科学的学习规划，努力拼搏，认真学习专业知识，培养实践技能，锻炼社会交往等能力。

这一阶段，大学生主要存在的问题是：

（1）不明确自己本科毕业时要考研究生还是直接就业。

（2）学习和社会实践（包括兼职等）所花时间比例失调。

（3）独立性增强，团队协作意识在弱化。

因此，大二需要把重点放在专业知识的学习上，同时应加强实践技能锻炼，学生可尝试在业余时间寻找一些兼职工作的机会，提高自己的创新能力、组织管理与社会活动能力、沟通能力及团队协作精神，尽可能全方位地展示自己。这将有助于解决你所面临的种种困难。初步明晰就业或是考研的选择。具体实施措施有：

（1）理性地考虑自己的职业生涯，明确自己本科毕业时要考研究生还是直接就业。

（2）通过参加学生会或社团等组织，锻炼自己的各种能力，检验自己的知识结构，同时提高自身的基本素质；也可以开始尝试兼职、社会实践活动，并要具有坚持性，最好能在课余时间长时间从事与自己未来职业或本专业有关的工作，提高自己的责任感、主动性和抗挫折能力。

（3）增强英语口语能力，增强计算机应用能力，通过英语和计算机的相关考试，开始有选择地辅修其他专业的知识来充实自己。

### （三）大学三年级是提升期

这个时期是开始进入研究性的学习阶段。学习的范围也由以前的单一书本知识变成了与就业、深造相关的广泛知识摄取，专业课程的深度和系统性都已经加强，学习的重点也由以前的知识性学习变成了思维性学习。

这一阶段，大学生主要存在的问题是：

（1）对专业课不感兴趣，或者对专业范围内的方向不喜欢。

（2）花太多时间在校外，忽视了专业课的学习。

（3）逐渐脱离各类学生活动，开始酝酿提前进入社会。

因此，大三需要找准适合自己专业范围内的主攻方向，主动锻炼自己，去公司实习、兼职、加入导师的科研项目等，培养研究、创新和创业意识。学会多渠道收集所需要的资料，充分利用好图书馆和学术期刊网，全方位了解职业信息、面试技巧和职场需求情况。具体实施措施有：

（1）可以利用假期或其他业余时间到自己所要选择的职业岗位上实习，亲身体验工作环境和组织文化，找出自己知识和能力方面的差距。

（2）通过实习和兼职，培养职业适应能力。学会与不同的人打交道，从宏观上了解单位的工作方式、运作模式、工作流程，从微观上明确个人的岗位职责与规范，为以后融入职业环境做好准备。提高求职技能、搜集公司信息。

（3）拓展素质，培养创新能力。在撰写专业学术文章时，可大胆提出自己的见解，锻炼自己独立解决问题的能力和创造力。

（4）为就业、升学做初步的准备。学会写简历、求职信，了解搜集工作信息的渠道，并积极尝试，加入校友网络，和已经毕业的校友、师哥师姐交流，了解往年的求职情况；希望出国留学的学生，可多接触留学顾问，参与留学系列活动，准备 TOEFL、GRE，注意留学考试资讯，向相关教育部门索取简章参考。

### （四）大学四年级是冲刺期

这个时期是如何更好地运用所学知识帮助自己开拓美好前程的关键时期。课堂学习基本结束，课余时间增多了，找工作的找工作，考研的考研，出国的出国，不再犹豫不决。有的忙碌在考研复习中，有的忙碌在忘我的网络游戏中，有的作为优秀学生代表在向低年级的同学介绍考研、考公务员的准备或就业经验而感到骄傲，有的在为自己无法按时获得毕业证、学位证而感到烦心。

这一阶段，大学生主要存在的问题是：

（1）就业方向模糊。

（2）就业信息掌握不到位。

（3）就业基本技能缺乏。

因此，大四需要侧重择业、就业和创业，在做好毕业论文的同时，通过各种渠道了解职业信息，向职业规划师、就业指导教师和其他专家请教。挤时间、找机会培养职业生涯的相关技能。这个时候应当学会运用自己的能力，做好人生的准备。具体实施措施有：

（1）求职的，写好个人求职材料，增强笔试、面试技巧；考研的，坚持到底，要有必胜的信心和毅力。

（2）积极参加招聘活动，在实践中检验自己的积累。

（3）预习或模拟面试。积极利用学校提供的条件，了解就业指导中心提供的用人资料信息，强化求职技巧，进行模拟面试等训练。

（4）参加求职招聘培训，了解求职应聘技巧，相关的法律及当年的就业政策；做好求职应聘书，积极参加各种现场招聘和网络招聘，做好面试及签约的准备。

回顾一学期的学业规划，需对自己的学业规划效果作系统的评价，并根据反馈结果进行针对性的调整。

**【案例】某大学生个性化学业生涯规划**

一直认为“机遇总是降临于有准备的人”，有一份学业生涯规划对我的人生有莫大的帮助，毕竟把人生掌握在自己手里比随遇而安的感觉要好得多。一份学业生涯规划，它所代表的是我想发展的大体框架。它所起的作用是鞭策我向自己的理想加快脚步，换言之，它是一种加大动力的催化剂。我坚信“成功之秘诀乃为目标之有恒”，设计一份好的学业生涯规划将成为职业成功的前提与基础。

阶段目标：

大一：适应大学学习生活，培养良好学习生活习惯。

1. 熟悉大学生活环境，明确掌握学习方法。

2. 多读书读好书，培养良好记读书笔记的习惯。因为我了解的课外知识特别少，当今社会需要的是全面发展的人才，我会在今后的学习生活中弥补自己的不足，利用课余时间多读课外书，多读报纸，多听新闻，扩充自己的知识面，使自己成为一个全面发展的社会需要人才。我想只有这样才能适应社会，融入社会，早日实现我的职业理想。

3. 认真学习各类公共基础课。

4. 参加各种活动。

大二：打好专业基础，加强技能。

1. 认真学习专业基础课。

2. 选修关于经济管理类的公共选修课。

3. 通过英语四级考试，计算机三级考试。

4. 好好利用网络。

5. 加强自主学习意识，努力拓宽知识面，培养良好沟通能力、计算机操作能力、英语会话能力。

大三：明确方向，培养研究能力。

1. 明确专业方向，加强学习专业知识，培养专业技能。

2. 进行相关专业课题研究，听专业学术讲座。

3. 根据专业方向考取 1 ~2 个职业资格证。

4. 了解实习。

5. 考取英语六级。

 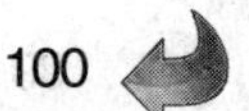

6. 了解公务员考试的相关情况，同时也作考验准备。

大四：加强专业实践，面对毕业。

1. 加强专业知识实践。

2. 认真完成毕业设计，完成论文答辩。

3. 认真对待毕业实习，把所学的知识很好运用到实践中，不断积累经验，完善自己。

4. 在社会中建立良好人际关系。

5. 参加公务员考试。

6. 如果未能通过公务员考试就考研。

工作后的一年要好好工作，建立良好人际关系，并不断学习充实自己。

我相信，“有志者，事竟成”，只要我一步一个脚印地走下去，充分发挥我的潜能，施展才华，成就事业，实现我的人生价值。向我的目标一天天靠近，最终找到属于我自己的一片蓝天。

（本文地址：http：//www. gzu521. com/essay/article/summary/200806/28020. htm）

一份合理、有效的学业规划设计，犹如人生道路上的一盏明灯。年轻的大学生们只有上好了这堂必修课，才能够赢在起跑线上，找到通往成功的最佳途径，实现自我，成就自我。

- **问题思考**

1. 你理想中的大学应该是怎样的？
2. 你从第一节章云丽的例子中得到了哪些启发？
3. 你觉得专业和职业的关系是怎样的？
4. 你认为选择专业时应该考虑哪些因素？
5. 你准备怎样规划你四年的大学生涯？

- **信息园**

大学生“三敬事”

——蔡元培就任北京大学校长之演说

五年前，严几道先生为本校校长时，余方服务教育部，开学日曾有所贡献于学校。诸君多自预科毕业而来，想必闻知。士别三日，刮目相见，况时阅数载，诸君较昔当为长足之进步矣。予今长斯校，请更以三事为诸君告：

一曰抱定宗旨。诸君来此求学，必有一定宗旨，欲知宗旨之正大与否，必先知大学之性质。今人肄业专门学校，学成任事，此固势所必然。而在大学则不然，大学者，研究高深学问者也。外人每指摘本校之腐败，以求学于此者皆有做官发财思想，故毕业预科者多入法科，入文科者甚少，入理科者尤少，盖以法科为干禄之终南捷径也。因做官心热，对于教员，则不问其学问之浅深，惟问其官阶之大小。官阶大者，特别欢迎，盖为将来毕业有人提携也。现在我国精于政法者，多入政界，专任教授者甚少，故聘请教员，不得不聘请兼职之人，亦属不得已之举。究之外人指摘之当否，姑不具论，然弭谤莫如自修，人讥我腐败，而我不腐败，问心无愧，于我何惧？果欲达其做官发财之目的，则北京不少专门学校，入法科者尽可肄业法律学堂，入商科者亦可投考商业学校，又何必来此大学？所以诸君须抱定宗旨，为求学而来。入法科者非为做官，入商科者非为致富。宗旨既定，自趋正轨。诸君肄业于此，或三年，或四年，时间不为不多，苟能爱惜光阴，孜孜求学，则其造诣容有底止？若徒志在做官发财，宗旨既乖，趋向自异。平时则放荡冶游，考试则熟读讲义，不问学问之有无，惟争分数之多寡。试验既终，书籍束之高阁，毫不过问。敷衍三、四年，潦草塞责，文凭到手，即可借此活动于社会，岂非与求学初衷大相背驰乎？光阴虚度，学问毫无，是自误也。且辛亥之役，吾人之所以革命，因清廷官吏之腐败。即在今日，吾人对于当轴多不满意，亦以其道德沦丧。今诸君苟不于此时植其基，勤其学，则将来万一因生计所迫，出而仕事，担任讲席则必贻误学生，置身政界则必贻误国家，是误人也。误己误人，又岂本心所愿乎？故宗旨不可以不正大。此余所希望于诸君者一也。

二曰砥砺德行。方今风俗日偷，道德沦丧，北京社会尤为恶劣，败德毁行之事触目皆是，非根基深固，鲜不为流俗所染。诸君肄业大学，当能束身自爱。然国家之兴替，视风俗之厚薄。流俗如此，前途何堪设想！故必有卓绝之士，以身作则，力矫颓俗。诸君为大学学生，地位甚高，肩此重任，责无旁贷。故诸君不惟思所以感已，更必有以励人。苟德之不修，学之不讲，同乎流俗，合乎污世，已且为人轻侮，更何足以感人！然诸君终日伏首案前，芸芸攻苦，毫无娱乐之事，必感身体上之苦痛。为诸君计，莫如以正当之娱乐，易不正当之娱乐，庶几道德无亏而于身体有益。诸君入分科时，曾填写愿书，遵守本校规则，苟中道而违之，岂非与原始之意相反乎？故品行不可以不谨严。此余所希望于诸君者二也。

三曰敬爱师友。教员之教授，职员之任务，皆以图诸君求学之便利，诸君能无动于衷乎？自应以诚相待，敬礼有加。至于同学共处一室，尤应互相亲爱，庶可收切磋之效。不惟开诚布公，更宜道义相勖，盖同处此校，毁誉共之。同学中苟道德有亏，行有不正，为社会所訾詈，已虽规行矩步，亦莫能辨，此所以必互相劝勉也。余在德国，每至店肆购买物品，店主殷勤款待，付价接物，互相称谢。此虽小节，然亦交际所必需。常人如此，况堂堂大学生乎？对于师友之敬爱，此余所希望于诸君者三也。

（摘录自《蔡元培全集》第三卷，中华书局，1984 年）

# 第四章 学会学习

未来的文盲就是那些没有学会怎样学习的人，未来的文盲不再是不识字的人，而是没有学会怎样学习的人。

——埃加·富尔

**本章概要**

学习是大学生的首要任务。马克思曾经说过："大学生活动的主要内容是学习，参加科学实验和社会实践，参加以教学和教育为目的而进行的各种特定活动。"大学生正处在长身体、学知识的黄金阶段，每位大学生都渴望成才。为了适应社会的需要，大学生在学校不仅要学习知识和技能，更要培养自学的能力、钻研的能力、思考的能力等，成长为国家的栋梁。

因此，大学的学习之道，既是专业奠基之道，也是通识发展之道；既是学习方法、学习能力的提升之道，也是知识向能力、素质的转化生成与整合之道。对大学生来说，学习，学习，再学习，是全职工作；读书，读书，再读书，是天职责任。真正的大学生能主动地为自己订下学习目标、善于开动脑筋，并知道职业意味着什么。本章主要探讨大学生如何学会学习的问题，重点介绍大学学习的内容、特点、方法及如何养成良好的学习习惯等内容。

## 第一节 认识大学学习

### 一、学习与成才

21 世纪是学习化的社会。学习是学习型社会对人才素质的要求。世界各国各个民族都对自己提出了学习的要求，将学习的素质纳入人才的素质结构中。著名的罗马俱乐部在其代表作《学无止境》一书中深刻地指出，人类社会未来的希望寄托在"学会学习"品质上。只有真正掌握学习方法、学会学习的一代，才能适应未来社会发展的要求，才能在未来的社会竞争中占得先机。

学会学习是新时代发展的需要。在我国，由于中华民族历史上就有重视学习的优良传统，再加上当今社会对人才渴求的呼声越来越高，社会各界、各个领域、各个层次的人员都处在不断"充电"、不断进步的学习氛围之中。"才须学也，非学无以广才"。随着世界知识总量的迅速扩张、知识更新速度的加快，一个大学生在校所学知识可能仅占其一生所需知识的 10% 左右，而其余 90% 的知识需要在工作中获取。随着传统产业向新兴产业的发展，对脑力劳动的需求量越来越大，智力劳动将成为绝大多数人谋生的手段。因此，时代要求人们从阶段式的学校学习走向终身学习，终身学习是 21 世纪的生存概念。那种一次性学校"充电"、一辈子工作中"放电"的时代将一去不复返。从某种意义上讲，"学会学习”就等于“学会生存”。

学会学习对大学生提出了更高的要求。所谓学会学习，就是要培养独立自主地获取知识的能力。学会学习绝不是一个单纯的方法问题，它至少包括三个内容，即学会质疑、学会思维和学会享受学习。质疑是打开科学殿堂的钥匙。实践证明：智者发现问题，平者等待问题，庸者看不出问题。当然，只能发现问题是不够的，还应能解决问题，而问题的解决取决于所采用的思维方式。学习是思考的基础，思考是学习的灵魂。

## 二、大学学习观

根据社会的发展和时代的要求，大学生应当采用新的学习观来指导自己的学习过程和学习行为。所谓学习观，就是人们对学习的看法，是从事学习活动的指导思想。一个人的学习观就是他学什么和怎样学的问题。当代大学生必须树立面向未来的学习观。

第一，正确处理精与博的关系，在初步掌握本专业基础知识的基础上学习更为精深的专业知识。大学生不仅要学好专业知识，也不能忽视基础知识的学习和社会适应品质的锻炼。一方面，各个专业的界限逐渐模糊，产生了许多交叉和边缘学科；另一方面，随着社会竞争的不断加剧，知识更新和陈旧的速度也逐渐加快，所以，大学生应当加强各方面素质的培养，使自己能够适应不断变化的社会环境。具体地说，就是要形成宽厚的知识基础，文科的学生必须加强自然科学知识的学习，而理科的同学则需要加强人文社会科学的修养，促进学科之间的融合，成为基础理论知识扎实、知识面宽、适应能力强的合格人才。

第二，正确处理德与才的关系，学习知识与学会做人同样重要。从某种意义上讲，学习的最终目的仍然是为了成为一个先进的现代人。成才首先要成人的学习观念应当被大学生所切记。江泽民同志在庆祝北京大学建校100周年大会上的讲话中对大学生提出了期望：求知与修养相结合，是中华民族的一个优秀文化传统。没有好的思想品德，就不能把学到的知识真正奉献给祖国和人民，也就难有大的作为。青年时期注重思想修养，陶冶情操，努力树立正确的世界观、人生观、价值观，对自己一生的奋斗和成就将会产生长远而巨大的作用。

第三，正确处理学与创的关系，大学生要从未来发展的角度认识学习与创造的关系。长期以来，中国的教育受到批评和责难最多的就是——我们的学生缺乏创造性。中小学生死读书，大学生仍然是死读书，甚至研究生也很少有创造性的成果。这种现象已经引起有识之士的普遍关注。因此，大学生在学习过程中，要在掌握基本知识的基础上加强学习方法和思维方法的锻炼，不仅要学会记忆，更要学会思考。俄罗斯著名作家列夫·托尔斯泰曾经一针见血地指出：“如果学生在学校里学习的结果使自己什么也不会创造，那么他的一生将永远是模仿和抄袭。”

## 三、大学学习的内容

### （一）大学课程的设置

#### 1. 通识教育的课程设置

目前，通识教育这一概念和称谓在我国尚没有统一和普及，以文化素质教育或文化素质概念这一称谓为多。在我国高等教育中，实际上有两大课程体系是为通识教育服务的。一是公共必修课，二是公共选修课。公共必修课是指高等院校各专业学生都必须学习的，培养学生基本的品德、政治、文化、身体素质的课程，主要包括“两课”、外语、体育、计算机等。这些课程的设置，受教育主管部门的指导与评价。“两课”的课程门类、学时数都有着具体明确的要求；外语、计算机两门课程有明确的等级考试；体育也有达标要求。公共选修课是近年来出现的新生事物，它指的是除了公共必修课之外再开设若干人文科学类、自然科学类、艺术类的课程供学生修读，取得规定学分，以开阔学生视野，扩大学生知识面，培养学生的人文、科学素质。

我国高校对通识教育的学分都有明确要求，具体学分不等。我国目前大学教育课程体系中的公共必修课约占总学时、总学分的30%左右，从比例上看已是不低，但“两课”，外语占了大部分，丧失了通常意义上的通识教育的作用。因此，各高等院校开设了人文、科学、艺术系列的课程，作为公共必修和选修课程，供学生修读，并规定了学分的要求。这部分的课程由于各个大学的背景、特点、传统、目标、地理位置等的差异，而出现较大的不同，学分的要求也不尽一致。

#### 2. 专业教育的课程设置

我国专业教育的课程一般分为学科基础课、专业基础课、专业课及专业实习、毕业论文（设计）等理论课程与实践课程。

专业基础课是个模糊的概念，有时与公共基础课、学科基础课重叠。比如，张楚廷曾经设问：“物理学专业开设的数学课，工程技术专业开设的数学课，医学专业、食品工程专业的化学课，究竟算公共基础课还是专业基础课?”他进一步思考：专业基础课是专业中的基础课，还是为专业学习做准备的基础却并非专业课程？但这并非意味着没有专业基础课存在。素描对于美术学专业肯定是一门专业基础课，田径对于体育专业也是一门专业基础课。因此，专业基础课对于学生的专业发展有着直接的作用，影响着学生的专业后续发展能力，专业基础课质量高，可以把后续的专业课程衔接好。

专业课程是指接近专业前沿、具有专业性质的课程。对于专业课程的设置，教育部制定的专业目录中对于每个专业的课程提供了参考意见，作为高校设置专业课程的原则性建议。考虑到专业课程的面比较宽，而且相对研究生教育，本科专业课程具有基础性质，因此，专业课往往又分为专业必修课与专业选修课。专业选修课可以是限定性选修也可以是自由选修。目前，一些学校往往按职业需求或专业内在逻辑，设置一组专业选修课，以方便学生在某个岗位就业。

专业实习是指根据学生在不同年级和专业课程的要求，设置相应的实习活动。实习的形式主要有三种：一是课程实习。这种课程是在现场进行与专业有关的实习，有教师监督，由企业的指导员给予评价才能取得学分。二是学校组织活动。这种活动是利用假期的时间，有目的地组织学生到企业参加与专业学习有关或无关的活动。三是学生个体活动。这种活动是学生根据个人兴趣和爱好到企业参加与专业学习有关的活动等。

毕业（设计）论文是高等学校人才培养的重要环节，是学生接受四年本科教育成效的总体反映。毕业（设计）论文能全面反映学生掌握知识、运用知识、解决问题的能力，能培养学生初步的科学研究能力，使学生初步掌握科学研究方法，是科学研究的一次演习。提高本科毕业（设计）论文的水平，也是确保本科教育质量的一个重要内容。

### （二）大学课外学习内容

**1. 跨专业知识**

大学的学习具有较强的学科专业性，但某一学科专业的知识往往不能满足社会的需要。因此跨越专业的局限来学习知识显得尤为重要。比如，经济类专业的学生，如果没有社会学专业、法律专业、政治专业等方面的知识结构、文化视野，只满足于就专业而学习所开设的专业课，最终是什么也不懂，什么也不会。再如，中文专业或历史专业的，哲学修养，伦理学方法、政治学基础、社会学视野等也是必须具备的，不然，哪怕你把专业学得再好，也只能是一个“半罐水”。

对于理工科专业的学生来讲，要培养自己成为创造性的文化学习者，应该去了解人类或者说时代的工艺技术体系，这是从整体上去了解这个时代的实践文化结构。文科学生和社会学科学生，则应该通过文化的学习，去深入了解人性，因为人性是文化的最终动力；另一方面，要通过文化的学习，去深入了解社会的基本结构，因为社会的基本结构，构成了文化的生存实践框架。

**2. 社会实践教育**

社会实践是大学生在改革开放中走向社会的一个很重要的锻炼环节，也是教育与实践相结合的具体体现。当今社会的竞争是人才素质的竞争，随着人才被推向市场，大学生的自我优越感将逐渐消失，发展方向更加扑朔迷离。因此要适应时代的要求，不仅要具备丰富的专业知识和高超的业务水平，更必须具备一定的综合素质。

社会实践是教育教学内容的重要组成部分，是巩固所学知识、吸收新知识、应用知识的重要途径。它不受教学大纲的限制，大学生可以在这个课堂里自由驰骋，发挥自己的才能，开创自己的事业，充分利用在校期间以学习为主、学好和掌握科技知识的有利条件，在社会实践中磨炼自己，真正锻炼和提高自己的实际工作和适应能力。

作为新时代的大学生，必须坚持理论与实践、校内与校外、专业与非专业等多种形式的结合，从实践中汲取知识，锻炼能力，包括：自学能力、合作学习能力、语言表达能力、书面表达能力、组织能力、社交能力、应用能力、动手能力等。努力学习书本上学不到的知识，掌握在学校中学不到的技术，缩短理论与实践的距离。

**3. 课外科技创新教育**

课外科技创新活动是对大学生科技创新能力的检验，同时也是使大学生科技创新密切结合社会、紧跟科技发展的重要环节。要有计划地开展学生课外科技创新活动，有计划地组织学生参加科技创新系列活动，鼓励大学生积极参与全国“挑战杯”学术科技作品竞赛、

"挑战杯"全国大学生创业计划大赛等重要的科技创新竞赛。大学生进行科技创新活动，出成果、出方案是目的，但更重要的是进行科技创新过程实验，是对科技创新能力培养和锻炼的重要过程和手段。

### （三）大学学习的特点

相对于高中阶段的学习，大学的学习有着更高的要求。了解并掌握大学学习的特点，能够更好地适应大学的学习生活，收到事半功倍的效果。大学里学习内容的加深、学习环境的变迁以及学习要求的不同，致使大学的学习与中学的学习在以下几个方面都发生了变化。

第一，在学习目标上。大学里的学习目标是在德智体全面发展的前提之下，掌握更加精深的专门知识，养成奋发进取的科学研究素质，成为高层次的专门人才。因此，大学生必须努力学习马列主义、毛泽东思想、邓小平理论和"三个代表"重要思想，以先进的政治理论武装自己；必须了解和掌握本专业广博的基础知识和形成宽厚而坚实的丰富的专业素养；必须具有从事本专业科学研究的较高的水平。中小学则是打基础的学习阶段，学习活动应当尽可能地符合青少年身心发展的特点。具体地说，中小学生的学习是为了形成良好的学习行为习惯，培养一定的思想道德品质，初步获得基本的知识、技能和技巧，锻炼自己的体魄，健全素质。因此，中小学强调的是素质教育，是学生的整体素质从启蒙到提升与发展的长期过程。

第二，在学习方式上。大学生的学习方式以自学为主，往往是教师领进门，作启发性的指导和答疑解惑，大量的时间要靠大学生自己去支配和决策：什么时间应该学习什么；应该花多长时间学习课堂知识，又应当用多长时间自己去查阅资料、补充笔记和课余思考。一般而言，大学往往要在四年中学习 30 多门课程；在实施学分制的学校，大学生还可以根据自己的学习能力和时间安排，自我确定学习的内容和课程。而中小学生的学习方式则更加强调在教师的指导下，按部就班地、循序渐进地学习相关知识内容，显示出学习的被动性和依赖性较强。正因为这样，很多大学新生进入高校后都必然会出现一个心理不适应期。在这样一个时期，他们会产生许多困惑和疑虑。诸如"大学里到底应该如何学习"、"为什么大学老师不按照书本讲课"等。

第三，在学习内容上。大学生的学习内容更加强调精深和广博，在广博的基础上求专长；在专业学习的基础上求拓展和创新。大学生在校学习的往往是某一门专业的学科知识，同时兼顾其他内容的知识。围绕某一门专业学习，可以有多种参考书，可以有多个不同的观点。而中小学的学习内容则比较注重全面性和基础性，他们往往要学习很多知识点，而且，学习的内容一般都是定论的东西和稳定的知识体系，只是在学习过程中力求去不断发现和适当培养自己的兴趣爱好。所以，有人曾经描述过，从学习的知识内容来讲，学习上最轻松单纯的是大学生，最辛苦全面的是中小学生。

第四，在教学管理上。中小学教学更加强调整齐划一，严格按照既定的教学计划进行教学；为了维护整齐划一，必然要强化教学管理，无论是对教师还是对学生而言，都有具体而细致的规定。其结果，就必然会出现"千校一面，万人一貌"的无特色教育局面。而在高等学校，大学生学习上需要的是高度的自觉性和计划性。按照专业培养目标，大学生可以根据自己的兴趣爱好，发挥自己的创造性。大学里的规章制度和学习纪律只是给大学生提供一个方向和指示，更加重要的是学习的效率。因此，高等学校的教学管理是围绕质量来安排的，是一种质量管理而非一种强调整齐划一的刻板的管理。当然，强调大学生的学习自主，并不是许可大学生的“为所欲为”，不受纪律约束。在大学，基本的教学管理秩序还是要保障的。

第五，在社会实践上。虽然现在的基础教育中也强调研究性学习，各个学校也都根据自己的条件在争创特色，在组织中小学生开展实践性环节上下工夫，但是总的来说还是社会实践偏少。但在高等学校里，除了课堂学习之外，有很大的空间属于大学生自己，这就为他们开展和从事社会实践活动提供了时间和客观保障。况且，在高等学校还有那么多的机会让大学生去接触社会。

## 第二节　大学学习方法

### 一、学会课堂学习

#### （一）　课堂学习的含义

本书所指的课堂学习是指学校教学计划以内安排的学习活动，也称“第一课堂”。它是指学生在特定的教学环境中在教师的传授、启发、指导下有目的、有计划、有系统地掌握知识、技能、技巧和行为规范的活动。学生在课堂教学中由不知到知，由不会到会的矛盾转化过程，既不是教师单方面决定的，也不是学生能够完全独立地完成的，而是在以教师为主导，以学生为主体，双方相互影响、相互作用下实现的。因此，充分认识和肯定学生在学习中的主体地位，特别重视学生独立自主、积极主动地学习是十分有意义的。

在大学阶段，由于学生身心发展已趋成熟，又积累了一定的学习经验，加之大学教师的教授方法比较灵活多样，因此，更加需要重视和进一步发挥主体作用。但这绝不意味着学生在发挥主体作用的同时，可以忽视教师的主导作用，只要在校学习，学生就离不开“教师主导作用”这个前提。学要靠教来引导，才会有正确的方向性。教为学而存在，学生的学是教师教的出发点和归宿，两者是相互作用的统一整体，这种由教师与学生共同参与的教与学的过程实质上是教师指导下的学生个体的认识过程、实践过程和发展过程。对教师而言，同样也是教学相长的过程。教师在教的过程中不断地提炼自己的知识，丰富自己的思想，完善自己的人格，这也是课堂实践的学习过程。这里将侧重于学生课堂的学习过程来进行分析。

#### （二）　大学课堂学习的环节

**【案例】如何开展课堂学习**

同学A：“跟不上老师讲课的思路。有时老师讲下题了，而我还在回想上题。我该咋办?”

同学B：“我上课老是走神，常常会想到电视情节，我一直努力使自己集中注意力，但始终做不好。老师讲的很多重要内容都错过了，虽然课后可以自学，但很多知识是课本上没有的……”

（摘自张大均、吴明霞主编：《大学生心理健康》，清华大学出版社）

为了更好地开展课堂学习，大学生必须掌握预习、听课、记笔记、课后复习等环节。

**1. 预习**

预习是大学学习中的第一环节，即课堂前的准备工作。大学的课堂教学内容相当丰富，教师的讲课也是提纲挈领的、跳跃式的，许多问题都是点到为止，不可能像中学的教学一样花费大量时间去反复论证一个定理或公式。大学教学更重视快速的逻辑思维。因此事先了解教师所讲的内容，找到重点和难点，并看出内容的前后关系和内在联系，做到心中有数是相当重要的。如果对教师所讲的内容十分生疏，思路和逻辑思维跟不上教师的讲解，就不能全面掌握知识的重点、难点和相互关系。一个会学习的学生会针对自己的实际情况，做好充分的学习准备，这样听起课来就有主动权，能全面掌握所学的知识。

**2. 听课**

听课是学生学习最主要、最重要的一个环节，它是各个环节的中心。教师所讲授的内容主要是通过学生听讲传授给学生的。听课是教与学交流的主要渠道。大学教师的教学一般都有自己的教学方法，他们往往将知识重新组织，收集大量课外资料，总结以往的教学经验，提出最新的学术观点，丰富教学内容。如果学生没有牢牢抓住听讲这个学习环节，忽视了教师在课堂上传递的大量信息，就失去了获取知识的最好机会。这些知识、经验和观点单靠学生自己去收集总结是难以做到的。因此，大学生应该重视听讲这个环节。

**3. 记笔记**

记笔记也是课堂听讲的一个方面。实践证明，汲取知识的最好手段是眼、手、脑并用。记笔记不仅可以记录教师讲解的主要内容、逻辑关系以及重点、难点及补充的内容，而且通过记笔记，可以将教师所讲的知识进一步理解、消化，变成自己的知识。教师讲课并不是严格按照教科书上的内容进行的，还有许多补充内容。这些补充内容往往是知识的重新组织、新观点的阐述、难点的解释等，都是讲授中的重要内容，必须通过记笔记记录下来。从实质上来讲，在听讲时记笔记，眼、手、脑一起开动，加快了对知识的理解、消化和吸收，掌握了听讲的主动权，并且有效地防止自己上课“走神”，使自己能集中精力跟上教师的讲解，取得良好的效果。

**4. 课后复习与考试**

复习的目的不仅仅是为了考试，但考试也是检验复习的一种手段。考试是检验学生学习成绩和教师教学效果的重要环节，也是大学学习中的重要一环。复习是在学习一个阶段或课堂学习全部结束后对所学知识的进一步整理、理解、巩固和记忆。其重点是通过复习将教师所讲的知识变为自己的知识，并且将前后知识贯穿起来，系统、全面地掌握一门科学知识。复习区别与温习的不同在于复习是系统、全面地重温所学知识，达到由此及彼、举一反三、融会贯通、彻底掌握的目的。复习并不是对所学知识的再回忆和简单的罗列。它的重要性不仅在于进一步巩固理解所学知识，还在于发现知识之间的相互联系、因果关系以及学科本身的特点、重点，达到真正掌握知识并能综合运用以及分析解决问题的目的。

对于学生来讲，考试考查的成绩，乃是衡量学生学习水平的主要标准，并以此决定学生能否继续进行下一阶段的学习。所以，能否顺利地通过考试、能否在考试中取得好成绩，与一个学生有切身的利害关系。大学中的考试与中学的考试有所不同，考试的内容更加广泛，要求尽量覆盖教学大纲中要求的主要内容，不仅有对基本知识、基本技能的测验，而且许多考题都是对学生灵活运用知识、综合分析解决问题能力的检验。它要求学生必须真正全面掌握所学知识，并能灵活地运用。考试的形式也更加灵活，有开卷、闭卷、口试、笔试、实验操作等。考场纪律更为严格，学校都制定了严格的考试纪律，违反考试纪律的同学都会受到严肃处理。了解了大学考试的这些特点，就要有针对性地做好准备，树立正确的考试观，以真实、优良的成绩向父母与教师汇报。

## 二、学会自主学习

### （一） 自主学习是大学生的主要学习方式

进入大学，由于学习内容与任务的变化，转变学习方式就成为大学生首先要适应的一项内容。要把自主学习作为大学学习的主要学习方式，使大学的学习过程更多地成为自己发现问题、提出问题、分析问题、解决问题的过程。自主学习其实是一种发现学习，它的本质特征主要表现在以下三个方面。

第一，问题性。问题是自主学习方式的核心，能否产生问题意识，是进行自主学习的关键。问题意识是指问题成为感知和思维的对象，从而在心理上造成一种悬而未决但又必须解决的求知状态。没有强烈的问题意识，就不可能激发学生认识的冲动性和思维的活跃性，更不可能激发学生的求异思维和创造性思维，也就无从发现、无从探究、无从研究。

第二，过程性。结论和过程是学习和认识的一对矛盾统一体。相对而言，接受性学习重结论，发现性学习重过程。现代教育心理学研究指出，学生的学习过程和科学家的探索过程在本质上是一样的，都是一个发现问题、分析问题、解决问题的过程。这个过程一方面是暴露学生各种疑问、困难、障碍和矛盾的过程；另一方面是展示学生聪明才智、独特个性、创新成果的过程。正因为如此，发现性学习强调过程，强调学生探索新知的经历和获得新知的体验。强调探索过程，意味着学生要面临问题和困惑、挫折和失败，这同时也意味着学生可能花了很多时间和精力却一无所获。但是，这却是一个人的学习、生存、生长、发展、创造所必须经历的过程，也是一个人的能力、智慧发展的内在要求。

第三，开放性。开放与封闭也是学生学习过程的一对矛盾。发现性学习是一种开放性的学习，其特点是学习目标整体化、学习过程个性化、学习评价多元化。发现性学习注重知识，更注重能力，注重认知，也注重情感体验，其目标具有开放性；发现性学习强调富有个性的学习活动过程，关注学生在这一过程中获得的丰富多彩的学习体验和个性化的创造性表现，其过程具有开放性；发现性学习的评价强调多元价值取向，不仅允许对问题的解决可以有不同的答案，而且鼓励学生独辟蹊径，其评价具有开放性。实际上，对于发现性学习而言，最重要的是问题的开放性，要允许鼓励学生从不同角度提出不同的问题。

### （二） 运用好自主学习的方法

第一是要具有内在的学习动机。有的同学如果是为了完成老师布置的任务或者是迫于家长的压力而去学习的，这就不具有内在的学习动机，而是外在的压力，一旦没有了这种压力也就失去了学习的动力。那么，内在的学习动机是什么？最主要的就是求知欲，也就是对学习知识有着强烈的愿望，这是一种最重要、最稳定的内在学习动机。求知欲与学习兴趣有着非常密切的联系，学习兴趣浓的同学肯定有着较强的求知欲。学习兴趣有三级发展水平：第一级（也是最低的一级）是有趣，因为某种原因对某些学科感到有趣，从而产生想弄清楚、想探究、想学习的愿望；第二级是乐趣，就是在学习中体验到学习成功带来的欢乐，沉浸在学习中而乐此不疲；第三级是志趣，就是将自己对学习的渴望与自己的志向联系在一起，在学习中虽然遇到艰难困苦也坚忍不拔，勇往直前。

第二是有效管理学习时间。能有效地计划和管理自己的学习时间，能主动组织好有利于学习的学习环境，这一条非常重要。学习要有时间作保证，不论是在校学习，还是假期、空闲时间，都有一个怎样计划和管理自己学习时间的问题。能否处理好学习与玩的关系，这恐怕是造成大学生学习差距的主要原因之一。

第三是确定学习方法并有效地利用。就是要自己选择学习内容，自己确定学习方法并能有效地利用和评价自己的学习方法。这一条的含义就是不要仅限于完成老师布置的学习内容，而是在这个基础上还要根据自己的实际情况，确定、选择适合于自己的学习内容和学习进度，可以是课本上的内容，也可以是课外的内容；不同的学科、不同的学习内容肯定需要用不同的学习方法，应选择适合于自身的学习方法。

第四是不耻下问。就是要求我们遇到学习困难时能主动寻求他人帮助。自主学习不等于绝对独立地学习，遇到学习上的障碍，自己百思不得其解时，就要善于寻求老师、同学的帮助，或者查阅相关资料。

## 三、学会利用资源

### （一）　时间资源的利用

第一，有计划地利用时间，周密安排时间做事情。今天做什么，明天做什么，心中要有数，要制订学习计划，绝不能信马由缰。在偌大的自考队伍中，有的是部门的领导、公司经理，他们的工作要比一般人员忙得多，却能在每次考试中取得较理想的成绩，有的甚至学了专科又学本科，且做到自学与工作两不误，很有时间安排的计划性。但有的考生往往在报名时热情很高，在临考前却说连书都没有看完，失去了考试的信心。究其原因，关键是他们没有有计划地利用时间。

第二，提高时间的有效性，提高单位时间内的学习效率。什么时间做什么事，什么时间学习效率最高，每个人要根据自己的“生物钟”和家庭环境等情况，对时间做出科学的安排，利用大脑最清醒、记忆力最强的时间进行学习，才有可能收到事半功倍的效果。有的人喜欢饭后茶余看看书，散步时回忆回忆以达到理解、消化的目的；有的人喜欢在白天看书的基础上，利用晚间躺下来入睡前回忆一天所看的内容，以加深记忆。总之，每个人的记忆方式各不相同，只有掌握好自己的“生物钟”规律，才能提高学习效率。

第三，时间要有限制性，要定时定量做事。制定学习目标，什么时间做什么事，做多少事，需要多少时间，要相对地定死，即自己给自己规定硬指标，无论忙时还是闲时都要有学习的责任感和自我约束能力，按计划完成，雷厉风行，说干就干，没有特殊情况，都必须先完成规定的学习量。

第四，灵活地运用时间，根据学习内容调配时间。学习计划的完成、学习内容的不断加深，往往会使原计划的实施受阻，规定的学习量完不成，这就需要合理调配时间，灵活安排时间。先做工作，后完成学习任务，争时间、抢时间、挤时间来保证完成自学任务。

### （二） 信息资源的利用

**1. 图书馆资源的利用**

图书馆里资料丰富，书籍多，内容广，但对于期刊来说书籍不够及时，而期刊涉及最新研究方式、方法和对象以及成果。所以，图书馆查阅资料，一定要把期刊与书籍结合起来。总的来说，这些资料还是非常庞大的，如何找到自己想要的资料呢，这就需要一个选取资料的标准。一般来说有四个标准：第一，必要的资料，就是解决问题不可缺少的资料；第二，真实的资料，就是可靠的、准确的资料，都要有确切的出处；第三，新颖的资料，就是不陈旧过时且不与别人重复的资料，因为只有新颖的资料才会证明新颖的观点，只有观点新、资料新才会有创造突破；第四，充分的资料，就是能足够证明论点的资料，使论文的资料在质量和数量上都达到丰富。此外，找到资料必须阅读，一般采用精读与略读相结合的方法。

图书馆的资源有两种：一是书本资源，各种期刊、书籍丰富，但借阅手续相对繁琐，而且查找费时、费力，还不一定能找到自己想要的信息；二是电子版的资源，可以上图书馆网站查阅，搜索迅速，但阅读起来不是很方便。很多高校在新生入学教育中都有图书信息资源检索这门课，作为大学生必须掌握必要的检索方法。

**2. 网上资源的利用**

随着国际互联网的不断发展，网络已成为当今最大的信息库，上网查询资料将成为学术论文搜集资料的重要方式。网上资源的查询有两种方式。

一是专业网站查询，特点是专业性强。高校都有电子阅览室，通过学校图书馆网站能进入中国期刊网、万方数据、维普科技信息网、数字化期刊、超星数字图书馆等专业网站和搜索引擎。只要输入关键词或句子很快能查到与之相关的研究内容。大多数文章是不能编辑的，就是不能复制，所以要下载到移动硬盘上，才能带走，打印出来。

二是一般网站查询，特点是信息资源丰富。这里也能搜索到专业的知识信息，当然更多的是非专业的知识信息。常用的搜索引擎是百度、搜狐、雅虎、谷歌（google）等。

**3. 实地调查资源的利用**

搞好专业学习，特别是研究性的学习，仅仅依靠图书馆和上网查询所得到的资料进行研究是不够的，还必须作实地考察。实地考察能获得最真实可靠、最丰富生动的第一手资料。

实地考察最普遍的两种方式是个别访谈法与问卷调查法。个别访谈法是同被调查者单独接触，但必须注意方式方法，才能获得所需要的资料。访问前，要对访问对象进行一般性的了解，了解他的性格、行为特征、经历、心理素质，以便顺利开展调查。访问中要讲究方式方法，达成与被访者对象情感默契。同时要用心记下被访问者提供的资料，访问后要表示感谢。

问卷调查是一种书面调查。这种调查的好处是一般不与被调查者形成面对面回答问题的局面，使被调查者能在轻松自由的状态下回答问题，有利于获得真实完整的资料和统计数字。问卷调查首先要设计出合理的问题项目，对项目的设定要考虑调查目的和被调查对象的实际；其次要确定一个合理的问卷范围，以保证问卷的真实性和全面性。

### （三）环境资源的利用

第一，努力调整自身的学习习惯和学习方法，尽快适应大学新的学习环境。

大学生初进大学校门时，往往用中学时形成的学习习惯和方法对待大学的学习生活，因而入校初期出现许多不适应的状况。如埋怨教师讲课快、多，埋怨课堂教学时数少，自习时间无所事事，教师要求预习而自己却不会预习、不会画重点，考试习惯于死记硬背，而大学考题灵活和能力题目较多，自己不会组织，等等。有一个在校一个多月的新生说："我中学上自习课时，总有老师在旁边看着我。现在上自习课没有老师，我不知道自己应该做什么了。"如果这种不适应状况继续下去，势必影响大学的学习生活。因此，一年级大学生应该尽快熟悉和了解大学学习生活的特点，努力调整自己的学习心理、学习习惯、学习方法，尽最大努力缩短这种不适应期。这是大学生利用好大学学习条件的首要条件。

第二，要充分利用大学教学方式的显著特征，在培养自身的基本素质、基础能力和专业能力上多下工夫。

教学的直接目的主要有两点：一是传授知识，二是培养能力。传授知识是培养能力的前提，培养能力则是传授知识的最终目的。大学教学方式的特点较好地体现了教学的这两个目的及其关系。教师把这一指导思想贯穿于教学的全过程和各个环节之中。大学生作为学习主体也应该而且必须清楚这也是大学生学习的总的指导思想，也应该贯穿于自身学习的全过程和各个环节之中。因此，大学生应该通过预习、听课、复习、考试及各种实习活动等环节在获取大量知识的同时，努力培养和提高自身的基本能力，如学习能力、思维能力、表达能力、鉴别审美能力、自我控制调整能力等基础能力和实际操作能力等专业能力，特别是作为所有能力中的核心能力即创新能力。

第三，努力增强学习的主体性，变消极被动性学习为积极主动性学习。

目前，各类学校教育改革正处在从应试教育向素质教育转变的时期。但应该承认，目前在校的大学生在中学阶段大多受的是应试教育。应试教育的重要弊端之一是学生的学习处在"要我学"的消极被动状态。这种习惯和状态带到大学中来，是造成消极被动学习的主要原因。也有些大学生入校半年、一年后，虽然"适应"了大学学习环境，但这种"适应"仍然是消极被动地适应。他们抓住大学教育中仍存在的应试教育的问题和现象，懂得怎样去应付老师、应付作业、应付考试，怎样轻轻松松地去获取大学文凭。这种所谓的"适应"不可能很好地利用大学有利的学习环境。因此，真正地适应大学学习环境应该是而且必须是能够很好地、最大程度地利用大学学习环境，或者反过来说，只有很好地、最大程度地利用大学有利学习环境的人，才是真正地适应大学学习环境的人。要做到这一点，就必须变消极被动性的学习方式为"我要学"的积极主动性的学习方式。

第四，要充分利用大学雄厚的软硬件资源以及浓厚的学术氛围，努力扩展和深化自身的知识结构。

能力和能力结构的培养离不开一定的知识和知识结构。大学的学习环境为大学生提供了建立合理和纵深的知识结构的最有利的条件。这就是大学非常雄厚的教师队伍，特别是他们中的有些人是在国内外享有盛名的专家。还有国内外各种期刊和数十万数百万册的图书。同时还有较为浓厚的学术氛围。因此要求大学生积极主动地提高课堂学习质量，积极主动地向老师请教问题，积极主动地利用好图书资料，积极主动地参加一些学术讲座、报告、研讨会等学术活动，使自身的知识及其结构在深度和广度上能有一个质的较大飞跃。

## 第三节　大学学习习惯

### 一、养成良好学习习惯的意义

**【案例】身边的故事**

小张是某大学工商管理专业本科生，他学习刻苦，成绩优秀，而同学小李学习成绩却一直不理想。以下是他们对各自学习活动的陈述。

小李："我很喜欢自己的专业，也很想学好它，但从来没有课前预习的习惯，看专业书就像看小说一样，蜻蜓点水、停留于'字面意义'。上课听课效果不错，所以不怎么记笔记，课后很容易把重要知识点给忘了，而且在学习过程中不善于寻找重点和难点，找不到学习上的突破口，眉毛胡子一把抓，读完看后不知所云。至于复习，我常常死记硬背，效率不高，虽然可以应付考试，但不能做到活学活用。"

小张："学习时，我会带着问题进行阅读，使自己更能集中注意力。我经常在自认为重要的内容下面画线，也会反复读课堂笔记和参考资料，使自己能记住它们。通常我会根据自己的理解将教材和笔记的内容综合在一起，这样，复习时就可以把教材和笔记中的重要内容整理成提纲或网络图，反思和检查自己在哪些方面还存在问题，然后重点复习这些内容。"

两位同学在学习成绩上存在差距，并非因为小张智力更高，也不是小李缺乏学习动力，关键在于他们是否养成了良好的学习习惯。

（摘自张大均、吴明霞主编：《大学生心理健康》，清华大学出版社）

由此可见习惯对于学习的重要意义。一旦养成了科学的学习习惯，既能将所学知识灵活运用，又可把吸收、储存于大脑的零散知识进行组织，建构起系统化的知识结构，此时才能拥有知识的力量。

**1. 养成良好的学习习惯，有利于建立稳固的生理和心理的"动力定型"**

习惯是人在较长时间内形成的规律性的行为方式，一旦形成便难以改变。长期有规律地安排学习的人，便可以养成良好的学习习惯。这种良好的学习习惯的形成，至少有三个方面的好处：

第一，可以通过生物钟、通过条件反射自动提醒自觉地去做应该做的事。比如每天早晨及时起床，自觉地为上学做好一切准备；上课铃声一响自觉进教室上课；放学回家，每到广播英语或电视英语节目时间，就自觉地及时打开收音或电视机。这些事情，对于一个有良好习惯的人来说，几乎都是靠生物钟、靠条件反射来自动控制的。如果不是靠习惯，这许许多多看似平常的事做起来就会显得手忙脚乱，甚至丢三落四，造成心烦意乱。

第二，可以调动潜意识为学习服务。潜意识的特点是直接受人的情感和需要支配，受情景因素的影响。大多数学生都有这样的体验：心里已经清醒地意识到，嘴上也在说：贪玩不利于学习，今后不再贪玩了，可是鬼使神差地又贪玩了。为什么会这样？这实际是潜意识在支配他，是他的潜意识中有一种强烈的玩的渴望。一个养成了良好学习习惯的人，对学习有一种亲和心理，会从心底里把学习当成第一需要，当成乐趣，不学习便难受。

第三，可以发挥下意识的作用。下意识的特点是直接受习惯的支配。一般人都有这样的体验：吃完早饭准备上学，刚一走近自行车便随手掏出钥匙，接着打开车锁，然后朝着学校的方向前进。这些动作几乎连想都没有去想，这是下意识在发挥作用。同样道理，一个具有良好学习习惯的人，他的下意识会随时随地支配他按照平时习惯了的套路做那些与学习相关的事，使之在不知不觉中，事情做得轻轻松松，有条有理。好的习惯一旦养成，便可终身受益。世界上著名的"铁娘子"英国首相撒切尔夫人在谈及习惯时说："有时事务太忙，我也可能感到吃不消，但生活的秘诀实际上在于把 90% 的生活变成习惯，这样你就可以习惯成自然了。毕竟你想都不用想就去刷牙，这是习惯。"撒切尔所说的"想都不用想"，实际上就是受习惯支配着的下意识在发挥作用。

**2. 良好习惯一旦养成，就会成为支配人生的一种力量**

习惯是行为的自动化，不需要特别的意志努力，不需要别人的监控，在什么情况下就按什么规则去行动。国内外教学研究统计资料表明，对于绝大多数学生来说，学习的好坏，20% 与智力因素相关，80% 与非智力因素相关。而在信心、意志、习惯、兴趣、性格等主要非智力因素中，习惯又占有重要位置。古今中外在学术上有所建树者，无一不具有良好的学习习惯。进化论的创始人达尔文说："我的生活过得像钟表的机器那样有规则，当我的生命告终时，我就会停在一处不动了。"达尔文所说的"规则"，便是指良好的习惯，当然也包括学习习惯。就连智力超群的科大少年班的学生，在谈到自己成绩优异的原因时，都强调自己有良好的学习习惯。其中，13 岁进入科技大学的少年大学生周峰，认为自己成功的秘诀就是从小养成了良好的学习习惯。周峰认识汉字、记忆英语单词，都是每天 10 个，即使走亲访友时也从不间断。就这样，一年下来，记住了 3000 多个汉字和 4000 多个英语单词。这是他量化的学习习惯。周峰该学习的时候就一心一意学习，该玩的时候就轻轻松松地玩，自觉性极强，从不需要别人提醒，更不需要别人强制。如他听英语广播学英语，一到点便准时打开收音机，这是他定时的学习习惯。

## 二、应养成哪些良好的学习习惯

**1. 专心致志的学习习惯**

专心致志，包括以下两个方面：一是要致力于主攻方向不分神。就是在一定时期内紧紧围绕主攻方向，安排学习内容，除学校组织和提倡的健康活动外，一切与主攻方向相悖乃至不相关的劳神费时的事情都尽量不要涉足，诸如打游戏、赌钱、早恋、过多地读课外书籍和过多地看电视等。二是全神贯注不溜号。上课时要全神贯注地听讲，做作业时聚精会神地思考。对于一切与学习无关的事情能够做到听而不闻、视而不见，有意封闭。有些同学上课时精神溜号，讲话或摆弄东西，甚至做一些与学习毫不相干的事；课后做作业，一边听歌一边写文章、算题，哪里说话哪里搭茬儿，或者故意插科打诨。这些做法都是与专心致志的学习习惯背道而驰的。

**2. 一心向学的习惯**

一心向学的习惯，是所有学习习惯中最重要的习惯。这种习惯一旦养成，你就会自动自觉地把万事万物都与学习联系起来，感观便会成为知识信息的扫描仪和接收器，大脑便会成为容纳知识百川并且对其进行过滤、加工、再造的法宝。具有一心向学习惯的人，能够充分地利用时间。这种人，在看书看报看电视乃至做一切事情时，都能把注意力的“光圈”调到与学习相关的“目标”上去；能够利用所有的闲暇时间直接或间接地做与学习相关的事。教育改革家魏书生老师曾经讲述过一段他亲身感受的故事：在机场候机室里，广播里传出了飞机因故迟飞两小时的消息。一般乘客心急如焚，怨声叠起；而魏老师则心静如水，同平时在办公室里一样，利用这两个小时构思文章。有一心向学习惯的人，通过这种日积月累，时间转化成了知识，知识转化成了智慧，逐渐形成了优势。

**3. 严格执行学习计划定时定量的学习习惯**

严格执行学习计划定时定量的学习习惯，是实现目标、“克敌制胜”的法宝。谁能根据奋斗目标制定出科学的计划，并且定时定量地完成计划，谁就能无往而不胜。定时学习是完成学习计划的前提。定时学习包含两层意思：一是每天必须保证必要的学习时间；二是到了该学习的时候马上学习。定量学习是完成学习计划的保证。定量学习包含三层意思：一是记忆先行，每天必须完成记忆任务，包括英语单词、语法，数理化定理、定义、公式，语文字、词、语法、修辞等；二是必须完成作业，把所学的课堂教学内容（包括例题和习题）弄懂弄通；三是复习领悟，使以前所学的知识融会贯通，运用自如。在实际学习生活中，许多学生学习缺乏应有的计划，既不定时，也不定量，从形式到内容全是被动式的。

**4. 认真思考的学习习惯**

认真思考的学习习惯，有利于提高学习质量，有利于培养人的能力，尤其是有利于增强人的发现、发明和创造能力。认真思考的学习习惯，是学生比较高级的修养。养成认真思考的学习习惯应注意以下几个方面：一是对所学的新知识，通过思考找出它与以前所掌握的知识之间的联系和区别，使知识形成体系，从而加深理解和记忆；二是对思考过程中发现的不懂、不理解的问题，及时向别人请教；三是经过请教仍然得不出正确答案的问题，暂时存于头脑中，日后再继续探索。

## 三、如何养成良好的学习习惯

大学生应自觉地培养好习惯，克服坏习惯，让好习惯伴随终生，让坏习惯尽快告别。要养成良好的学习习惯，可按下列步骤进行：

第一步：耐心发动，逐渐加速。会开车的人都有这样的体验：天气冷时，发动机打着火后要过一会儿才能快速行驶，一打着火就快速行驶反而会熄火。一个人培养习惯也是如此，要循序渐进。一开始先朝着理想目标动起来。一次行动的价值要超过一百句口号，一千次决心。一个学生，在前进的道路上，如果能说到做到，便很了不起。久而久之，便习惯成自然了。俗话说："有志者立长志；无志者常立志"。为何常立志？原因是：很想好好做，就是做不好。因此，要养成良好的学习习惯，第一步就要说到做到，坚定不移。计划每天要记10个英语单词，就一天不落地去记；认识到写字潦草、做题马虎这些毛病，就在写字、做题时严加注意，确保字字工整，题题复查；意识到了不良学习习惯的危害，就自动自觉地克服；制定了学习计划，就定时定量地去完成；决心使自己的学习成绩在全班的位次前移，就要千方百计地挖掘自己学习的潜能。

第二步：控制时空，约束自己。人的行为，很大程度上受情景因素的影响。比如，一个中学生，已经认识到打游戏的副作用，不想再打游戏了。可是，一走近游戏厅把握不住自己。因此，在习惯形成的过程中，在自己的自制力还不十分强的情况下，应从控制自己的活动时间和活动空间入手来约束自己的行为。在时间上，从早上起床一直到晚上就寝，都排满有意义的学习内容和活动内容，不让一日虚度，不让一时空耗。在空间上，严格控制自己的活动范围。

第三步：进入轨道，自由飞行。按照良好学习习惯的要求去努力，先是慢慢启动，继而逐渐加速，在行进中不断调整，最后进入轨道。这就像卫星一样，一旦进入轨道，就再也不会走走停停了，就会沿着轨道不停地飞行。这时需要注意两件事：一是要消除外部干扰；二是要排除内部故障。外部干扰主要是那些可能偏离甚至脱离轨道的引力，内部故障主要是受挫折时情绪不佳而放纵自己。对付外部干扰有一种有效的办法，就是改变环境，转移注意力。当生活圈内有外界的不良引力时，可以寻找理由暂时跳出这个圈子，消除不良引力，努力去做自己应该做的事情。排除内部故障的有效途径也是转移注意力。当内部发生故障时，如产生忧郁、悔恨、愤懑、迷恋、惋惜、忧伤等情绪波动时，可以通过做具体的事情来转移注意力。

- **问题思考**

1. 如何理解大学课堂学习的实质？
2. 大学生应如何运用好自主学习的方法？
3. 大学生应如何利用各种学习资源？
4. 大学生应注意培养自己哪些良好的学习习惯？

- **信息园**

名人学习法8则

***（一）　孔子：少而不学，长而无能***

孔子（公元前551～前479）是我国春秋末期著名的思想家和教育家，儒家学派的创始人。早年家贫，一生好学。他去世后，其弟子把他平时对他们和别人的讲话内容记录整理而成《论语》一书。书中除了有关道德、政治、伦理、立身等问题以外，也有不少内容涉及学习的方法。

第一，孔子认为，要将学习与思考结合起来，学习才会更加有效，不能光埋头苦学，还要多思。"学而不思则罔，思而不学则殆。"意思是说：一个人如果只学而不知思考消化，则茫然一无所得；如果只思考而不知学习那就更危殆不安了。他并举自己亲身体验的例子为证说："吾尝终日不食，终夜不寝，以思，无益，不如学也。"还说："弗学何以行？弗思何以得？"意思是说，一个人必先学习然后能行，必先思考然后有所得。

第二，孔子认为，应该时常温习学过的知识。孔子有一句名言，叫做"温故而知新"。意思是告诫和时时提醒自己的学生，只有时常温习过去所学得的知识，并整理而寻出头绪，加以巩固，才能不断吸收和了解新的知识。他还说："学而时习之，不亦说乎！"意思是说，一边不断地学习，一边时时加以温习和熟记，这不也是一件很愉快的事吗！在这里，孔子反复强调的是：对于已经学过的知识，要不断温习和加以巩固，不要前学后忘，只有这样，在原来学过的基础上，才能不断获取新的知识。

第三：孔子认为，学习一定要虚心。孔子的学问非常渊博，对于《诗》、《书》、《礼》、《乐》、《易》、《春秋》等古代的文献历史都非常精通，有人以为他是天生的。他不同意，说："我非生而知之者，好古，敏以求之者也。"意思是说，我不是天生就知道这些东西的，而是好古文献，并以敏锐和全神贯注的精神来追求到的。

### （二） 毛泽东的"四多"读书法

毛泽东（1893~1976），字润之，笔名子任。伟大领袖毛泽东是一位学识非常渊博的革命家，他一生非常喜欢读书，而且广收博览。毛泽东同志对书籍的酷爱，已经达到如痴如醉的地步。中南海丰泽园的图书馆里有几十个书柜，一共珍藏了 9 万多册藏书。在中南海的故居里，每一个房间里都放满了书。卧室、办公室、饭桌、茶几、就连厕所里也放着毛泽东同志喜欢阅读的书籍。就是平时要外出，也要随身带上几箱子书。真是"活到老，学到老"。

周士钊是毛泽东青年时期的同学，他在谈到毛泽东青年时代读书的情形时，说毛泽东除了划读法以外，还有一个名叫"四多"的读书习惯。所谓的"四多"读书习惯，也就是读得多、写得多、想得多、问得多。这"四多"读书法深刻地反映了毛泽东同志喜欢读书，而又不"尽信书"的良好读书习惯，同时也说明了他具有独立思考和寻根究底的精神。下面简要介绍毛泽东的"四多"读书法。

1. 多读

毛泽东的多读不仅是指要广泛地阅读，而且是指对重要的书或者文章要多读几遍，争取对书的精髓有一个精深的理解。毛泽东一生读过很多诗歌和散文，这些曾经读过的文章，他随时都可以脱口背出来。就是到了思维不很灵活的晚年，他也能够非常流畅地背诵 500 多首古诗词。除此之外，他还能将一些小说的精彩片断一字不错地背诵出来。

2. 多写

毛泽东同志在多年读书学习过程中，养成了一个读书习惯，就是手中无笔不读书。他在动笔这个环节上是这样的：青年时期，他在课堂上听讲的时候写"课堂录"，课后自修写"读书录"。他的选抄本、摘录本就有好多箩筐。他喜欢在重要的地方做个自己设定的符号，在丰泽园里，被他圈点批画过的书就有 13000 多册。《伦理学原理》这本书全书也不过 10 来万字，但是，毛泽东在空白处写的批语就多达 12000 多字。毛泽东同志在读《辩证法唯物论教程》一书的时候，他用红笔和蓝笔在书眉作的批语也多达 13000 多字。毛泽东同志在延安的时候，读了艾思奇的《敢于辩证法》一书后，专门写了一篇长长的读书笔记，写出该书的提要和自己的看法。另外，他还经常写读书笔记，以纠正原书中的错误。

**3. 多想**

读书的时候多写，实际上是一种"笔谈"，就是一边读书一边把自己的想法写出来，就仿佛是在与作者就相关知识进行讨论一样。这种笔谈，就使得读书过程变成了反复思考、主动吸收的过程。在毛泽东所写的大量批语中，提出了很多新颖的见解，并对作者的观点给出了自己的评价。那些见解和书评都十分精辟，这些都是他独立思考的结晶。

**4. 多问**

毛泽东经常对人说：所谓的学问，就是既要"学"又要"问"。只有把两个环节结合起来，才能谈得上真正地做学问。毛泽东在学生时代就善于发问。那时候，每当有外省的名流学者到长沙讲学，他都要去拜访，多方求教。在他成为国家领导人后，他依然保持这种学风，凡是有自己不懂的地方，都虚心地向别人请教。在他的故居里，现在还保存着一本《辞源》。可见在毛泽东一生中，他都在无止境地追求着真理。

### （三）鲁迅的学习法

鲁迅（1881～1936），我国的著名作家，在他的一生中，阅读了各个方面的大量书籍。进行这样大量的阅读，必须拥有一个自己的读书方法。下面介绍一下鲁迅先生的几种读书方法。

第一是背书法。鲁迅的背书方法与众不同，不是一味地死记硬背。他制作了一张小巧精美的书签，上面写着"读书三到：心到、眼到、口到"10个工整小楷字。他把书签夹到书里面，每读一遍就掩盖住书签上的一个字。读了几遍后就默诵一会儿，加强记忆。等把书签的10个小楷字盖完，也就把全书背下来了。这是一种非常有趣的背诵方法，但是并非适合每一个人。只是我们应该明白，背诵是学习中一种很重要的方法。

第二是抄书法。为了掌握大量的生僻字，鲁迅从《康熙字典》中将很多生僻字摘出订成大本，经常查阅。除此以外，他还大量地抄写古籍。

第三是设问法。鲁迅读书爱向自己提出问题。他拿到一本书，先大体了解一下书的内容，给自己提出一大堆问题。例如：书上写的是什么？怎样写的？为什么要这样写？自己对这个题目又该怎样写？等等。鲁迅认为，带着这些问题去做仔细研读，效果会更好些。

第四是剪报法。剪报是积累资料的一种方法。鲁迅非常重视资料的积累，他的剪报册贴得很整齐，分类很严格，每页上都有他简要的亲笔批注。鲁迅曾说过："无论什么事，如果继续收集资料，积之十年，总可成一学者。"

### （四）茅盾的"三遍"学习法

茅盾（1896～1981），本名沈德鸿，字雁冰，是中国现代进步文化的先驱者、著名作家、文学评论家，曾经担任文化部部长、中国作家协会主席等职务。茅盾先生一生著作丰富，《林家铺子》、《子夜》等都是他的代表作品。茅盾先生在中国现代文学中享有很高的荣誉，人们称他为"文学巨匠"。

1942年，茅盾先生总结出了一种粗精结合、学用结合、多次反复的学习方法，他自己把它称为"三遍"学习法。

第一遍：粗读。当拿到一本书的时候，首先要做的是将这本书粗略地读一遍，对这本书要有一个大概印象。在粗读的时候，要注意“快”、“全”、“粗”三个要点。所谓的“快”就是要粗略地读，泛泛地读，而且要用最快的速度将这本书读完；所谓的“全”就是在读了第一遍后，要对全书有一个整体的印象，对内容要有一个全面的了解；所谓的“粗”就是对书中的字、词、句、章节、段落，不需要仔细推敲、研究，仅需要对不认识的字、词，不理解的句子做一个记号，等到这一遍读完了以后，再去处理它。

第二遍：精读。在第一遍阅读后，对书的大概内容和整体框架获得了初步印象之后，再进一步做精细的阅读。在精读的时候，要讲究“慢”、“组”、“深”。所谓“慢”，就是要读准每一个字、每一个词，理解每一句话的意思；所谓“组”，就是如果在阅读的过程中，遇到了不明白的字，不懂的词语，不理解的句子，一定要查字典、词典，以及更多、更丰富有用的参考资料，或者向别人请教；所谓“深”，就是要真正领会作品的内涵，把所读的东西仔细咀嚼，深入到作品的里面，弄懂字里行间的意思，文章的思路、结构层次、段与段之间和章节之间的关系，以及作者写作的特点，等等。另外，还要更加深入地了解作者的写作目的，作品的时代背景，以及作品赞扬了什么、反对了什么，或者说明了什么等思想。

第三遍：消化。消化可能是读书最重要的一点，也是必须做到的一点。读书的目的，就是要将书中的知识消化成自己的东西。只有这样，才能达到读书的目的。在前面粗读和精读的基础之上，要一边读一边思考，反复地琢磨，仔细地品味，将应该记忆的字、词，以及新的知识点都要牢固地记清楚。对于书中的精华部分应该仔细推敲，然后消化，转化成自己的东西。另外，读书最忌“尽信书”，对于书中的不足之处，要加以识别，提出自己的看法。在消化的过程中，可以激发创造性思维，提高分析问题和解决问题的能力，做到学用两相结合。

茅盾先生的“三遍”学习法适合任何层次的读书人，也适合阅读任何一种书籍和文章。“三遍”学习法也讲究一个循序渐进，每一遍都有它的目的、重点。如果我们在平时的读书过程中，也能遵照这种“三遍”学习法，一定会收到良好的效果。

### （五）苏步青：学习要讲究方法

苏步青（1902~2003）是我国当代著名的数学家，早年曾赴日留学，归国后曾在浙江大学、复旦大学等校任教，曾任复旦大学校长、第八届全国政协副主席、中国科学院院士等。有趣的是，在数学专业之外，他还爱好文学，喜作旧体诗词，有诗词集《原上草集》等。正因为他文、理兼通，所以他写了《谈谈怎样学好数学》等文。他的读书方法和学习经验概括起来，大约有以下四点。

第一，要有良好的学习态度和学风。

苏步青非常重视一个人的读书态度和学风，他在不少文章中都曾谈到过这个问题。他认为良好的学风主要由以下三点组成。

首先是“要严肃”。他举例说自己年轻时学微积分，对自己的要求就很严格。如爱德华等著的《微积分》几本书，其中有一万多道问题，他就一道一道地全部认真演算过；沙尔门著的《圆锥曲线论》一书中的问题，除了极难的题目，其他的他都认真做过，其中有一道题目，他用了20多种方法来做，互相比较，看用哪种方法验算最简捷方便，取得了很大的收获。当然，他也并不是要求现在的青年都像他那样去做，他只是为了说明“学什么都要严肃认真”。

其次是“要刻苦钻研”。他以自己的读书历程为例，说小时候因家乡穷，没有学校，要到100多里路外的学校去读书；在日本留学时，节假日都在图书馆看书学习；抗战期间，只能躲进一座破庙里，在暗淡的油灯下看书研究。而现在读书环境和学习条件这么好，更应该要专心读书，能有所作为。

再次是“要谦虚”。他说：“有的青年，没学到多少东西，就自以为了不起，看不起老师，更看不起同学，这就很不好。”在他看来，“学习是无止境的，要真正学到一点东西，还得从不骄傲，不满足开始。”并以牛顿为例，说他对人类作出了那么大的贡献，但他从来不骄傲，仍不停地学习。

第二，要打好牢固扎实的基础。

苏步青是名教授，经常收到青年学生的来信，要他传授学好数学的“秘诀”。苏步青认为：“学数学要打好基础，这是一个根本问题。”与此同时，他也指出了有些青年“不愿练基本功，总想请高明的老师出许多题目做”的不良倾向。当然，他也不反对做习题和演算，认为这是必要的，但必须掌握两条：“一是为了加深对书本中的基本概念、定义和定理的理解；二是为了训练我们的运算技巧和逻辑思维。”

第三，要讲究学习方法。

苏步青除了强调基本功训练以外，也很重视学习方法的讲究，认为有些同学读书成绩差，除了不重视打好基础以外，不讲究学习方法，恐怕也是原因之一。为此，他还特意写了一篇《要讲究学习方法》的文章。他在其中写道：“常言道，过河需要有桥，学习不能不注意学习方法。一般说来，学习好的同学，大多都能联系自己的实际情况，讲出几种行之有效的学习方法。”在说明了学习方法的重要性以后，苏步青说明了学习方法的两个主要来源和形成途径：一个是向别人学习好的方法；另一个是靠自己摸索。

第四，学数理的也可读一点文学。

苏步青虽然以数学专业驰名，但他自幼就读过许多文学作品，因而有很好的文学修养和古文基础。根据他的经验和体会，学数学的人，不妨也可以学一点文科，懂一点文学。为此，他专门写了《理工科学生与文学》等文，以切身体会，谈了文、理兼通的重要性。他在文中写道：“我觉得，搞数学的人，整天和数学公式打交道，大脑容易疲劳，生活比较枯燥，搞点形象思维，对打开思路、活跃思想很有好处。半个多世纪来，我养成一个习惯，研究数学疲倦了，就拿出《唐诗选》、《陆游诗选》等翻阅诵读一阵，顿时觉得心旷神怡，再接着写数学论文，思维就开阔多了，写起来也顺手。可见，搞数理化的人，学点文学可以起到调节思维方式的作用。同时，数学和文学都是十分重视逻辑推理的，两者间的关系又是非常密切的，学些文学对研究数学和其他自然科学，也是会产生促进作用的。”

这些话虽然说得朴素，但的确说出了文、理兼通以后的种种好处。过去学文科者不大愿意再读理工科；学理工科者多半也无暇兼顾文科，读了苏步青以上这段文字，对文科或理工科学生，似乎都可以带来一定启发。而华罗庚、钱学森等许多著名理工科学者，几乎都爱好文学，能够文、理兼通，只是苏步青再次强调了这方面的经验和好处。

### （六）华罗庚：不怕困难，刻苦学习

华罗庚（1910～1985），中国人民的伟大数学家，中国科学院院士。华罗庚1924年江苏省金坛中学初中毕业，后刻苦自学。1936年赴英国剑桥大学留学。归国后在西南联大、清华大学等校任教。后又任中国科技大学、中科院数学研究所所长，中国数学学会理事长等职。他一向注意学习方法，曾在不少文章中谈到过如何学数学、学科学的方法问题，概括起来，主要有以下几点。

第一，学数学不能急躁，一步不懂，不轻易走下一步。

关于数学必须一步一步学、一步一步走的学习方法，华罗庚曾不止一次地提出和强调过。如他在1953年写的一篇文章中就说："科学是积累性的东西，如果第一步不了解，第二步就会发生困难，而第三步更跟不上去，也许原来的目的想跳过一步，求快，但结果呢？反而搞成了不能前进。"

鉴于这种情况较普遍地存在，于是，华罗庚便提出了几种"没有什么秘密的学习方法"，其中第一个就是针对求快现象而提出的。他说："首先应当提出的是不急不躁，细嚼慢咽，一步不懂不轻易走下一步，每一方法都力求运用熟练。读十本八本，不甚了解，反不如把一本书从头到尾读得精通烂熟。"他还举例告诫同学："在学数学的时候，不要在算数的基本运算还未掌握的时候，就去搞搞代数，摸摸几何，这样做法会陷于一事无成的。"

第二，不怕困难，刻苦练习。

有不少学生都说数学太难，或是太枯燥。针对这种情况，华罗庚特意写了《和同学们谈谈学习数学》一文。其中，他很坦率地对同学们说："以我自己来说，我在小学里，数学勉强及格，初中一年级的时候，也不见得好，到了初中二年级才有了根本上的改变。"是什么原因使他得到根本改变的呢？他说："因为我那时认识了这一点：学习就是艰苦的劳动，只要刻苦钻研，不怕困难，没有解决不了的问题。"

那时，其他同学用一个小时解决的问题，他就用两个小时来解决。经过刻苦磨砺，结果别人用一个小时解决的问题，他只要用半个小时甚至更短的时间就解决了。所以，他深有体会地总结道："不怕困难，刻苦学习，是我学好数学最主要的经验。"

第三，进行科学研究要有坚实的基础。

怎样才算是有了坚实的基础？华罗庚认为，"会背会默，滚透烂熟"，都不算是获得了坚实的基础。如果要获得坚实的科研基础，可以注意做到以下几点：

第一，要抓住并了解中心环节，才能做到"真懂"。对于这一点，华罗庚有过细心的论述和关照，他在《我从事科学研究工作的体会》中说："所谓'真懂'，其中当然包括搞懂书本上的逻辑推理，但更重要的还要包括以下一些内容：必须设身处地地想，在没有这定律（或定理）之前，如果我要发现这一条定律（或定理）是否可能。如果可能，那是经过怎样的实践和思维过程获得它的。不消说，在研究证明的时候，更重要的是了解其中的中心环节。因为对中心环节的了解，有时可以把这证明或定律显示得又直觉又简单。同时真正了解一本书或一章书的中心环节，对了解全部内容也往往是带有决定性的作用的。不但如此，它还可以帮助记忆，因为由了解而被记忆的东西比逐字逐句的记忆更深刻，更不易

忘掉……”

第二，学完一本书（或文章），必须做些解剖工作。华罗庚根据自身的读书经验，在提出抓“中心环节”、真正搞懂之外，还建议人们读完一本书（或文章），再做些解剖工作。至于如何做解剖工作，他的原文是这样说的：“对其中特别重要的结论，必须分析它所依赖的是本书上的哪些知识。很可能一条定律是写在第二百五十页上的，但实际上所需要的仅仅是其前的散见各处的二三十页。这种分析工作做得愈透彻，在做研究工作时就运用得愈方便。在研究中可能遇到同第二百五十页相仿的问题，如果没有做过解剖工作的人在解决这样问题时，就会牵涉到二百五十页的考虑，而做过解剖工作的人，他只须考虑二三十页就可以了。”

第三，做好解剖工作后，最好再综合一下。华罗庚认为：“解剖固然重要，但不要忘掉解剖后的综合。”何谓综合？他举例说：“读完了一本书，还有必要把这本书的内容和以往所读的联系起来，例如：在大学数学系学代数中的二次型的时候，就必须和中学里所学的几何的圆锥曲线联系起来看。在学习积分工程对称核的时候，又必须和代数的二次型联系起来看。”

总之，华罗庚认为学一本数学书，能抓住中心环节，真正搞懂，学完之后能进行解剖工作，然后又能综合，这样一本书一本书地学习，基础自然会坚实。

第四，要养成独立思考的能力。

读书，有老师指导固然好，但缺乏独立思考的能力，还是不行的，所以，华罗庚又很重视读书中的独立思考，并把它作为一种学习方法提了出来。他说：“独立思考是取得正确认识的必要方法，也是科学中克服困难的不二法门。很多例子可以说明：有些大学生在学校中功课学得很好，在教师指导下也是优等学生，但一旦离开教师参加工作，就停滞不前，遇到困难便束手无策。这种现象就是由于只跟老师学得了若干知识，而并没有获得独立思考的本领之故。”

正因为如此，华罗庚非常强调学习中的独立思考精神，并认定为在科学工作中克服困难的“不二法门”——也就是唯一的门路。只有养成读书中的独立思考能力，才会有所创造，有所发现，有所前进，有所作为。

### （七）胡适：要精要博，更要“四到”

胡适（1891～1962），现代诗人，学者。原名嗣穈，学名洪骍，字适之，安徽绩溪人，中国新文化运动的倡导者，现代著名的学者与教育家。

胡适在《读书》、《四十自述》、《我的信仰》等一些文章和著作中，都曾直言不讳地谈起自己的读书经历和感想。他在自己的学习道路上形成了自己的风格和方法。胡适认为“读书须有四到”。所谓四到，即“眼到、口到、心到、手到”。他对“四到”的读书方法各作了一番解释，大体如下：

第一，眼到。胡适所谓的眼到，用我们现在的话来说，就是要看。用他的话来说，就是“要个个字认得，不可随便放过”。他说：“这句话起初看去似乎很容易，其实很不容易。……书是文字做成的，不肯仔细认字，就不必读书。”并强调：“眼到对于读书的关系很大，一时眼不到，贻害很大，并且眼到能养成好习惯，养成不苟且的人格。”

第二，口到。胡适所说的口到，用我们现在的话来说，就是要开口、要朗读、要多思。用他的话来说，则是有的要背，有的要读，有的要熟读。

第三，心到。胡适解释道：“心到是每章每句每字意义如何？何以如是？这样用心考究。”用古代的话来说，要会思，学会思考；用现在的话来说，就是要用心，要开动脑筋，会想问题。不过胡适还说明：心到并“不是叫人枯坐冥想，是要靠外面的设备及思想的方法的帮助”。也就是要有几个条件，具体如下：一是要有字典、辞典、参考书等工具书，尽量完备，就是一时办不到，也应当到图书馆去找。二是要做文法上的分析，他认为“要懂得文法构造，方才懂得它的意义”。三是有时要比较参考，有时要融会贯通。

第四，手到。这是胡适根据自己的体会添加进去的一个具体方法，用他的话来说：“手到就是要劳动劳动你的贵手。读书单靠眼到、口到、心到，还不够的；必须还得自己动动手，才有所得。”他还对“手到”的操作作了几点提示。具体如下：

（1）标点分段，是要手动的。

（2）翻查字典及参考书，是要手动的。

（3）做读书札记，是要动手的。札记又可分四类：①抄录备忘。②做提要，节要。③自己记录心得。张载说：“心中苟有所开，即便札记，不则还塞之矣。”④参考诸书，融会贯通，作有系统的著作。

也许“手到”一项是他自己提出的补充，也许“手到”是他读书的切身体验，因此胡适对此特别强调，认为“手到是心到的法门”。并特别提醒：“至于动手标点，动手翻字典，动手查书，都是极要紧的读书秘诀，诸位千万不要轻易放过。”他甚至说：“没有动手不勤快而能读书的，没有手不到而能成学者的。”

所以，根据以上理由，胡适认为，读书有两个要素。这就是：第一要精；第二要博。无论是从攻读一门专业来说，还是从做人的角度和对社会的影响与作用来说，一个人读书求学，都需要“精”和“博”，要又“精”又“博”，而只专不博或只博不专都是不可取的。

### （八）爱因斯坦：读书要一总、二分、三合

阿尔伯特·爱因斯坦（1879～1955），20世纪最有影响的自然科学家和物理学家。早在26岁时，他就在光电效应、布朗运动和狭义相对论三个不同领域取得重大突破。后来他又建立了广义相对论，包括等效原理、广义相对性原理、引力场理论和质点动力学。他的成功，肯定是与他刻苦学习和良好的学习方法密不可分的。尽管他本人不专门论说，但我们还是可以归纳出几点：一总、二分、三合。

一总：先浏览书的前言、后记、序等总述性部分，然后认真地读目录，以便概括地了解全书的结构、内容、要点和体系等，这样便可对全书有个总体印象。

二分：在读了目录后，先略读正文，这不需要逐字读，要着重对那些大小标题、画线、加点、黑体字或有特殊标记的句段进行阅读，这些往往是每节的关键所在。

三合：在翻阅略读全书的基础上，再回过头来细读一遍目录和全书内容，并加以思考、综合，达到深化、提高的目的，进一步深入领会初读时所不能领会的东西。

# 第五章　规划生活

舒适的享受一旦成为习惯，便使人几乎完全感觉不到乐趣，而变成了人的真正的需要。

——卢梭

**本章概要**

什么是大学生活规划？一般地讲，大学生活规划是从目前比较流行的职业生涯规划中演变而来的，是一种假定在一定程度上人可以掌握自己的命运，通过对未来大学生活道路的预期设计，并采取相应的措施，谋求在大学生活中取得更大成功的一种新型的大学生活管理活动。科学的生活规划，可以帮助确立在大学期间的发展目标、发展前景，以及发展道路；可以帮助管理时间和精力，使之用于最具回报率的事情上去，以获得更大的成功。

本章重点从大学生活规划的对时间的管理，对人际交往的锻炼，对自我情商的开发和对经济意识的启蒙出发，了解在大学里除了学习以外所要学的生活技能。

## 第一节　时间管理

**【小故事】**

有一对兄弟，他们的家住在80层楼上。有一天他们外出旅行回家，发现大楼停电了！哥哥对弟弟说，我们就爬楼梯上去！于是，他们背着两大包行李开始爬楼梯。爬到20楼的时候他们开始累了。哥哥说："包包太重了，不如这样吧，我们把包包放在这里，等来电后走电梯来拿。"于是他们把行李放在了20楼，轻松多了，继续向上爬。

到了40楼，两人实在累了。想到还只爬了一半，两人开始互相埋怨，指责对方不注意大楼的停电通告，才会落得如此下场。他们边吵边爬，就这样一路爬到了60楼。到了60楼，他们累得连吵架的力气也没有了。弟弟对哥哥说，"我们不要吵了，爬完它吧"，于是他们默默地继续爬楼，终于80楼到了！兴奋地来到家门口，兄弟俩才发现他们的钥匙留在了20楼的包包里了……

这个故事其实就是在反映我们的人生：20岁之前，我们活在家人、老师的期望之下，背负着很多的压力、包袱，自己也不够成熟，能力不足，因此步履难免不稳。20岁之后，离开了众人的压力，卸下了包袱，开始全力以赴追求自己的梦想，就这样愉快地过了20年。可是到了40岁，发现青春已逝，不免产生许多的遗憾和追悔，于是开始遗憾这个、惋惜那个，抱怨这个、嫉恨那个……就这样在抱怨中度过了20年。到了60岁，发现人生已所剩不多，于是告诉自己不要再抱怨了，就珍惜剩下的日子吧！然后默默地走完了自己的余年。到了生命的尽头，才想起自己好像有什么事情没有完成……原来，我们所有的梦想都留在20岁的青春岁月，还没来得及完成……

人的一生中可以利用的时间有多少？假设一个人的生命有85年，现在已经18岁，还剩下多少时间？24455天；以小时为单位；是586920个小时，如果每天有8小时在睡觉，则剩下391280个小时。这391280个小时里，我们要学习，要工作，要休息，要吃饭，真正被我们支配的有多少？有多少是被浪费了？如果寿命没有到85岁，那还有多少时间？

人生最宝贵的两项资产，一项是头脑，一项是时间。管理时间的水平高低，决定一个人事业和生活的成败。

## 一、时间管理概述

### （一） 时间的特点

时间，看不见，摸不着，是物质运动的顺序性和持续性，其特点是一维性或不可逆性，时间还具有刚性、客观公正性、恒久性等特性，它是一种特殊的资源。法国思想家伏尔泰曾对时间出过一个意味深长的谜："世界上哪样东西最长又是最短，最快又是最慢，最能分割又是最广大的，最不受重视又是最值得惋惜的；没有它，什么事情都做不成；它使一切渺小的东西归于消灭，使一切伟大的东西生命不绝。"无疑，这就是时间。时间对不同的人具有不同的意义，对于活着的人就是生命；对于工作的人就是金钱；对于无聊的人就是债务；对于学生，尤其是大学生来说，时间就是财富，是资本，是命运，是千金难买的无价之宝。

"天可补，海可填，南山可移。日月既往，不可复追。"时间的特点就是不可逆转，不能买卖，无法暂停，毫无供给弹性，无法存储，无法取代，无法失而复得。

### （二） 时间管理及其意义

**1. 时间管理的概念**

时间管理学者杰克·费纳对时间管理的定义是：有效地应用时间这种资源，以便我们有效地达成个人的重要目标。需要注意的是时间管理本身永远也不应该成为一个目标，它只是短期内使用的工具。一旦形成习惯，它就会永远帮助你。一个人之所以成功，时间管理是非常重要的因素。

也有人认为，时间管理是探索如何减少时间浪费，以便于有效地完成既定目标。由于时间对大家来说都一样，所以时间管理的对象不是"时间"，而是指面对时间而进行的"自我管理者的管理"。

还有人认为，时间管理是在日常事务中执著并有目标地应用可靠的工作技巧，引导并安排管理自己及个人的生活，合理有效地利用可以支配的时间。

综上所述，时间管理就是对自我的管理，就是事前的规划或长期的计划，就是对时间进行计划、监督、评估的过程。自我管理即改变个人习惯，以令自己的工作富有绩效；研究造成时间浪费的所有因素，改掉浪费时间的恶习，这是成功者必备的武器。

在大学里，进行有效的时间管理，掌握好自己的时间，关键是对事件的控制，即将每一件事都控制得很好。时间管理是日常事务中执行的一种有目标的可靠的工作技巧，如，怎样规划学习或工作的步骤，或者如何安排生活，关键在合理有效地利用可以支配的时间。

**2. 时间管理的目的**

大学生对时间管理的目的在于科学、合理地安排时间，从而提高工作效率、学习效率。时间利用，既要抓紧时间，合理利用，又要在单位时间内取得更大的工作成果和学习成果。

大学生对时间管理的内容包括：学习时间管理，如专业学习和课外知识的学习；工作时间管理，如社团活动、学生干部事务工作等；生活时间管理，如与周围人的交流时间等，这些时间管理中都包含合理的休闲时间管理。大学生的时间管理主要是如何合理地安排时间来完成既定的目标。目标的确定是时间管理的基础，只有确定了目标，才能安排时间来实现这些目标。所以在时间管理中，先确定目标，再制订计划，实践计划，最后不断地反思时间管理是否合理，以便加以改进。

**3. 时间管理的重要性**

管理大师彼得·杜拉克曾经说过：不能管理时间的人，就不能管理一切。进入 21 世纪，经济一体化、信息全球化及科学技术的日新月异正飞速地改变人类的生活节奏，时间管理对于大学生，显得更加重要和紧迫。

目前，许多大学生在支配时间的过程中，存在严重的浪费倾向，主要表现为：一是显性的时间浪费。如漫无边际的上网、聊天、逛街等不创造任何价值的时间浪费。产生原因有：缺乏时间观念；缺乏计划性；缺乏主动意识。二是隐形的时间浪费现象。如边听音乐边学习，它给我们创造了一个假象：似乎我们正在专心从事手头的工作。实际上并非如此，它有时比什么都不干还要糟糕。因为，一心两用可能让重要的内容在不注意的时候错过，而且工作效率低。

对大学生而言，强调时间管理的重要性和紧迫性，有以下三个方面的原因。

第一，生涯规划观念的兴起。社会为人们提供了很多发展机会，并且相应的机制也正变得富有弹性，人们可以根据自己的兴趣、能力更换职业或职位。人的生涯和职业发展，是由片段的时间贯穿而成，时间是生涯的单位。随着生涯规划的受重视，为了掌握生涯发展的各个阶段，以追求成功的人生和事业，大学生必须学会有效的时间管理。

第二，休闲意识的加强。在物质资源匮乏的年代，所有的人必须每天勤于工作来改善生活。但随着生活水平的提高和工作压力增大，休闲时间的安排更显重要。要安排休闲活动，就必须在有限的时间内，对时间做有效的利用。休闲时间对当代大学生非常重要，许多大学生在压力之下埋头学习，不仅学习效率不高，还影响心理健康。同时，过度的休闲时间又严重影响了学习和工作，所以对休闲时间同样要进行科学管理。

第三，追求完美生活的愿望。人生除了工作外，还有爱情、婚姻、亲情等。这些方面所花时间弹性系数非常大，如果不加以合理规划，将过多地消耗时间。所以，成功的人生，除了事业上的成就，更是生活各个层面的完美结合，如何分配时间，做到各方面兼顾，需要有效的时间管理。

大学时代正是为今后工作打基础的时期，学会对时间进行有效管理，可以学到更多本领和能力，为今后的工作增加机会。而且时间管理是一种习惯，帮助人们游刃有余地工作和生活。

## 二、时间管理的原则

时间的运筹管理，有其自身的客观规律，而时间运筹管理的基本原则就是对这种客观规律的分析和总结，认真仔细研究和掌握这些基本原则，将对管理好时间有一定的指导意义。

### （一） 优先原则

每个人每天都有固定的24小时，但每个人对自己的时间使用方法各不相同，有的每天学习8小时，但可能不如学习5小时学到的东西多，这就要看每个人在以什么方式使用时间。

【小故事】

课上，教授在桌子上放了一个玻璃罐子，然后从桌子下面拿出一些正好可以从罐口放进罐子里的鹅卵石。教授把石块放完后问他的学生：“你们说这个罐子是不是满的?”，“是。”所有的学生异口同声地回答。

教授笑着从桌底下拿出一袋碎石子，把它们从罐口倒下去，摇一摇，问：“现在罐子是不是满了?”大家都有些不敢回答，一位学生怯生生地细声回答：“也许没满。”

教授不语，又从桌下拿出一袋沙子，慢慢倒进罐子里，然后又问学生：“现在呢?”“没有满!”全班学生很有信心地回答说。

是的，教授又从桌子底下拿出一大瓶水，缓缓倒进看起来已经被鹅卵石、小碎石、沙子填满的玻璃罐。

（摘自《大学生职业发展训练手册》）

一个平常的玻璃罐就这样装下了这么多东西，但如果不先把最大的鹅卵石放进罐子，也许以后永远没机会把它们再放进去了。生活中那么多事情，其实都可以像往这个玻璃罐里放东西那样，先进行时间级别分类，如根据大学生的日常安排，按照“事分轻重缓急”进行组合，确定先后顺序，做到不遗不漏。如：

A级别：时间紧、具有一定的挑战性、非常重要的事情。如即将到来的考试必须多花时间进行准备。要注意的是：很多人惧怕A级别的事情，觉得太复杂，要耗费太多的精力，同时因为怕困难完不成或者完成得不完美而采取逃避的态度。

B级别：很重要、但在时间上没有特别要求。这一级别的事情当前不需要马上交差，但又非做不可，容易在不急的心理中被人遗忘，在最后关键时刻演变成A级别事件，如两周前老师布置的期中检查作业。

C级别：时间上紧迫、但并不是很重要的、可以请别人代劳的事情，如取快件，可以请同学顺便去取。

D级别：时间上不紧迫也不是很重要的事情，有些可以请别人做；有的可以降低标准；有的必须要做则放在零碎时间中进行完成；有的对生活没有益处的事件则建议选择放弃，如毫无意义的闲逛。

### （二） 黄金高效原则

经常有同学说，“晚上去看书，人家看了一章了，我还只看了两页，而且总觉得这两页都没看进去什么，我很努力地想把成绩追上去，但是我花了那么多时间都没有用”。其实，每个人都有自己的黄金学习时间，在这个时间段里大脑最清醒，注意力最集中，学习效果最好，学习效率最高。

1. **黄金生理时间**

生理学家研究认为，一天有四个学习的高效期：

（1）清晨起床后。大脑经过一夜的休息，消除了前一天的疲劳，脑神经处于活动状态，没有新的记忆干扰。此刻，学习一些难记忆且必须记忆的东西较为适宜，如外语、定律、历史事件等。有时即使强记不住，大声念上几遍，也会有利于记忆。所以清晨是一个学习记忆高效期。

（2）上午8点到10点。此时人的精力充沛，大脑易兴奋，严谨而周密的思考能力、认知能力和处理能力较强，此刻是攻克难题的大好时机，应充分利用。

（3）下午6点到8点。也是用脑的最佳时刻，不少人利用这段时间来回顾、复习全天学过的东西，加深印象，分门别类归纳整理；这时也是整理笔记的黄金时机。

（4）入睡前一个小时。利用这段时间来加深印象，特别对一些难于记忆的东西加以复习，则不易遗忘。

2. **帕累托法则**

除生理性的学习时间规律外，对不同的人来说，还有自己独特的学习时间规律和习惯。为提高学习效率，要善于发现并充分利用自己独特的黄金时间，同时要养成在固定的时间进行学习的习惯。这些黄金时间段，是重要的少数时间，能让人只用20%的时间完成80%琐碎时间内完成的事情，这就是“帕累托法则”（80/20法则），又叫犹太法则、二八法则。该法则主张，只要控制具有重要性的少数因子就能控制全局。譬如：80%的考题来自考试范围的20%；80%的销售额来自20%的顾客。所以，如果你在上午的精力、状态最好，可以用这20%的黄金时间完成80%的学习。

### （三）SMART原则

SMART是5个英文单词首字母的缩写：

S就是specific：意思是设定绩效考核目标的时候，一定要具体——也就是目标的法则。

M就是measurable：就是目标要可衡量，要量化。

A就是attainable：即设定的目标要高，有挑战性，但是一定是可达成的。

R就是relevant：设定的目标要和该岗位的工作职责相关联。

T就是time-based：对设定的目标，要规定在什么时间内达成。

目标是时间运筹管理的基础，目标原则是时间运筹管理的基本原则。贯彻SMART原则，要做到如下几点：

1. **目标是具体的**

有人曾经做过一个实验，他把个子差不多高的人分成两组去跳高。先是两组一起跳过了1米，然后他对第一组的人说：“你们能够跳过1.2米。”对第二组的人说：“你们能够跳得更高。”经过练习后，再分别去挑，结果，由于第一组有具体的目标，每个人都跳过了1.2米，第二组没有具体的目标，大多数人只跳过了1米，少数人跳过1.2米。这就是有没有具体目标的差别。

2. 目标是可衡量的

任何一个目标都应有可以用来衡量目标完成情况的标准，目标越明确，提供的指引越多。比如找工作，给自己定好以下几个目标：哪一行？具体岗位？省内省外？基本薪资？其他待遇？工作条件？发展前景？有了这些明确标准，才可能顺利地找到梦寐以求的好工作。

3. 目标是可达到的

目标如果定得太低，没有挑战性，不能激发潜能，就没有意义；如果定得太高，往往会中途流产。有句话说得好，“目标只要踮起脚尖就能够得着，就是合理的；如果不用踮脚尖就能够得到，那就没有挑战性；跳起来都够不到，那就不是目标。”

4. 目标的相关性

目标的制定应考虑和自己的生活、工作有一定的相关性。比如一个大学生，考虑的不是学习，而是“明星”梦，又不肯努力奋斗，只是在时间中消耗了学习能力和提高自己的能力，最终只能被社会遗弃。

5. 明确的时间限制

即用目标来限制时间的使用。有目的地使用时间者和无目的地使用时间者，其结果截然不同。任何一个目标的设定都应该考虑时间的限定，比如“我一定要拿到律师资格证书”，目标明确了，但是是一年内完成，还是十年后完成？没有明确。从经济管理的角度讲，确定国民经济发展目标，用目标控制整个经济发展的速度和规模，就能使我们逐步地实现既定目标，并不断去追求新的目标，从而激励我们不断超越现状，这样整体的时间运筹管理能力也会随之提高。在大学生活中如果能按自己不同阶段的奋斗目标来管理时间，也会使时间使用效率得到提高。

### （四） 充分利用原则

现在很多学生每天忙碌学习、打工、谈恋爱、上网，总觉得时间不够，很多想做的事情没有时间来完成。鲁迅先生说：时间就像海绵里的水，只要愿挤，总还是有的。指的是时间有限，但人如果有心，总是能从有限的时间里挤出更多的被我们忽略掉了的时间来做事情。就是充分地利用时间间隙，譬如，在等车的时候，回忆上课的内容，强化课堂重点，或者利用这个时间构思期末论文作业的框架。此外也可以每天抽出15分钟来思考当天的行程以检讨自己有没有在浪费时间。最直观的做法为：制作一张时间分配表，将一天所做的事情进行罗列，请注意浪费的时间有多少，无谓的事情做了几件。关键是认清大学生的主要职责是什么，在此基础上，充分利用时间，不要再为没时间找借口。

【小故事】

一位老法僧，做了两个沙漏，吊在庙门旁。当着弟子的面，他把沙漏装满沙子，保持一只静止，另一只却让它不停晃动，而后任沙子一点一点流出。最后，静止的沙漏下面堆积成一个小沙堆，而另一只沙漏由于不停晃动，沙子在地面散成一片。有个弟子看了就说，那么多沙子最后全洒出来，真可惜。法僧说：是啊。又有弟子说，晃动的、静止的，结果都一样，还不是都把沙子给洒了。法僧摇头：一个聚成了沙堆，另一个一无所积。

时间就是一只沙漏，大学生活更是一只沙漏，不管沙漏是什么运动状态，四年时光都会像沙漏里的沙子一样最终流尽。但如果你朝着一个确定的方向努力了，就像那只静止的沙漏，始终对着一个方向流沙，虽然四年时间过去了，但四年的努力让你在学业上成果颇多，或者社会工作能力突出，就是获得了成功，而不是一无所获。

### （五）效率与效能原则

在大学里，随处可以看到终日奔波、实际上却毫无收获的人，这是因为他们总是在忙于应付那些微不足道的、琐碎庸常的小事，却耽搁了对自己、对未来真正举足轻重的事情。管理大师彼得·德鲁克曾指出：效率是“以正确的方式做事”，而效能则是“做正确的事”。两者不能偏废，但当两者不可兼得时，首先应着眼于效能，然后再设法提高效率。

英国帕金森在其名著《帕金森定律》一书中，描述了一位老太太为了给远方的外甥女寄一张明信片，可以足足花上一整天的工夫：找明信片要 1 个小时，寻眼镜又 1 个小时，查地址半个小时，做文章 1 个小时 15 分钟。然后，要送往邻街的邮筒去投递，到底要不要带把伞出门，这一考虑又花掉了 20 分钟……照这样，一个人在几分钟里可以办完的事，在另一个人却要一整天的犹豫、焦虑和操劳，最后还累得够呛。帕金森深有感触地写道：“时间有限，要完成任务就得多做工作。”的确，在有限的时间里，要多做工作就要讲究效率。

在现实生活中，无论是企业的商业行为，还是个人的工作方法，人们关注的重点往往都在于前者：效率——正确做事。而彼得·德鲁克则认为：对企业而言，不可缺少的是效能，而非效率。强调效率，其结果是让人们更快地朝目标迈进；强调效能，其结果是确保人们的工作是在坚实地朝着自己的目标迈进。换句话说，效率重视的是做一件工作的最好方法，效能则重视时间的最佳利用。

#### 1. 做正确的事

确定目标。目标能最大限度地聚集资源。只有目标明确，才能节约时间。比如，周一早上起来，想一想，今天或者这一周要实现什么目标，利用记事本、笔记本等将这些目标一一记录。在确定目标的同时，明确有多少要做的事情，有多少可以支配的时间，并且要确保这些事情是有利于目标实现的。在确定目标后，依据重要性安排 ABC 次序等级，同时明确每项目标要通过做哪些事情来实现。

#### 2. 正确地做事

排列优先顺序。对需要做的事情设定先后顺序，分清轻重缓急。通常，在所确定要做的事情中，虽然完成每项工作所需时间大致相同，但某一两项目标工作的价值会超过其他几项的总和，毫无疑问，最重要、最有价值的 10% 或 20% 的工作目标就要排在前面，其他毫无价值或无足轻重的事情往后安排或者删除。

制订计划。根据做事情的先后顺序制订工作计划，按计划进行。

选择正确的工作方法以正确的方式做事。正确的工作方法能提高事情的成功率，是时间管理中很关键的一个环节。

在完成以上步骤后，我们会发现，自己比没有计划的日子完成的事情多了，做事也非常有成就感。这个成就感就是优质计划的回报，而这个回报，让你感觉到所付出的努力并没有白费。

## 三、时间管理的方法与艺术

### （一）方法正确

管理大师彼得·德鲁克说，做对事情（效果）比把事情做好更重要（效果）。

**1. 制订计划**

制订计划是时间管理过程中的起始环节。会不会利用时间，关键在于会不会制定完善的、合理的计划：×年×月×日要做什么事；哪些事先做，哪些事后做；哪个时间内哪些事情是重点；什么时候完成事情；……

有计划地利用时间，主要是合理地安排最主要和最关键的问题。计划考虑完全了，执行起来就很顺利。表面看，做计划和考虑问题占用了一些时间，但从总耗时计算，却能节省很多时间。

**2. 积极行动**

再好的计划如果不行动也是白纸一张。行动是保证计划实施的必要手段，是时间管理过程中必不可少的重要环节，是执行计划、实现目标、完成任务、取得成绩的基本保证。所有计划必须化为行动才能达到最后的目标，正如列宁所说："一人行动胜过一千打纲领。"

**3. 适时总结**

通过总结，对上一阶段的工作进行总分析、总评价，做出具有指导性的结论，使自己加深对时间管理活动的认识，从中探索管理规律，更好地掌握时间管理，提高对时间管理工作的自觉性、预见性，克服盲目性、主观随意性。

上述几个环节是一个有机整体，既相互区别，又相互联系，通过这三个环节的循环，不断总结，扬长避短，才能不断提高工作效率。

### （二）克服拖延与减少干扰

遇事马上做，现在做，是克服拖延心态的好办法，因为拖延者总有类似"有空再做、明天做、以后做"等借口，这是一种最浪费时间的坏习惯。

凡成功人士都有一个共同点，那就是绝不拖延！生活就像一盘棋局，和你下棋的就是"时间"，像围棋比赛中一样，只要你犹豫不决，超时了，你就自动出局吧！有时，人生就是战场。

通常习惯拖延的人，总是逃避费精力的事以及比较重要而又难以对付的工作，他们办事往往先办简单的零星琐事，让它们占满每分每秒，而把困难的棘手的事拖到最后，每天还安慰自己毕竟干了很多事。习惯于拖延工作的人又最容易被干扰，实际上是自己在招惹干扰。总是欢迎别人来轻松一下，让"时间浪费因素的主人——来客、短信、电话、购物——所有这些活动占满了他的时间"。这样造成的后果必然是问题成堆，陷入焦急、计划失败。天天在着急上火中生活，时时在忙碌中度过，其效率却很低。拖延者最可悲的往往是抓住了"琐碎的多数"，放弃了"关键的少数"。

日本专业的统计数据指出："人们一般8分钟会受到一次打扰，每小时约7次，或者说每天50~60次"。如果每次打扰是5分钟，每天总共大约4小时；其中80%的打扰是毫无意义或者没有多大价值的，同时人在被打扰后重新找回思路平均需要3分钟，由此可得，每天因打扰而缠身的时间损失约为5.5小时，约占68.7%的工作时间（按每天有8小时工作时间算）。

因此，在现实中对于无意义的打扰电话要学会礼貌地挂断，要多用打扰性不强的沟通方式（如E-mail），要适当地与他人沟通以减少来自他人的打扰等。同时不要唐突地拜访对方，或在拜访前事先了解对方的行为习惯。同时，固定地留出一定不被打扰的时间学习、思考和工作。特别要强调的是，作为大学生，在学习时一定要保证不被打扰的时间，譬如自修时关闭手机等。

### （三）学会说“不”

时间管理中最常见的一种情况是不会拒绝。新生或刚踏上新工作岗位的人为了表现自己，往往把来自于他人的要求不假思索地接受下来，这不是一个明智行为。接到别人的请托，不要急于说“是”，而要分析一下自己能不能如期按质地完成工作。如果不能，要与请托人协调，在必要时刻，要敢于说“不”。

敢于说“不”在交际方面尤为重要。礼仪性的社交占用了我们许多的时间。不少人为了逃避社会交往中的时间陷阱，在一定的时间内采用“闭门谢客”或另寻幽室的办法，可以使自己集中精力和时间，在不受外来干扰的情况下，完成那些需要较长时间才能做好的工作。如果缺乏逃避的勇气，沉溺于应酬客套之中，有些工作将一再被打断，一再重新起头，何谈速度？过分客套还表现在总想博得所有人的好感，忘记了自己的时间是有限的，违背了在一段时间内最好主要进行一件工作的原则。总想有求必应，不敢拒绝请求，导致承诺过多而顾此失彼，结果将是事与愿违。要所有的人都满意是很难做到的。

因此，量力而行地说“不”，对己对人都是一种负责的行为。

### （四）提高时间利用率

提高时间的利用率可以用时间的加、减、乘、除四则运算。

**1. 加法**

所谓加法就是找出在时间管理中隐藏的时间。比较保守地估计，如果每天有10分钟花在上下课的路上，一个月就有300多分钟，也就是5个小时的时间。如果能利用这点路上的时间规划每日计划表、背单词等事情，一个月下来会学会不少东西。

**2. 减法**

减法就是减少时间的浪费。很多人的时间可能都在犹豫、反复中浪费了。有个心理学家提出“五分钟思考法”，意思是遇到小事情，不要犹豫，不要反复思考，只要花五分钟就可以解决问题了。这五分钟是这样分配的：第一分钟先决定目标和课题：究竟要做什么，达到什么目的；第二分钟是思考的扩张及探索：要达到这个目标需要准备哪些条件，可不可行；第三、四分钟整理思路；最后一分钟得出结论。

**3. 乘法**

时间管理中的乘法就是怎样提高工作效率。对于完成计划所需要的时间，应该有个合理预计，这样才能提高工作效率。首先在生活中物归其所，合理地堆放物品，可以用文件夹建立文件处理系统等，建立起一个良好的生活工作环境。其次是充分利用零散时间，把零散时间用来从事零碎的工作，从而最大限度地提高工作效率，比如在车上、在等待时，可用于学习、用于思考、用于简短地计划下一个事情等。充分利用零散时间，日积月累，将会有惊人的成效。

**4. 除法**

除法就是根除浪费时间的习惯。对付浪费时间的办法只有一个，就是当机立断，并采取逐个击破的方式将大事情划分成小事情，从容易的事情入手。同时调整思维方式，譬如常规思维是先易后难，重新调整后可以先难后易，即将难办的事情先做，这样在事情处理中就能掌握主动权。还有就是在做事时避免过分追求尽善尽美。

可见，要成为一个出色的时间管理者，并非难事，只要重新安排生活中的学习、工作，同时有效地利用节约下来的时间，将时间利用达到最大化，使工作变得有条理、更有效率就足矣。但是缺乏一个良好的时间管理系统就坏处多多。很多人因为不会设定计划，不会评估每天工作的重要性并加以调配，而感到生活非常沉重，压力很大。缺乏时间管理能力的人，容易灰心、愤怒和焦虑，而且没有多大成就，甚至缺乏自尊，不能真正享受生活。

## 第二节　人际交往

**【案例】孤独**

陶芸是入学才一学期的新生。上半学期时，新的校园、新的同学都让她感觉很兴奋，新同学之间的新鲜感、丰富多彩的校园活动让她觉得每天都很充实。她喜欢跟同学在一起的感觉，开学一个多月里，她尽情拍打着自己的青春翅膀。但是，期中考试过后，她发现周围的一切都变了，本来出门成群的同学有些开始单独学习、逛街；有的有了自己的约会对象，每天都幸福地跑进跑出。看着空荡荡的寝室，陶芸感觉像被抛弃了，为什么周围的人都很充实，只有她是孤零零的，她很不习惯。于是，她主动去找同学看书、聊天，可是，频繁找同学的行为让同学觉得很烦，同学都说陶芸太黏了，像长不大的小孩，她的行为影响了自己的学习和生活。在这种情况下，大家都对她敬而远之，越来越少的同学愿意跟她一起行动了，这让陶芸无所适从。

踏入大学，大学生面对着新的环境和新的人际关系。大学时代是学习知识、了解社会、探索人生的重要发展时期，每位大学生不仅在大学里要学好本专业知识，更重要的是培养自己的能力，为能够更好地步入社会、适应社会做好充分的准备。交往能力是当今社会生活、工作中越来越重要的一种能力，交往能力的强弱直接会影响一个人的事业、生活和家庭。大学生通过人际交往建立友谊，模拟社会的角色，为真正踏入社会、适应社会做好充分的准备。良好的人际关系能帮助大学生度过愉快的大学时代。人际交往也是规划大学生活必须考虑的问题。但大学生中不乏各种交往障碍的学生：有的人怕耽误自己的学习和工作，不愿与他人交往；有的人自卑，害怕与人交往；有的人想交往，但不懂怎样去交往。这些现象都不利于大学生建立良好的人际关系。大学校园里某些人因为人际关系紧张做出的过激行为提醒大家，在大学生活中，要正视和解决不愿交往、不懂交往、不善交往的问题，要塑造自身形象，以积极的态度和行为对待人际交往，建立和谐的人际关系。什么是人际交往，人际交往产生的人际关系是怎样的，如何进行人际交往，建立良好的人际关系，是本小节的主要内容。

## 一、人际交往和人际关系

人际交往是指社会上个人与个人、个人与集体以及个人与其他群体之间，运用语言和非语言符号交换意见，交流消息，转达思想，表达情感和需要，从而在心理和行为上产生相互影响的动态过程。一方表现出的积极人际行为会引起另一方的积极行为；同样，如果一方表现的是消极的人际行为，对方也会表现出消极的行为，这就是人与人之间的交往对应方式。生活在高校环境里的个体，总要和周围的其他个体发生各种各样的交流和沟通，形成各种人际关系。健康和谐的人际关系能使人们顺利地进行沟通合作，使人感觉愉快，精神振奋。人际交往是人际关系形成的前提和基础，人际关系是人际交往的表现和结果。

广义上的人际关系除了人与人之间的相互交往形成的关系，还涉及经济关系、政治关系、法律关系、文化关系等。通常心理学上指的人际关系指人与人之间通过交往与相互作用而形成的直接的心理关系，反映了个体或群体满足其社会需要的心理状态。人际关系的发展取决于双方社会需要的满足程度。

人际关系的存在是个体存在和发展的需要，美国著名心理学家舒兹（W. C. Schutz）认为，人与人之间交往产生的关系存在三种需要，即包容的需要、控制的需要和情感的需要，且三种需要都能表现为主动型和被动型（见表 5－1）。每个个体都能在表 5－1 中找到自己的人际需求类型，在此基础上进行人际交往。

**表 5－1** 不同需求的基本人际关系倾向

| 行为表现 / 需要性质 | 主动型 | 被动型 |
| --- | --- | --- |
| 包容需要 | 主动与他人往来 | 期待别人接纳自己 |
| 控制需要 | 主动支配他人 | 期待被人领导自己 |
| 情感需要 | 主动对他人表示亲密 | 期待别人对自己表示亲密 |

正如马克思所说：“人们在生产中不仅影响自然界，也相互影响着。他们只有以一定的方式共同活动，才能进行生产。为了进行生产，人们相互间便发生联系，只有在这种联系范围里，才能有他们对自然界的影响，才能有生产。”在高校环境中，主要的人际交往发生在同学与同学之间、同学与老师之间、老师与老师之间，建立和维持上述几种良好的人际关系，可以提高学校的群体凝聚力，协调生活，提高校园生活质量，为将来的工作旅途创造重要的前提条件。

## 二、人际关系对职业的影响

出生于澳大利亚的美国管理学家乔·埃尔顿·梅奥（1880～1949）的霍桑试验及其人际关系学说表明：人们的行为并不单纯出自追求金钱目的，还有社会方面的、心理方面的需求，即追求人与人之间的友情、安全感、归属感和受人尊敬等，而后者更为重要：“士气”高低影响生产率，而“士气”取决于安全感、归属感等社会、心理方面的需要和满足程度。梅奥的学说肯定了社会组织中和谐人际关系的重要性。

学生转变为职业人时还不马上具备企业要求的各种技能，因此，很多企业在招聘时，非常重视学生的为人处世方式，如和他人的现场合作、与人沟通等能力，这是已经具备了的，通过面试、短期实习就能看出来的。事实表明，人际关系差的人在生活和工作中不断地给自己树立敌人，反之，人际关系好的人显得顺利多了。人际关系对未来职业生涯的影响很大，主要体现在以下几点。

#### （一） 人际关系影响职业发展中的人际资源

美国著名的企业家、职业指导专家卡耐基说过：“一个人事业上的成功，只有15% 是由于他的专业技术，另外的85% 是靠人际关系、处事技巧。”的确，在相同的智商、同等的学历和工作技能的条件下，谁的人际关系好，谁的人际资源丰富，谁的事业就能得到更好的发展。对于求职者来说，拥有的人际资源越丰富，在职场上获得的信息就越多，相对来说，机会也会越多。

#### （二） 人际关系影响职业发展中与他人的沟通

沟通是和谐人际关系的助手，善于用流畅的语言和得体的动作表达自己观点的人，在与人交往时很会利用沟通技巧解除人与人之间的误解，用相互接纳、彼此尊重的人际关系解开个体的心理防御，达到双方融合的效果。在公司内部，相互之间的沟通是顺利职业关系生涯的前提，简单地说，就是与他人关系的好坏，直接影响职业生涯的发展。

#### （三） 人际关系影响职业发展中的自我完善

虽然家庭和学校教育对个人的综合素质形成有很大关系，但个体的自身发展和完善在进入社会后会发生社会性变化以适应职业发展。人际交往能力强、有良好人际关系的人在新岗位上能广泛地进行人际交往，为自己营造良好社会环境，从这个环境中得到良性支持，形成良好的个人形象，协调自我与他人的关系，通过工作、同事拓宽视野，增长才干，优化个性，实现自身的和谐发展。

### 三、大学生处理人际关系的原则

#### （一） 正直原则

这主要是指正确、健康的人际交往能力，营造互帮互学、团结友爱、和睦相处的人际关系氛围。绝不能搞拉帮结派、酒肉朋友，搞无原则、不健康的人际交往。

#### （二） 平等原则

这主要是指交往的双方人格上的平等，包括尊重他人和保持他人自我尊严两个方面。彼此尊重是友谊的基础，是两心相通的桥梁。交往必须平等，平等才能深交，这是人际交往成功的前提。社会主义人际关系的根本特征就是平等，这是社会进步的表现。贯彻平等原则，就是要求在交往中尊重别人的合法权益，尊重别人的感情。古人云：“欲人之爱己也，必先爱人；爱人者，人恒爱之；敬人者，人恒敬之”。尊重不是单方面的，而是取决于双方，既要自尊，又要彼此尊重。

#### （三） 诚信原则

这是指在人际交往中，以诚相待、信守诺言。在与人交往时，一方面要真诚待人，既不当面奉承人，也不在背后诽谤人，要做到肝胆相照，襟怀坦荡；另一方面，言必行，行必果，承诺事情要尽量做到，这样才能赢得别人的拥戴，彼此建立深厚的友谊。马克思曾经把真诚、理智的友谊赞誉为“人生的无价之宝”。古人也说，“精诚所至，金石为开”，“心诚则灵”。诚是换取友谊的钥匙。日本著名作家池田大作写道：“只有抛掉虚伪，以诚相见的人际关系，才是最有力、最美好、最崇高的”。

### （四）　宽容原则

在与人相处时，应当严于律己，宽容待人，接受对方的差异。俗话说，“金无足赤，人无完人”。交往中，对别人要有宽容之心，如“眼睛里容不得一粒沙子”般斤斤计较，苛刻待人，或者得理不让人，最终将会成为孤家寡人。另外，要有宽容之心，还须以诚换诚，以情换情，以心换心，善于站在对方的角度去理解对方，会柳暗花明，豁然开朗。

### （五）　换位原则

在交往中，要善于从对方的角度认知对方的思想观念和处事方式，设身处地地体会对方的情感和发现对方处理问题的独特个性方式等，从而真正理解对方，找到最恰当的沟通和解决问题的方法。

### （六）　互补互助交互原则

这个原则是大学生人际关系处理的一种心理需要，也是人际交往的一项基本原则。大学生在经济生活上还没有独立，依然处在以学为主的学生时代，因此互补性原则主要体现在精神领域，包括大学生气质、性格、个性特征等内容。我们往往会发现不同气质、性格和能力的人能够相处配合得较好，而能力非常强的两个人倒并不一定配合相处得很好。所以“尺有所短，寸有所长”，在交往过程中要勇于吸收他人的长处，以弥补自己的不足。

## 四、大学生人际交往的技巧

良好的人际关系，需要真诚和热心，需要讲究原则，也需要必要的人际交往技巧。掌握必要的人际关系艺术，能提高人际交往能力，消除人际交往障碍。

### （一）　学会相处

**1. 了解他人**

（1）学会发掘他人的优点。

每个人身上都有自己的优点和缺点，但并不是每个人都能客观准确地认识到这些优点和缺点。个体容易在生活中对自己宽容，对他人严格，重视别人的问题，忽略他人的闪光点。这些看法不利于人际交往。要想有个好的人际交往开端，就要善于发现交往对象的优点，也就是承认对方在某些方面的突出点，承认对方在人群中的重要性。每个人都有被重视的需要，因此，在交往中，要了解你周围人的优点，并且由衷地赞美对方，满足对方的自我价值感。

（2）努力以对方为中心。

努力以对方为中心即用换位思考对待人际交往对象。“相识容易，相处太难”是大学生人际交往中存在的一个普遍现象。无论发生什么事情，用换位思考回忆发生过的不愉快，就能发现，事情并没那么复杂。换位思考能帮助个体设身处地为他人着想，理解他人当时的心情，接受他人的做法，减少误会。在人际交往中，保持以对方为中心，用对方的思想来考虑并处理问题，是尊敬对方的一种表现。当双方相互尊敬，相互欣赏成为一种习惯时，良好的人际关系就形成了。

（3）调整对他人的期望水平。

人与人之间的交往应该坦诚相待，这是很多大学生心目中理想化的人际关系。但实际上，善意的隐瞒无处不在。有些人发现了朋友的一点私心，在心理上不能接受，会马上与之断交，甚至进行人身攻击，这是对交往要求过高、期望不适当的直接结果。每个人都是独立的，都有自己的隐私。大学生对独立性的要求更强烈，所以，在交往过程中，要尊重别人，向对方提出合理的要求，发现有问题，要理解对方，接纳对方的做法。

**2. 规范自己**

（1）第一印象——行为。

在第一次交往中，人们总是根据对方的外显行为来判断是否进行人际交往。作为一名刚踏入大学校门的新生，在碰到入学这种特殊情景时，适时地表现自己，展示自己行为是赢得美妙第一印象很重要的一步。1946 年，社会心理学家所罗门·阿希进行了一个“第一印象”实验。他向两组被试者分别描述某个人的性格特征，对第一组的描述是“聪慧、勤奋、冲动、爱批评人、固执、妒忌”；对第二组仍使用这 6 个特征，只是顺序刚好相反，变成“妒忌、固执、爱批评人、冲动、勤奋、聪慧”。结果，先接受了肯定信息的第一组，对被描述者的印象远远优于否定信息的第二组。这个实验充分阐述了先入为主的概念。有研究表明，绝大多数人在初次见面的最初 4 分钟，就对交往对象形成了第一整体印象。因此，第一时间呈现出的表情、姿态、仪表、语言、眼神等信息，虽然表面，但直接决定了能否进入下一步交往。大学生可以通过微笑、倾听、服装、饰品等细节行为帮助第一步人际交往的顺利展开。

（2）第二印象——内涵。

赢得第一美好印象是交往初期的人际交往重点，随着交往时间的延长，保持良好人际关系的要点将从外在仪表转为内在人性品质，即内在美。由内涵焕发出的人际魅力能持续、巩固第一印象，因此，应将强化内涵作为规范自己的第二印象工程。一般来说，人们总是能从具有优秀内涵的人那里得到安全感，这种人际交往对象具有诚实、正直、乐于助人、友好和善等品质，其人际吸引力是持久稳定的。因此，学会经常自省、思考自己的行为对他人和社会的影响，思考自己的闪光点在哪里，可以不断强化自己的内在优点，提高人际吸引力。心理学家安德森进行的研究表明，在个人品质中，评价最高的是真诚、诚实、理解、忠诚、真实等，这些品质对他人最具人际吸引力；反之，评价最低的说谎、虚伪、作假、邪恶、冷酷等是最遭人排斥的品质。

### （二）享受独处

像前述案例中陶芸这样害怕独处的现象在高校中较为普遍。现在的大学生大多来自独生子女家庭，对人际交往的需求很强烈，而且对别人的要求高，对自己的要求低。在享受过群体的快乐后，突然发现又回到了独处，往往不能接受。有些学生不能适应这种变化，陷入人际交往恶化的尴尬境地，要从中解脱需要经过积极的心理调试。方法有两个：一是求助他人，如学校的思想政治辅导员或心理咨询师，他们能针对问题进行详细分析，提供帮助解决的方法；二是阅读相关书籍，从书籍中找到自己的问题。无论问题在哪，个体对独处的理解和认识是最重要的，作为一个学生一定要清楚，除了群体活动外，还有很多事情要个体去完成。

在复杂的大学人际交往中，有些人会将独处认为是人际交往的一个失败，认为是个人没有人际魅力了，才被迫独处。这是一种误解。首先，独处不同于孤僻。孤僻是人性格中的弱点，是人际交往障碍的一种。而独处是一种生活方式，是在紧张的学习生活后，静下心来独自让身心得到充分的休息的一种模式。其次，独处与合作并没有矛盾。善于独处的人具有较强的独立意识，善于思考，遇事冷静，善于独立处理事情，具有较好的自控能力，能理智处理人际交往上出现的问题，这些都为他们与他人合作提供了重要保障。学会独处是一门不可缺少交往的生活艺术。

拥有独处的能力标志着一个人心理上的成熟。独处能应对浮躁，给个人保留一定的空间思考，有助于反省自己，找到自我；独处有利于冷静思考，提高认识水平；独处能充分发挥人的想象力；独处能减少干扰，提高学习效率；独处可以调整心态，放松自己的心灵。总之，独处是一种排解压抑、释放身心的好方式。

独处的五要领是：①学会控制自己的情绪。②让自己静下心。③思考自己该干什么、从哪干起。④付诸行动。⑤体会独处时的感受。

如果一个人不能和自己好好相处，自己喜欢自己，又怎么能期望别人和你好好相处呢？

### （三） 勇于竞争

**【小故事】**

生活在非洲大草原奥兰治河东岸的羚羊群的繁殖能力比西岸的强，而且奔跑速度也不一样，每分钟要比西岸的快13米。对这些差别，动物学家们百思不得其解，因为这些羚羊的生存环境是相同的，食物来源也一样，全以一种叫莺萝的牧草为生。有一年，一位动物学家在东西两岸各捉了10只羚羊，把它们分别送到对岸。结果，运到西岸的10只羚羊，一年后繁殖到14只；运到东岸的10只羚羊只剩下3只，其余7只全被狼吃了。

这位动物学家终于明白，东岸的羚羊之所以强健，是因为它们附近生活着一群狼；西岸的羚羊之所以弱小，正是因为缺少天敌。

没有天敌的动物往往最先灭绝，有天敌的动物则会逐步繁衍壮大。大自然的这种生存法则同样适用于人类社会，只不过不再称之为天敌，称为竞争对手更恰当。中国历史上历代王朝的变更就是因为竞争对手的出现而改朝换代；奥运会上各位选手正是因为对手的存在一再地完善自己，实现更高、更快、更强的梦想。

#### 1. 竞争的含义

竞争是一方或多方建立一种压倒对方的心理状态和行为活动。其表现为：为了争夺共同期望的稀缺资源而展开的竞赛、争夺和角逐。其最大的特点是个人接力实现自己目标的同时，力图阻止而不是支持其他人接近目标。在高校学习生活中，学习成绩、学科竞赛、体育比赛、文艺比赛等竞争行为无处不在，为大学生创造了一个良好的竞争环境。

2. **竞争的意义**

没有竞争对手，就容易失去进步的兴趣、奋斗的意志和努力的参照向标，特别是1998年以来的高校扩张，所有的高校毕业生都面临毕业人数逐年上升、就业竞争压力增大的局面，如何在职业竞争中脱颖而出，具有积极的竞争意识尤为重要。有竞争意识才能提高面临困难的决心；有竞争意识才会有奋斗的热情，从而激发潜能，增强实现目标的内驱力；有竞争意识才能扬长避短或创新手段来使自己超越对方取得胜利。竞争获胜会产生成就感和满足感，进一步增强信心。

3. **竞争的策略**

缺乏竞争使人在竞争的大环境中处于劣势，但过度竞争容易产生紧张、不安和敌意，即使获胜也可能产生不恰当的优越感，陷于傲慢、蔑视败者，减弱对他人的关心，竞争失败更可能导致过度焦虑，人格失常等。竞争伴随着人的一生，需要合适的策略与方法来应对。

首先是端正竞争心态。当代大学生一般都具有较强的竞争意识，希望在广泛的社会交往中表现自己的才能。但是，有些人只看到以竞争战胜他人的意义，认为只有凌驾于他人之上才能证明自己的价值。事实上，战胜对手不是竞争的全部，重要的是通过竞争提高自己的能力，学会与他人的沟通和合作。有些人自我期望值过高，不能接受失败，害怕再次竞争，但其实失败让人吸取教训，经历失败才能孕育真正的成功。因此，正确的竞争心态才能享受竞争的快感，享受永远的成功。

其次是掌握竞争的本质，提高自身竞争力。竞争是内在实力的竞争，作为大学生来讲，其竞争力主要体现在知识与经验的积累，大学生可以利用在校期间优越的学习环境大量学习新的知识与观点。在自身知识积累的基础上，利用一切可能的机会介入社会，向社会学习，为自己的综合竞争力积攒宝贵的社会经验。独立学院的学生要积极提高自身综合素质，无论学业还是社会实战能力、人际能力等，都要敢于跟任何人竞争。数次独立学院就业专场上都上演过独立学院学生和留学生、“211”工程学校学生共同竞争工作岗位而最终胜出的场面。事实一再证明，只要有能力，有特长，善于发挥，我们都能做赢家。

### （四）善于合作

**【小故事】**

冬天即将来临，一群大雁南飞，其中一只小雁问妈妈：“什么是集体的力量?”

“它是一种身在其中乐在其中无言以表的伟大力量。”大雁妈妈说。

“我还是不懂!”小雁正嘀咕着，一枚枪弹击中它的翅膀，小雁很快地掉进了芦苇丛中，大雁妈妈悲哀地飞离雁群陪伴小雁。

小雁伤愈后迷恋芦苇丛不愿离开了：“妈，我们不能留在这儿过冬吗?”

“不能，孩子，我们大雁有一个共同目标，飞向温暖的南方过冬，否则会冻死在这。”

小雁和妈妈一起上路了，小雁飞起来很吃力，问道：“妈妈，为什么我们单独飞会觉得特别累。”

“那是因为没有领头雁的呼号声，没有雁群在一起形成的合力，这个合力能让我们减轻飞行时遇到的空气阻力。没有人与我们说话，我们觉得特别寂寞。”

不久，小雁和妈妈追上南迁的队伍，小雁继续问：“妈妈，你还没有给我解释清楚什么是集体的力量？”

“孩子，其实我们掉队的过程就已从反面显示了集体力量的伟大。”大雁妈妈笑着说。

因为大雁具有惊人的个体飞翔能力，又富有令人叹服的团队精神，因而，它们能够轻松自由地成为长空的主人。

人们常说，微软能有今天，与三位相得益彰的总裁有关：比尔·盖茨拥有计算机软件和商业方面的才能，艾伦精通计算机硬件，汉森则擅长营销。从某种意义上说，微软公司的今天是合作的结果。

在大学里培养好自己的合作能力，对四年的学习和生活以及将来的职业生涯将起到举足轻重的作用。

**1. 合作的含义**

在中国现代汉语词典中，“合作”一词的基本含义是：人们（或组织）为了共同目的一起工作或共同完成一项任务，诸如分工合作、技术合作等。在国外，“合作”一词的原意是：共同行动或联合行动。由此可见，合作是人们或组织为了实现统一目标，互相帮助，共同行动的一种方式。它的特点是每个人的行为不仅有利于自己还有利于他人。

**2. 合作的意义**

在自然界中，合作无处不在。比如在蚂蚁家族中，有着复杂却又严格的分工和合作：工蚁负责探路和寻找食物，兵蚁肩负蚁巢的安全保障，蚁后则担负生育、哺养后代的职责。每一个成员既不多做也不少做，缺了其中任何一个环节都不行。蚂蚁家族正是凭借每一个成员的合作精神，才在这个地球上繁衍不息。在人类社会里，合作更是推动社会发展不可或缺的巨大动力。因为合作能使个体或团体之间的凝聚力增强，带来更高的效率，并促使人们为了实现共同目标而互相依赖、互相帮助，从而产生信任、互助的良好人际关系。大学生作为社会主义建设事业的接班人，在大学里进一步培养自己的合作能力，对四年的学习、生活以及将来的职业生涯将起到举足轻重的作用。

**3. 合作的策略**

在独生子女占据多数的大学生中，培养合作能力首先要学会关心他人。互相关心，是一切伟大团队的基础，是其他优良品质的发源地。在生活中关注同学的需要和长处，适时地伸出你的手，是友谊的开始。通过参加一些集体活动互帮互助，既能增强和同学的友谊，也能享受别人的关心。

其次是学会尊重他人。尊重他人是保证合作成功的基本准则，你可以确信自己的能力和知识，但应让他人充分表达自己的观点，尽量不要打断，或表现不耐烦，必要的妥协和让步都能拉近同伴与你的距离。如果坚持不了，就尽可能阐述自己的观点，力争别人能接受。

再其次要学会给予。与别人合作，首先要想到我能给予别人什么，而不是我能得到什么。如果做事时想到的只有自己，不会有别人愿意与你合作，你与别人合作也很难成功。要学会积极参与各项团体活动，顾全大局，准确定位自己在团队中的位置。

但是，在合作中也要注意合作的度，一味强调合作容易使人产生依赖性和惰性，从而推卸责任，不思进取。在群体决策时，每个成员在表态时都可能受到群体的压力，为了成为一个受欢迎的合群成员，很多人不提不同的意见，或者保持沉默，或者随声附和。这种“团体极化效应”会使群体决策质量下降，不利于整体和个体的双重发展。

4. **竞争与合作的关系**

在人们的相互作用中，属于竞争的行为有冲突、反对、分裂等，属于合作的行为有顺应、协调、联合等，两者是人们彼此相互作用多种形式中的两种基本形式。竞争和合作相辅相成，缺一不可，就像睡眠和工作一样，都是生活中必不可少的两方面。

竞争是合作的基础和前提，没有竞争，就无所谓合作；合作是竞争的目标和归宿，没有合作，竞争就没有意义，会成为无谓之争。合作是为了更好的竞争需要。国家间之所以合作，就是因为有共同的国家利益这个前提，合作的最终目的，是为了自己的强大，能更好地参与到国际社会的竞争中去，在竞争中取胜。大学生现在的学业竞争与团队合作，都是为了将来能在职业竞争中更具竞争力。

实际上，无论是个人关系还是群体或国家之间的关系，合作都是暂时的、相对的，竞争才是长远而绝对的。竞争与合作尽管性质相互对立，但两者密不可分。生活中有很多活动都是既有竞争又有合作成分。如打篮球，两队相争，是竞争，但一方取得胜利是以对方存在、共同活动为前提的，又是合作。球队内部，每个成员分工互助、密切配合，是合作；但球员之间根据贡献的不同，相互比较也是一种竞争。所以，竞争与合作相互包容，是同一事物不同的方面，只有两者协同，社会才能正常运转。随着全球化进程的摄入，竞争与合作能力成为当代大学生适应社会、立足社会不可或缺的重要能力。

## 第三节　开发情商

**【案例】刘欣的成功**

某独立学院英语专业郑青同学专业知识掌握扎实，每年智育专业排名都是第一，为了保证学习的时间，她很少参加社团组织和其他社会锻炼，因此，在每年的综合测评中只能排在第三、第四，属于“两耳不闻窗外事，一心只读圣贤书”的典型。同是英语专业的刘欣，专业方面除了口语出众外，其他一般，但该生性格开朗，能正确认识自己的长处，充分利用她的出色口语和口才参加了许多配音比赛、演讲比赛等社团活动，因为喜欢与人交流，还参加了公关部的社会锻炼，积累了丰富的社会工作经验。毕业时，两人都努力地寻找工作，最终，第一次英语专业八级考试未通过、奖学金很少拿的刘欣凭借其出色的应变能力和沉稳的处事能力“过五关斩六将”在上百位名校毕业生、海归竞争者中脱颖而出，成为浙江百强企业浙江物产国际当批录取的唯一一名员工；而郑青虽然通过了英语专业八级考试，屡获一等奖学金，因缺乏实战能力，性格内向，最终勉强在一个公司从事简单的数据整理工作。

长期以来，智商被认为是人生成功道路上最重要的条件。随着社会发展，人们发现，绝大多数人职业生涯中起主要因素的不是智商，而是一个代表综合素质的新概念——情商(Emotional quotient)。上面这个真实的案例说明：有时候，高智商不一定能给人带来一个成功的职业生涯，还需要高情商。

事实证明，情商在生活中占据的分量越来越重了，如在高校里，各学生活动组织领导人学习成绩优异的比例不高，但这批学生毕业后成才的概率很高。对哈佛大学一些学生进行的研究证明，在个人的成功中，智商只起 20% 的作用，另外 80% 靠的是社会环境、机遇，尤其是靠标准测试所没有考虑进去的那部分智力——情感智力，即情商。

## 一、认识情商

20 世纪 90 年代初期，美国耶鲁大学的心理学家彼得·萨洛韦和新罕布什尔大学的约翰·梅耶提出了与智力和智商相对应的概念——情感智力（Emotional intelligence），并将其定义为“监察自身和他人的感情和情绪的能力，区分情绪之间差别的能力，以及运用这种信息以指导个人思维和行动的能力”，主要指人在情绪、情感、意志、耐受挫折等方面的品质。

1995 年，美国哈佛大学心理学教授丹尼尔·戈尔曼出版了《情感智商》一书，明确提出“情商”的概念。他认为，情商是一个人重要的生存能力，是一种发觉情感潜能、运用情感能力影响生活各个层面和人生未来的品质要素，是指人对自己的情绪的控制管理和社会上的人际交往能力，且更能决定一个人的成功和命运。戈尔曼在书中指出，情商不同于智商，不是天生注定的，主要包括五大能力：自我觉察能力、情绪管理能力、自我激励能力、认知他人情绪能力、人际关系管理能力，这些都是在后天形成的。

**1. 自我觉察能力**

自我觉察能力能及时觉察自我情绪的变化，并且能够找到情绪变化的原因，是 EQ 的基石。这种随时随地认知自身感觉的能力对于了解自己非常重要。

**2. 情绪管理能力**

根据自身情况环境状况、人际交往状况，把握、控制、适当表现、发泄自己情绪的能力就是情绪管理能力。自我情绪控制不等于压抑正常情绪的表现、发现，而是根据外部环境尺度与自己的内部尺度的统一，来适当控制或合理发泄情绪。

**3. 自我激励能力**

这种能力能够整顿情绪，保持高度热忱，让自己朝着目标不懈地努力；充分认识自我、激发自我潜力成功的内在动力。自我激励能力强的人善于度过困境，也在顺境中把握自己。

**4. 理解他人情绪的能力**

这种能力能够理解他人的感受，觉察他人的真实需求。能否设身处地理解他人的情绪是了解他人需求和关怀他人的先决条件。理解他人情绪、控制自我情绪，是改善人际关系的一个重要条件。

**5. 人际管理能力**

这是与同事、同学、上级、下级、友人等和谐相处的能力，是一个人社会适应能力的表现，是一个人成功的重要条件。

在以上五个方面中，前三个涉及“自身”，是对自身情绪的认识、管理、激励和约束。后面两方面涉及“他人”，是设身处地地理解他人的情绪，并通过正确理解他人情绪来达到人际关系的和谐。因此，情商是一种驾驭自己的能力，包括驾驭自己的情绪、情感、思想、意志等心理过程，协调控制心理结构的气质、性格、动机、能力和需要、理想、信念等诸要素的相互关系，使人能准确地了解自己的真情实感，理智地克服冲动，调整满足感和期望值，真诚地理解社会、理解他人。情商水平高的人具有如下的特点：①内在层面：能妥善管理自己的情绪，懂得自制和自我激励，心灵保持健康；②人际层面：了解他人的情绪，善于与他人和谐相处、合作，人际关系良好。

## 二、情商与职业

**【案例】求职神话**

曾经在某高校应届毕业生里流传着一个求职“神话”：一个叫李晓斌的法律系男生被一家外资律师事务所录取。之所以被录取，并不是因为李晓斌此前有多少实习经验，也不是他在面试时临场发挥有多出色，而是他“歪打正着”中了“头彩”。那天，李晓斌去参加律师事务所的最后一轮面试，在等候时，饮水机里的水被大家喝完了，许多想喝水的应聘者一看没水，转身就走，李晓斌却拿起水桶，给饮水机加水。这一幕，正好被面试官看在眼里。录取通知书就这样拿到了———因为李晓斌出色地完成了一道EQ（情商）试题。

### （一）职业情商

情商是职业素质中最主要的一个方面，职业领域表现出来的情商称为职业情商，是情商五个方面在职场中的具体表现：在职场上对自己和他人情绪的了解和把握，以及如何处理好职场中的人际关系；遇事是否能够理性认识，意志坚强；做事是否易冲动，对工作环境是否能很快适应；是否能够了解并控制自己的情感等。一般而言，职业情商高的人表现为：有较强职场社交能力，性格外向，情绪表现愉快，不易陷入恐惧或伤感，对事业较投入；为人正直，富有同情心，情感生活较丰富但不逾距，无论独处还是与众人在一起都能怡然自得，使职场人际关系和谐；事业心强，团队意识强，工作成绩也好。职业情商是个人在职业发展中的关键因素。提高情商的途径与智商不同，智商可以通过学习和积累来提高；而提高情商需要的是修炼、锤炼和锻炼，需要长期坚持。通过心态、习惯的修炼，完全可以取得极大改进和完善，从而使自己在职场中如鱼得水，为自己的职业发展创造更多的机遇。

当一个大学生进入职业生涯领域时，他所处的社会、经济生活都会发生很多变化：要适应新的环境，要努力工作，要树立良好的形象，建立自己的职业地位，不断学习提高以避免知识和技能的老化。面对这些变化和未知的压力，人们不能原地踏步，只有不断调整自己的状态，使自己和社会的发展变化相适应，才能建立和谐的职场人际关系。

### （二）情商在职业生涯发展中的影响

**1. 对价值观和人生观的影响**

不同的人有不同的价值观与人生观，对生活的态度和对未来的设想都不同。高情商才能树立科学正确的价值观和人生观，才能辩证地看待自己的职业，从各个角度来分析职业的特点、综合价值及其重要性，得出自己的职业能在什么样的情况下对社会和个人体现最大的价值，结合自身能力，做好自己的职业发展规划。

2. 对自我认知能力的影响

大学生具有很强的自我意识，能根据主客观因素对自己进行剖析定位，明确自身情况能够适应怎样的工作环境和工作背景，不受职位、薪酬的高低和城市环境的影响，做出正确的职业选择和发展规划。在自我认知能力的前提下加强自我激励，在实际工作中，不断激发前所未有的思想能量，使自己在工作中更有热情和信心。

3. 对情绪控制能力的影响

情绪具有强烈的、极富影响的感染力，控制自己的情绪，尤其是驾驭自己的负面情绪，努力发掘、利用情绪的积极因素，适当地将良好的情绪投射到他人身上，能有效促进自己的职业生涯往理想的方向发展。

4. 对抗挫折能力和意志力影响

具有高情商的人能乐观地面对挫折，在跌倒的地方爬起；乐观地面对困难，坚信没有迈不过的坎。在困难面前有坚强的意志力，往往能使职业生涯的正确目标得到坚持。

5. 对团队协作能力的影响

高情商的人具有乐于共同奉献的精神，在团队中能发掘集体的智慧，发挥团队的潜能，在集体的力量下所取得的成果远远超出成员个人业绩的总和，从而升华自己的职业生涯。

## 三、培养情商

### （一）培养自我觉察能力

【小故事】

一只小猪、一只绵羊和一头乳牛，被关在同一个畜栏里。有一次，牧人捉住小猪，它大声号叫，猛烈地抗拒。绵羊和乳牛讨厌它的号叫，便说：“他常常捉我们，我们并不大呼小叫。”小猪听了回答道：“捉你们和捉我完全是两回事。他捉你们，只是要你们的毛和乳汁，但是捉住我，却是要我的命呢！”

不同立场和所处环境的人，很难了解他人的感受。故事中的小猪了解人类对它的需求和对羊及牛的需求不一样，因此表现出了不一样的反应。而羊和牛对他人的觉察能力弱，因此不能理解别人的行为。

哲学家苏格拉底曾经说过：“人啊，你要认识自己！”孔子也曾有这样一句哲言：“知人者智，自知者明，胜人者力，自胜者强”。自我意识从一个方面反映出我们的觉察能力，是一种有把握的内在意识感觉，在具体的创造活动中表现出来，是人们成就任何一件事情的前提。大学生树立自我觉察能力至关重要，发现和认识自己在情商中的缺陷是提升个人情商的前提，现实生活中的自我认知、反思和总结是必需的。

培养自我觉察能力，首先是要学会认识自我，即认知“我现在是什么情绪”、“我为什么会有这种感觉”和“我该如何有效管理我的情绪”这三个问题，同时树立“天生我才必有用”的意识。其次，建立自信心，因为我们的自信心和能力是相互依存的，树立较强的信心能促进能力的发展和进步，要相信“我能行”。最后，获取周围人对自己的认识。以全方位的、真实的自我评价，发现自己情商上存在的欠缺，以便在未来的时间里修炼、提升自己。在美国某知名公司，有一种职员360度全方位评估调查制度，每个职员都要得到上司、下属、合作者等各方面的认知评估调查，最后得到的若干份评价结论，才是一个真实的自己。

通过自我觉察，了解自己的情绪，正视情绪存在的问题，才能知道自己的感受，才有机会掌握情绪，为自己的情绪负责，提高自己的情商水平。

### （二） 学会交流沟通

**【案例】善意的坏事**

李同学在家养成了经常晒鞋子的习惯。一天艳阳高照，她想把大家的鞋子都放到窗外去晒晒，但窗台太小放不下所有的鞋子。李同学想，自己的鞋子经常晒，这次就先满足室友的，于是她就帮其他三个不在寝室的同学把鞋子放到窗外去晒。没想到等她也出去上课后，突然下起了暴雨。当大家下课赶回寝室时，窗外的鞋子全湿透了。李同学觉得结果虽然不好，但自己是在做好事，应该不会被同学误会，所以只是诚心地说了句“对不起”就没做其他解释了。而其他三位同学虽然口中没说什么，但心里都觉得李同学是故意捉弄她们。从此，她们就渐渐疏远了李同学。

这个案例说明，沟通不仅是简单的对话，还需要知己知彼的心灵交流。良好的沟通建立在情商之上。高情商的人自省能力强，善于聆听自己的内心，这些人能很好地将自己的情绪调整到一个最佳状态，并用流畅的语言和得体的动作表达感情，在与人交往时，他们很容易沟通。因此，良好的沟通必须从了解自我开始，了解自己的情绪变化，摆正自己的位置，在沟通中才能扬长避短，达到沟通的目的。另一方面，了解自己的情绪能更好地了解他人的情绪，也就是我们常说的换位思考。沟通时，应多设想如果自己在对方处境中，会有怎样的感受。

沟通时还必须尊重对方的感情。只有尊重对方的感情才能赢得对方的信任。在信任的基础上，沟通的双方才会有心与心的交流。此外，在沟通时还要学会控制和调整自己的情绪。由于每个人的立场、信息、价值观等不同，每个人对待问题的态度也会有所不同，因此，在沟通中难免出现观念上的差异。这时，控制和调整自己的情绪有利于沟通的继续。

与他人沟通是我们的内心需要，有一句话很合适：沟通是在别人的反应里看到自己。在沟通中，要遵循的六个步骤是：①注意倾听，用自己的身体告诉对方：“我在听您说”；②核对信息，用“您的意见是……”句式来确认自己的理解；③接纳，用眼睛看、用耳朵听、用头脑想；④拒绝，用坦诚加礼貌的语音说“不”；⑤表达，用准确具体的语言表达你内心的意思；⑥体态语音，用身体语音比有声语音说得更有把握，传达你的真实意思。

有效沟通是社会技能的重要组成部分，有利于建立友谊，组建人际网络，打破人际隔阂的障碍，提升处理和应对冲突的能力。

### （三） 掌管自己的情绪

**【案例】逃避**

李强是某独立学院英语专业二年级的学生，性格内向，不善于和他人交流。期中考试前期，他觉得情绪很差，压力很大，因为有很多事情要做：英语专业四级考试迫在眉睫；期中考试也到时间了；学校马上要开春季运动会，他是体育部干事，事情不少。这几件事情都很重要，他想都做好，但觉得力不从心，越着急越集中不了注意力，随着各项事情的临近，他的焦虑日益加剧。一天，他跟同学去了网吧，接触了网络游戏“CS”，发现疯狂地游戏让他体会到了很久没体会到的轻松，让他忘却了生活中的不快乐，从此一发不可收拾。于是，虽然他知道这样更玩物丧志，但暂时情绪上的快乐让他不能自拔。

李强现象在现在的大学生群体中已具有一定普遍性：从情绪不好转为迷恋另外一个事物来减轻心灵上的不舒服，或者整天被情绪所影响，低落，悲哀，一蹶不振。这是失去自我情绪控制的一种表象，而掌管自己的情绪是“情商”的核心，可以分为自控能力和缓解情绪两方面。

**1. 自控能力**

有时候，自控能力的强弱能直接衡量一个人情商的高低，也是一个人事业是否成功的基本要素，良好的自控能力是用理智战胜情绪冲动的能力。譬如，案例中李强迷恋网络游戏，也知道网络游戏对个人发展不好，也曾屡次向家长、老师保证戒掉网络游戏，但回过头后，仍抵挡不住网络游戏的诱惑，导致学业荒废，人际关系飘零，甚至可能无法完成学业，这种类型就属于自控能力相当差，嘴上说的和实际做的完全两个样。锻炼自控能力可以循序渐进，例如沉迷网络游戏，可以请同学老师进行监督，最重要的是自己对自己的监督，定制目标，如本周每天上网不能超过多少小时，下周减少多少个小时，达到目标了，对自己进行奖励。通过随时随地自我监督、自我检查、自己管理，最终增强自我控制能力，为未来的工作和事业打下坚实的基础。

**2. 缓解情绪**

拥有积极、正面、良性情绪时，会产生工作绩效的动力，而负面消极情绪会付出难以计量的巨大成本。要学会情绪管理，从而提升个人成就。

个体潜意识的情绪智力不一样。在同样的情境下，情绪智力强的学生能够轻松应对，弱的则会被情绪牵制，因此在应对情绪困难时首先要发现情绪问题，再来解决问题。感应自己的情绪现状，及时面对困境做出相应措施。以上述案例为样本可以尝试以下步骤：①记录情绪困境：李强情绪表现烦躁，无法集中注意力。②寻找引发困境的源头因素：英语专业四级考试、期中考试、学生会活动等，事情太多。③对症下药，解决实际问题：现实中的事情无法全面照顾，力不能及，可以削减部分活动，如在学业紧迫前提下，放弃学生会活动。④情绪再造：将注意力锁定心脏位置，调节呼吸，有意识地用心缓慢而轻柔地吸气（数到5），再缓慢从容地呼气（数到5），持续做，直到呼吸流畅平稳；将思维定格在回忆一种快乐、美好的感觉，或者心存感激的人或事物上。

### （四） 激励自己

负面的情绪和对未来的恐惧似乎是人的本能，但激励自己，应对挫折，提升自己的情商是改变自己人生的必要途径，正如哲学家米歇尔·拉克鲁瓦所说的“我不能主宰世界，但是可以主宰自己看待世界的方式”。

激励自己的一种重要方式是保持乐观主义。邓小平曾经说过：天塌下来，有高个子顶着，这是典型的乐观主义，这句话也激励了自身有缺陷的人在面对困难时放下包袱，换个角度，学习用乐观的眼光看待周围的人和事。在其激励自己的乐观中一定要是清醒的乐观，来源于自信，不否认现实，包含了一个简单想法：所有问题都是有办法解决的，尽管这个办法也许不完美。在解决问题的过程中体会的感觉就是快乐自信的感觉。

发自内心的乐观是真正的情绪再现，心理学家艾克曼（Ekman，P）1980 年做过一个实验，力图验证笑与内心快乐的一致性。他要求被试者一直笑着看两部电影，一部是真正让人发笑的娱乐片，一部是令人生厌的纪录片。拍下的照片表明：一张是发自内心的笑，一张是皮笑肉不笑。这说明，来自内心的乐观有着一种渲染力，能改变周围人的看法，使心情轻松；而坏情绪不能通过表面的笑容得到掩饰，要真正地改变自己，需要真正的内心改变。

## 第四节　学会理财

**【案例】自力更生**

林青，女，2002 年考入某独立学院英语专业。家庭背景：来自山区，家庭经济来源主要依靠农产收入，父亲年近半百，身有残疾，劳动能力较弱，家庭年收入在 3 万元左右，家庭成员除父母外还有一个读高中的妹妹，经济负担沉重，报到时勉强凑足了第一年的学费。但该生入学以后，不但没有被家庭情况所压倒，反而在此情况下勤奋学习，屡获一等奖学金，同时利用课余时间参加了各类学生组织，出色担任实践部部长和学生会副主席等职。但她最出色的地方体现在对自己的经济掌管上，她合理地安排了学习和社会工作时间，除此以外，她将时间投入到寻找勤工助学机会，在校期间从事了办公室秘书、家教、公司兼职、翻译等工作。整个四年，她用助学贷款、奖学金支付了部分学费，又通过打工解决了其他的学费和生活费，实现了经济自立。因该生各方面表现出色，还被授予国家奖学金。毕业时，该生凭借出色的工作能力和专业知识被一家意大利投资的企业录用，月薪 4000 元。

20 世纪 90 年代末，社会上开始出现独立办学的独立学院，没有政府补贴、自给自足的办学模式注定要有高昂的学费。目前，独立学院的学费基本上是 16000 元/年左右；住宿费不等，一般学生生活费在 600 ~ 1000 元。以 4 年本科学习计算，一般一个独立学院大学生在毕业时仅学费投入就需要 64000 元。如此高昂的学费注定学生内部贫富差距很大。独立学院里家庭富裕的子女不少，对学费、生活费无所谓。因学费而给家庭经济雪上加霜的同学也有相当的数量。面对必要的消费，理财成为在校大学生的一个热门话题，缘于家庭、个体和地区的差异，各人的理财观念也都不一样。

### 一、理财认知

#### （一）大学生理财认识

理财是人们为了实现自己的生活目标，合理管理自身财物资源的一个过程，是贯穿一生的过程。注重理财，善于理财是步入财富殿堂必须掌握的能力，在这个能力方面缺乏的人，即使父母给了金山银山，财富也会远离人们而去。在刘彦斌的《理财有道》一书中将经济收入比喻成河流，财富是水库，花出去的钱就是流出去的水非常恰当，理财就是开源节流，管好自家水库，以“管钱”为中心，抓好攒钱、生钱、护钱三个环节，最终实现财富的积累，让生活水平提高，生活幸福美好（见图5－1）。有的人说：大学生无财可理。因为大学生没有固定的工作，也没有固定的经济收入。但是，现今社会对于“理财”这个词语，不再局限在对已经拥有资产的使用上，而应该包含获得资产的方法。即，理财是通过科学而合理的方法来获得财富，并通过对这些财富的正确使用以达到财富的增值。也就是说，大学生理财，既要“开源”，创造收入，也要“节流”，对收入加以恰当地使用。

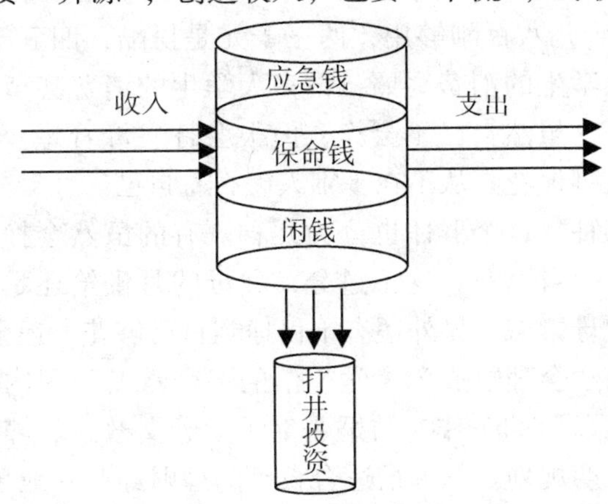


**图5－1　理财就是“修水库、打深井、筑堤坝”（刘彦斌语录）**

### （二）　大学生理财的重要性

大学生是一个特殊的群体，在大学时期培养正确的财富观念，养成良好的理财习惯，是大学生社会化的重要内容。这个特殊的群体，没有固定的工作和经济来源，即使通过奖学金、勤工助学等方式获取一定收入，但金额还是很少，所以，学会理财，是大学生应该具备的常识。引导大学生这个特殊的群体理财已经不是个人、学校所面临的问题，而是全社会所面临的问题。

大学生是未来社会的构建者，肩负着历史的使命，要让他们知道自己的责任与义务。而现在很多大学生，总觉得自己的钱不够花。有的学生花钱比自己父母赚钱的速度还要快，拿自己父母的钱当流水。在这种情况下，应引导他们树立理财意识，掌握理财方法，去学会怎么花钱，怎么用钱，通过理财教育让他们懂得自己目前的状况与未来所面临的局势。

结合现在就业压力增大、全球经济下滑等社会现状，如果大学生在校时不养成一种良好的理财习惯，毕业以后，面临高强度的工作压力和低少的薪水，会觉得钱总不够花，此时，容易对社会产生一种排斥感和厌恶感，最终失去健康的人生。因此，学会理财，将是培养大学生成长的另一种方式。

### （三）　大学生理财的现状

根据调查，现在的大学生在经济的处理上基本可以分为以下两种：

一是只会花，不会挣。在校大学生属于这个群体的比较多。他们大多是父母在开学的时候给学费、生活费，平时每个月还会给不定的生活费。

独立学院不乏开着汽车来上学的大学生，一身名牌，大手大脚地花出去的钱大多数来自父母和亲友的供给。家庭供给是大学生主要的经济来源方式。据不完全统计，独立学院来自普通家庭学生的家庭月供给在600～1000元之间，比例约在38%左右；来自富裕家庭学生则1000～3000元不等，甚至更高，该比例约占41%左右；只有约21%的家庭月供给在600元以下。在这个群体里面，有的花钱如流水，消费大品牌产品，基本把父母每个月所挣的全部花光。而且随着年级增高，消费也会逐年增高，家庭投入加大。据一位拥有家庭企业的男学生透露，其大一月家庭供给1500元，大二增加到2000元，大三上升到3000元，大四狂增到10000元。除了电子产品、服装、学习用品外，恋爱投入也占了月供给的一部分。“一月五百贫困户，千儿八百刚够用，两三千元是扮酷，四五千元是大户。”这是大学里流行的顺口溜，也是大学生的消费写照，许多大学生的消费甚至已高于一般城市居民的平均水平。另外一种就是，虽然自己不会挣，但很会替父母着想，只要自己的生活能够过就可以，没有必要大手大脚地花。从不在乎别人怎么看自己。

二是会花、会挣的那种。这个群体也分为几种。有的虽然会挣，但是挣的远远不够自己所花的，总认为，自己挣自己花，这不过分，父母的月供给还是必须要的。有的是自己挣的够自己花的，不向父母索取。另外还有不仅挣到自己够花，还会合理调节，留有积蓄。

面对各种诱惑，如何学会理财成为大学生活的一个重要学习内容，只有在大学期间学会理财，才能主动地应对以后的工作、结婚、生子、子女教育、养老等现实问题。理财对于每个人来讲都是一种长期规划。掌握最适合自己的理财经验不亚于掌握一门专业本领。

## 二、理财策略

### （一）节俭的习惯

由于缺乏生活经验，大学生中较为普遍地存在超前消费、高消费、消费攀比等不成熟的消费习惯，追求不切实际的奢侈和气派，浪费现象严重。大学生理财第一步是需要节俭，为攒钱打好基础。在节俭的前提下进行有计划的消费，即设定消费目标，按照个人需要固定每个月大致的各项开支。首先保证必需的学习消费开支，如购买书籍、资料和培训需要，学习消费方面的节俭小窍门是：最大限度利用学校图书馆的免费资源，利用“跳蚤”市场的二手参考书也是一个不错的方式；其次保证必要的生活消费，主要是日常生活用品方面的开支；在娱乐消费方面和交友消费方面是最能实现节俭的环节，不为攀比而买高档护肤品、时尚手机等奢侈品，不为面子而大张宴席都是开源节流的重要内容。“买东西三思而后行”、“钱包中不要放太多钱”都是可以放在生活中一再借鉴的法则。

### （二）记账的习惯

许多理财投资专家说，理财一定要学会的一招就是要学会记账，这是减少开支和资本积累的有效方法。尤其求学阶段，学生余钱不多，节流是最好的理财之道。很多学生在花钱中往往处于不知不觉状态，因此记账是一个非常有效的手段。传统的方法是手记，即利用笔记本记录制定表格，每过一段时间总结一下最近的消费状况。网络时代出现的新方法是借助网络中的记账网站，建立个人电子账本进行记账。网络上的专业记账软件会自动绘制一条类似股市K线图分析图表，根据线条的起伏以及跟其他同学彼此的交流，能形成系统的省钱绝招。譬如在 http：//www. licaie. com/（理财易网站）中，可在每月的月初做好开支预算，登录理财账户，做好预算登记、支出记账、存储转账等，可以清楚自己一个月每笔钱的来龙去脉。利用目标功能，还能制定目标，为实现目标不断积累资金，直至目标实现。通过记账，可以改善“月光族”和“挥霍族”的许多不良习惯。

### （三） 学习理财知识的习惯

有投资意识的大学生可利用学校资源多阅读经济类和财务类的书。有经济知识才能更好地去获取更多的金钱，也只有以扎实的经济知识作为后盾，才能在现在的社会上对政策和投资方面做到心中有数。具备一定的财务知识，才能做到钱怎样花才更划算。

### （四） 推荐的理财方式

储蓄是最简单易行的理财方法。而存款利率是风险最小、收益不小的一种理财产品。

目前，国内有活期存款和定期存款等不同储蓄方式，推荐适合学生的储蓄理财是定活两结合，譬如，在开学初，江美的父母按照一个月800元的标准给了她一个学期的生活费2400元，另加600元的机动费，总共3000元。如果江美将这笔钱放在身边，一方面容易在不知不觉中花掉；另一方面也存在遗失的风险。江美计划一个月只用500元，预留身边500元现金，2个月的生活费1000元加300元的机动资金做活期存款以备第二、第三个月的生活费和临时紧急支取，剩余部分作三个月整存整取。资本积累如果顺利的话，江美的银行存款会逐年增加，一年以后就可以进行一年的整存整取理财业务了。

### （五） 慎重的理财方式

信用卡是另一种借贷方式。由银行或者其他财务机构发行的无须预先存款就可贷款消费的贷记卡，能够提供30～50天左右的免息期。今天，在各大银行的大力宣传与推广后，大学校园中很多学生接受了这种理财工具。很多人认为，利用信用卡进行商场购物不仅是一种时尚方便的消费方式，在消费的同时还可以获得积分换取礼品，何乐而不为？但是，信用卡消费实际上是向银行贷款来购买商品，如果不能按时向银行偿还贷款，银行会按照每日万分之五的罚息收取利息，这样一年下来就是18%，远远高于目前银行的贷款利率，是一种典型的高利贷。而使用信用卡最大的感觉就是花钱没有感觉，不知不觉就会花掉很多。就大学生的收入水平而言，信用卡透支功能使用不当，容易成为“负翁”、“卡奴”，因此，对于花钱无度的部分学生来说，使用信用卡要慎之又慎。

总之，身处经济社会，一定要学会一套分析有关理财问题的方法。美国经济学家萨缪尔森提出一个幸福方程式：幸福＝效用/欲望，公式的含义是：效用和幸福同比例变动，欲望与幸福反比例变动。假定某一阶段的欲望是有限、既定的，人的幸福就取决于效用，幸福最大化就是效用最大化。现实生活中，收入越多，所能购买的东西越多，所得到的效用也就越大。个人要实现效用或者收入最大化的条件是所拥有的资源，如劳动、资本和土地。对一般人而言，主要还是劳动。在经济学的理财中，个人提供资源得到收入，并把资源用于储蓄或投资，所以，理财的关键是：①提供多少资源；②把多少收入用于储蓄，多少用于消费；③如何进行储蓄或投资；④如何进行消费。使财政的效用最大化，也就是幸福最大化了。

- **问题思考**

1. 尝试给自己列一张一天的时间表，并严格执行，思考时间列表给自己生活带来的变化。

2. 假如明天你就要迈进职业人的行列，请思考作为职业人最需要的人际关系是什么，

你现在做到了吗？

3．看完“开发情商”一节后，你是否认为自己属于高情商，如果不是，你要怎么进行完善？

4．给自己设计一份适合自己实际情况的理财计划书。

- **信息园**

**小测试 1：时间管理自我诊断量表**

请你根据自己日常学习与生活中对待时间的方式与态度，选择最适合于你的一种答案。

1. 星期天，你早晨醒来时发现外面正在下雨，而且天气阴沉，你会怎么办？ （ ）

A. 接着再睡。

B. 仍在床上逗留。

C. 按照一贯的生活规律，穿衣起床。

2. 吃完早饭后，在上课之前，你还有一段自由时间，你怎样利用？ （ ）

A. 无所事事，根本没有考虑学习点什么，不知不觉地过去了。

B. 准备学点什么，但又不知道学什么好。

C. 按照预先订好的学习计划进行，充分利用这一段自由时间。

3. 除每天上课外，对所学的各门课程，在课余时间里怎样安排？ （ ）

A. 没有任何学习计划，高兴学什么就学什么。

B. 按照自己最大的能量来安排复习、作业、预习、并紧张地学习。

C. 按照当天所学的课程和明天要学的内容制订计划，严格有序地学习。

4. 你每天晚上怎样安排第二天的学习时间？ （ ）

A. 不考虑。

B. 心中和口头作些安排。

C. 书面写出第二天的学习计划。

5. 我为自己拟定了“每日学习计划表”，并严格执行。 （ ）

A. 很少如此。

B. 有时如此。

C. 经常如此。

6. 我每天的休息时间表有一定的灵活性，以使自己拥有一定时间去应付预想不到的事情。 （ ）

A. 很少如此。

B. 有时如此。

C. 经常如此。

7. 当你发现自己近来浪费时间比较严重时，你有何感受？ （ ）

A. 无所谓。

B. 感到很痛心。

C. 感到应该从现在起尽量抓紧时间。

8. 当你学习忙得不可开交的时候，而又感到有点力不从心时，你怎么处理？（ ）

A. 开始有些泄气，认为自己脑袋笨，自暴自弃。

B. 有干劲，有用不完的精力，但又感到时间太少，仍然拼命学习。

C. 开始分析检查自己的学习时间分配是否合理，找出合理安排学习时间的方法，在有限的时间里提高学习效率。

9. 在学习时，常常被人干扰打断，你怎么办？（ ）

A. 听之任之。

B. 抱怨，但又毫无办法。

C. 采取措施防止外界干扰。

10. 当你学习效率不高时，你怎么办？（ ）

A. 强打精神，坚持学习。

B. 休息一下，活动活动，轻松轻松，以利再战。

C. 把学习暂时停下来，转换一下兴奋中心，待效率最佳的时刻到来，再高效率地学习。

11. 阅读课外书籍，怎样进行？（ ）

A. 无明确目的，见什么看什么，并常读出声来。

B. 能一面阅读一面选择。

C. 有明确目的进行阅读，运用快速阅读法，加强自己的阅读能力。

12. 你喜欢什么样的生活？（ ）

A. 按部就班，平静如水的生活。

B. 急急忙忙，精神紧张的生活。

C. 轻松愉快，节奏明显的生活。

13. 你的手表或闹钟经常处于什么状态？（ ）

A. 常常慢。

B. 比较准确。

C. 经常比标准时间快一些。

14. 你的书桌井然有序吗？（ ）

A. 很少如此。

B. 偶尔如此。

C. 常常如此。

15. 你经常反省自己处理时间的方法吗？（ ）

A. 很少如此。

B. 偶尔如此。

C. 常常如此。

**<评分方法>**

选择 A，得 1 分；选择 B，得 2 分；选择 C，得 3 分

将各题的得分加起来，然后根据下面的评价判断出自己的时间管理能力和水平。

<结果分析>

35~45分，有很强的时间管理能力。在时间管理上，你是一个成功者，不仅时间观念强，而且还能有目的、有计划、合理有效地安排学习和生活时间，时间的利用率高，学习效果良好。

25~34分，较善于对时间进行自我管理，时间管理能力较强，有较强的时间观念，但是，在时间的安排和使用方法上还有待进一步提高。

15~24分，时间自我管理能力一般，在时间的安排和使用上缺乏明确的目的性，计划性也比较差，时间观念较淡薄。

14分以下，不善于时间管理，时间自我管理的能力很差，在时间的自我管理上是一个失败者，不仅时间观念淡薄，而且也不能合理地安排和支配自己的学习、生活时间。你需要好好地训练自己，逐步掌握时间管理的技巧。

**小测试2：大学生人际关系综合诊断量表**

这是一份人际关系行为困扰的测验量表，共28个问题。每个问题做“是”（打“√”）或“非”（打“×”）两种回答。请你认真完成，然后参看后面的评分方法，对测验结果做出解释。

1. 关于自己的烦恼有口难言。
2. 和生人见面感觉不自然。
3. 过分地羡慕和嫉妒别人。
4. 与异性交往太少。
5. 对连续不断的会谈感到困难。
6. 在社交场合，感到紧张。
7. 时常伤害别人。
8. 与异性来往感觉不自然。
9. 与一大群朋友在一起，常感到孤寂或失落。
10. 极易受窘。
11. 我与人不能和睦相处。
12. 不知道与异性相处如何适可而止。
13. 当不熟悉的人对自己倾诉他的生平遭遇以求得同情时，自己常感到不自在。
14. 担心别人对自己有什么坏印象。
15. 总是尽力使别人赏识自己。
16. 暗自思慕异性。
17. 时常避免表达自己的感受。
18. 对自己的仪态（容貌）缺乏信心。
19. 讨厌某人或被某人所讨厌。
20. 瞧不起异性。
21. 不能专注地倾听。
22. 自己的烦恼无人可申诉。
23. 受别人排斥与冷漠。

24. 被异性瞧不起。

25. 不能广泛地听取各种意见、看法。

26. 自己常因受伤而暗自伤心。

27. 常被别人谈论、愚弄。

28. 与异性交往不知如何更好地相处。

**评分标准**

打“√”的给1分，打“×”的给0分。

**测验结果的解释：**

总分0~8之间，说明你与朋友相处时困扰较少；善于交谈，性格比较开朗，主动关心别人；你对周围的朋友都比较好，愿意和他们在一起，他们也喜欢你，你们相处得不错；而且你能够从与朋友的相处中，得到许多乐趣；你的生活是比较充实而且丰富多彩的；你与异性朋友也相处得很好。一句话，你不存在或较少存在交友方面的困扰，善于与朋友相处，人缘很好。同时也获得了许多人的好感和赞同。

总分9~14之间，说明你与朋友相处存在一定程度的困扰；你的人缘很一般，换句话说，你和朋友的关系并不牢固，时好时坏，经常处在一种起伏波动之中。

总分15~28之间，表明你在和朋友相处上的行为困扰较严重；分数超过20分，则表明你的人际关系行为困扰程度很严重，而且在心理上出现了较为明显的障碍。你可能不善于交谈，也可能是一个性格孤僻的人，不开朗，或者有明显的自高自大、讨人嫌的行为。

**小测试3：“我的独处能力”心理小测验。（要求回忆独处时感受）**

**“我的独处能力”问卷**

| 1. 顿觉放松了 | 是（3） | 一般（2） | 不是（1） |
|---|---|---|---|
| 2. 我感觉不安全 | 是（1） | 一般（2） | 不是（3） |
| 3. 生活更充实了 | 是（3） | 一般（2） | 不是（1） |
| 4. 我感到孤独无助 | 是（1） | 一般（2） | 不是（3） |
| 5. 提高了办事（学习）效率 | 是（3） | 一般（2） | 不是（1） |
| 6. 我无法静心学习（办事） | 是（1） | 一般（2） | 不是（3） |
| 7. 我学会了安排生活 | 是（3） | 一般（2） | 不是（1） |
| 8. 独处时我变得肆意妄为 | 是（1） | 一般（2） | 不是（3） |
| 测试总得分： | | | |

**测试结果说明：**

18~24分：你有很高的独处能力，能够安心地做自己的事，并享受独处带来的好处。

9~17分：你的独处能力居中，还须学会计划自己的生活和学习。

8分或以下：你需要好好学习如何独处，心平气和对你来说是非常必要的。

注意：不管自己的得分如何，都不必过分在意，关键在于今后的改进与学习！

测试后，请写下自己独自一人时的感受：

最害怕的是什么：______________________

什么时候愿意独自一人：______________________

什么时候愿意有人陪伴：______________________

**小测试4：EQ测试——测测你的情绪稳定度**

| 1 | 有能力克服各种困难。 |
|---|---|
| | （　）A. 是的。（　）B. 不一定。（　）C. 不是的。 |
| 2 | 猛兽即使是关在铁笼里，你见了也会惴惴不安。 |
| | （　）A. 是的。（　）B. 不一定。（　）C. 不是的。 |
| 3 | 如果能到一个新环境，你要—— |
| | （　）A. 把生活安排得和从前不一样。（　）B. 不一定。（　）C. 和从前相仿。 |
| 4 | 整个一生中，你一直觉得你能达到所预期的目标。 |
| | （　）A. 是的。（　）B. 不一定。（　）C. 不是的。 |
| 5 | 在小学时敬佩的老师，到现在仍然令你敬佩。 |
| | （　）A. 是的。（　）B. 不一定。（　）C. 不是的。 |
| 6 | 不知道为什么，有些人总是回避你或冷淡你。 |
| | （　）A. 是的。（　）B. 不一定。（　）C. 不是的。 |
| 7 | 你虽善意待人，却常常得不到好报。 |
| | （　）A. 是的。（　）B. 不一定。（　）C. 不是的。 |
| 8 | 在大街上，你常常避开你不愿意打招呼的人。 |
| | （　）A. 极少如此。（　）B. 偶然如此。（　）C. 有时如此。 |
| 9 | 聚精会神地欣赏音乐时，如果有人在旁高谈阔论。 |
| | （　）A. 我仍能专心听音乐。（　）B. 介于中间。（　）C. 不能专心并感到愤怒。 |
| 10 | 不论到什么地方，都能清楚地辨别方向。 |
| | （　）A. 是的。（　）B. 不一定。（　）C. 不是的。 |
| 11 | 你热爱所学专业和所从事工作。 |
| | （　）A. 是的。（　）B. 不一定。（　）C. 不是的。 |
| 12 | 生动的梦境，常常干扰你的睡眠。 |
| | （　）A. 经常如此。（　）B. 偶然如此。（　）C. 从不如此。 |
| 13 | 季节气候的变化一般不影响你的情绪。 |
| | （　）A. 是的。（　）B. 介于A、C之间。（　）C. 不是的。 |

**评分标准：**

| 题号 | 1 | 2 | 3 | 4 | 5 | 6 | 7 | 8 | 9 | 10 | 11 | 12 | 13 |
|---|---|---|---|---|---|---|---|---|---|---|---|---|---|
| A | 2 | 0 | 0 | 2 | 2 | 0 | 0 | 2 | 2 | 2 | 2 | 0 | 2 |
| B | 1 | 1 | 1 | 1 | 1 | 1 | 1 | 1 | 1 | 1 | 1 | 1 | 1 |
| C | 0 | 2 | 2 | 0 | 0 | 2 | 2 | 0 | 0 | 0 | 0 | 2 | 0 |

**测试结果说明：**

0 ~ 12 评价：你情绪波动，容易产生烦恼。通常不容易应付生活中遇到的各种烦恼和挫折，容易受环境支配而心神动摇，不能面对现实，就会常常急躁不安，身心疲乏，甚至失眠等。要注意控制和调节自己的心境，使自己的情绪保持稳定。

13 ~ 16 评价：你情绪有变化，但不大。能沉着应付现实中出现的一般性问题，然而在大事面前，有时会急躁不安，不免受环境支配。

17 ~ 26 评价：你情绪稳定，性格成熟，能面对现实。通常能以沉着的态度应付现实中出现的各种问题，行动充满魅力，能振作勇气。有维护团结的精神。有时，也可能出于不能彻底解决生活的一些难题而强自宽解。

**六种金钱性格：**

<吝啬型>典型表现：爱财如命，喜欢不劳而获。

<天真型>典型表现：不会算计、更重精神世界。

<恐惧型>典型表现：认为金钱带来了混乱。

<低享受型>典型表现：只懂攒钱，不懂享受。

<冲动型>典型表现：不考虑支付能力，追求随心所欲的感觉。

<虚荣型>典型表现：只为体面花钱，不考虑实用价值。

# 第六章 素质拓展

在现代社会的竞争中能够取胜的关键是能力；知识经济时代的竞争，说到底是人的素质与能力的竞争。

——比尔·盖茨

**本章概要**

随着知识经济的发展，社会对于人的要求已从单一的知识要求转变为综合素质与能力的要求。因此，在现代社会，素质与能力成为社会竞争中的核心竞争力。大学生想要在踏上社会、进入职场的过程中取得主动、优势地位，就必须在大学期间努力做好知识积累的同时，有意识地提高自身的综合素质与能力，从而提升自己的就业竞争力。

大学是一个广阔的舞台，它为大学生搭建了锻炼能力、提高素质的平台，大学生要充分利用这个平台，把握各种锻炼机会，使自己的素质与能力得到改善与提高。本章将结合大学校园生活实际，重点探讨大学生的素质拓展与就业竞争力的提升。

**【案例】机会总是给有准备的人**

张宇是某名牌大学的毕业生，在毕业前的应聘过程中，短短两个月的时间，他几乎同时参加了普华永道、德勤、毕马威、马士基、百事可乐、壳牌等多家颇有吸引力的大公司的招聘考试，并顺利通过了多家公司会计岗位的招聘。

在外企面试过程中，可以说是高手如云，竞争激烈，体现了重能力高于重知识的特点。张宇能够在笔试、面试过程中脱颖而出、过关斩将，最终拿到offer，探究原因，可以说是一分付出，一分收获。

张宇成为求职的幸运儿不是偶然的，是他从入学开始就不断积累的结果。在大学期间，他是一个重视学习，同时也注意能力培养的学生。他努力学习自己的专业知识，对英语的学习更是重视。在图书馆里经常能看到他的身影，他如饥似渴地畅游在知识的海洋中，从书中汲取营养成分、开阔视野，表现出了强烈的学习意愿和优秀的学习能力。而这恰恰是外企非常关注的。在张宇看来，国际知名的会计事务所会倾向于会计专业的学生，非会计专业学生就必须表现出自己的学习意愿，因为这些知名的会计师事务所会有非常系统和专业的培训，不在乎你会不会做，而在乎你认真不认真学。而英语水平更是大学生能否顺利进入外企的敲门砖。

除此之外，他积极参与社团等团学活动，在各种活动中，不辞劳苦、勇挑重担、甘于寂寞、勤于奉献，全方位锻炼自己的组织能力、协调能力、人际交往能力、领导能力等。因此，在面对面试官时能够神态自若，良好地发挥个人的长处。另外，他还积极参与文体活动，充分利用大学时光培养自己的兴趣爱好，锻炼体魄，不断挖掘自己的潜能。同时，他也积极参加社会实践，频繁接触社会，在保证学业的前提下做了多份兼职，在大学二年级和三年级时，经常找机会去用人单位实习。在学习实践中，锻炼了自己的应变能力，锻炼了不怕吃苦的精神和迎接挑战的勇气，也广泛地结交了朋友。

在近半年的求职路上，张宇是比较幸运的，但他的幸运与平时的充分准备分不开。

# 第一节 素质拓展与就业竞争力

微软创始人比尔·盖茨曾经说过："在现代社会的竞争中能够取胜的关键是能力；知识经济时代的竞争，说到底是人的素质与能力的竞争"。大学生群体既有较高的知识水平，也是信息掌握上的优势群体，理应成为知识经济时代的弄潮儿。而大学生要在知识经济时代的竞争中立于不败之地，就必须奠定坚实的专业基础，锤炼过硬的综合素质。

## 一、素质与素质拓展

### （一） 素质

"素质"一词原本是生理学概念，指人的先天生理解剖特点，主要指神经系统、脑的特性及感觉器官和运动器官的特点。后来相关学科对"素质"一词作了不同的延伸解释和使用，但有一点是共同的，即素质是以人的生理和心理实际做基础，以其自然属性为基本前提的。也就是说，个体生理的、心理的成熟水平的不同决定着个体素质的差异，因此，对人的素质的理解要以人的身心组织结构及其质量水平为前提。

素质只是人的心理发展的生理条件，不能决定人的心理内容与发展水平，人的心理活动是在遗传素质与环境教育相结合中发展起来的。而人的素质一旦形成，就具有内在的相对稳定的特征，所以，人的素质是以人的先天禀赋为基质，在后天环境和教育影响下形成并发展起来的内在的、相对稳定的身心组织结构及质量水平。

概括起来说，素质就是指一个人的先天禀赋和后天习得的品质。

### （二） 素质拓展

素质既有遗传性，又有习得性，是先天与后天的统一，因此素质有很强的可塑性，一个人的素质高低可以通过后天的培育、学习加以拓展或改变。

在我国，素质教育从20世纪80年代中期提出至今，已经有20余年的历史，对素质教育也形成了许多不同的看法，这些看法从不同角度对素质教育进行了解释。综合来说，素质教育就是指根据社会发展的需要，帮助受教育者完善自我、提高素质的教育。

大学生素质指人在高等教育阶段的学习和实践中发展起来或形成的特性和品质。成功的高等教育必须真正提高大学生素质，培养出能适应时代发展的大学生。对大学生而言，素质拓展就是要通过科学的有效的方法和途径，充分发挥其天赋条件，提高素质水平，同时在某些原先不具备或者在心理上和能力上有缺陷的方面，通过教育、实践和锻炼，培养和提高某方面的素质水平。

## 二、竞争力与就业竞争力

### （一） 竞争力

古人云："并逐为竞，对辩为争。"在自然界和现实社会中，竞争无处不在，无时不有。竞争是推动社会进步、人类进步的内在动力，人们往往在竞争的过程中获得自我的成就感。我们要在竞争激烈的社会环境中取得优势地位，就必须不断地提升自己，增强自身的竞争力。

那何为“竞争力”呢？概括地说，竞争力是泛指在“自由竞争”条件下，一个个体或社会实体致使竞争制胜的能力。竞争力是一个复杂的概念，由于不同的研究对象、不同的研究层次，竞争力在各自的领域又有不同的指向。竞争力的研究对象可以是国家、产业、企业、个人等，因而就有国家竞争力、产业竞争力、企业竞争力、个人竞争力等不同的概念。

### （二） 就业竞争力

当前，我国高等教育已经进入大众化阶段，在这种形势下，高校毕业生就业问题面临严峻的挑战，大学生就业问题已成为政府、社会、家庭和大学生自身高度重视和密切关注的问题。

在严峻的就业形势下，面对竞争越来越激烈的就业市场，要求当代大学生具备一定的优于其他竞争对手的能力，才能在就业过程中披荆斩棘、取得优势。而这种在就业过程中所体现出来的优于他人并且致使竞争制胜的能力就称为就业竞争力。

大学生的就业竞争力可以从两个方面来考察：一是学校；二是大学生自身。从学校的角度来看，就业竞争力就是指学校利用自身的各种资源来帮助大学生实现充分就业的能力和水平，包括学校对学生传授的专业知识和多元化能力的培养、对学生人格的塑造等方面。不断提高师资质量、改善教学方法和改革专业设置，都是提高毕业生就业竞争力的重要途径。从大学生个人角度来看，就业竞争力主要是指在就业过程中学生自身所具备的各项综合素质和能力，特别是优于他人的优秀素质与突出能力。大学生在综合素质、个人能力上存在的差异，就直接导致了学生就业竞争力的高低。

## 三、素质拓展与就业竞争力

大学生的素质拓展是通过科学有效的途径，以各种与学生学习、生活、实践相关的活动为载体，在发挥其先天所具备的素质基础上，使其具备某些方面的素质与能力或者提高其在某些方面的素质水平，提高大学生的综合素质。大学生自身综合素质提高了，也就相应地提升了他的就业竞争力。因此，素质拓展可以说是一个提升大学生就业竞争力的过程；也可以说，就业竞争力的提升可以通过大学生素质拓展得以实现。由此可见，素质拓展与就业竞争力这两者息息相关，有着密切的联系。

我们可以从以下几个方面来理解大学生素质拓展与就业竞争力之间的关系，为更好地提升就业竞争力提供新的思路。

第一，由于就业竞争力涉及现实的就业市场，具有一定的现实性与时效性，因此素质拓展也是一个不断发展的过程，素质拓展要与现实的就业市场相适应。我们面对的就业市场是不断发展变化的，虽然就业市场总体形势严峻，但相对于具体的行业、职业而言是不断变化的。例如，由于受到全球经济形势的影响，国际贸易类、外语翻译类的岗位会受到波动，就会对有这方面就业意向的毕业生产生影响。因此，我们在进行素质拓展时，不仅要具备专业性的知识，同时也要提高综合素质，以此来应对不断变化的复杂的就业市场。

第二，对大学生就业竞争力产生影响的因素主要来自于学校和学生两个方面，因此，通过素质拓展来提升大学生的就业竞争力不仅需要大学生自身的努力，也对学校提供相关的教育指导和相应的资源条件提出了要求。学校为学生创造良好的素质拓展的环境与条件，就可以激发大学生素质拓展的积极性与主动性；学校与学生之间形成良好的互动与响应，就能更好地增强学生的综合素质，提升其就业竞争力。

第三，通过素质拓展来提升就业竞争力的目标就是使大学生在自身原有的素质基础上在某些方面有所提高，并表现出优于他人的并且致使其在竞争中制胜的素质和能力，为实际的就业过程带来优势。同时，这种“优势性”不仅表现在短期的就业过程中，更要体现在长期的职业发展历程中，因为素质一旦具备就是内在的、相对稳定的。这种短期优势与长期优势的结合，才能使大学生在未来的职业发展道路上持续、稳定地发展。

## 四、社会、企业对大学生的素质要求

大学毕业生要迎接时代的挑战、接受社会的挑选，就必须符合时代发展所提出的素质要求。在知识经济时代，大学生要有所发展、有所贡献，就必须顺应知识经济时代发展的需要，满足时代发展提出的要求，做好全面、充分的准备。

随着经济的不断深入发展，就业市场上的竞争日趋激烈，社会与企业也对大学毕业生提出了更多、更高的要求。当今社会、企业对大学生素质与能力的要求，主要有以下几个方面，这些都是大学生在平时的学习、生活和工作中需要不断培养和拓展的，具备了这些素质与能力，才能在竞争中获得优势，在职业道路上越走越远。

### （一）　思想政治素质

思想政治素质是大学生的重要素质之一。我国古代伟大的教育家孔子说：“君子谋道不谋食”，把学“道”与闻“道”摆在首位，足见他对学生思想素质的看重。学校思想政治教育的过程就是培养学生知、情、意、行的过程，知、情、意、行诸要素的相互影响与促进形成了一个人的思想道德品质。一个人具备较好的思想政治素质就能够从全局的角度去把握个人的发展，科学地看待社会与个人的关系，了解国内外各种政治、经济和社会发展的形势，在处理个人与集体、个人与社会的问题中体现出大局观念，在素质拓展与求职就业中有效地把握个人的发展。同时，良好的思想政治素质也体现在对劳动的尊重与热爱方面，自觉地掌握属于自身的劳动专长，为社会的发展做出自己的贡献。

### （二）　道德素质

道德是支撑一个人、一个民族，乃至一个国家的“脊梁”。大学生是十分宝贵的人才资源，是民族的希望、国家的未来。从社会发展角度看，一代大学生思想品德如何，关系到国家、民族的前途和命运；从个人发展角度看，道德素养直接影响到个人的成长、成才，如果缺少了道德的支撑，大学生将难以在社会上立足，演绎自己精彩的人生。现在很多用人单位招聘员工都要求“人品”要好，就是对道德品质方面的要求。

对于大学生来说，树立强烈的责任感和诚信意识至关重要，这也是当前企业和用人单位对大学毕业生非常关注的素质要求。

古人云：“不患无策，只怕无心”。责任是有胜任能力的人在社会生活中应承受的负担以及对自己选择的不良行为所承受的后果。相关调查结果表明，用人单位的人事主管最看重的是毕业生的责任感，用人单位往往录用那些具有爱岗敬业精神的人。职业责任是行业和从事一定职业的人们对社会和他人所负的职责。从法律的角度，对于任何一个社会人来说，权力可以放弃，但是责任和义务必须要履行，对于职业人更是如此。每一个职业人都承担着一份责任，是一个独立的责任人。无论从事的是什么职业，都需要一种敬业精神，一种对工作认真负责的态度。这是人所必备的职业素养。

诚实守信就是言行一致、表里如一、实事求是、讲究信用。诚信是一切道德行为的基础和道德修养的前提，是每一个社会人应当遵守的行为准则。在现实生活中，诚信已经成为衡量一个人思想素质和道德水平的重要标准之一。当代社会的市场经济是诚信经济，作为进入社会通行证的诚信就是大学生最终在社会上获得成功的关键。大学生要严格地要求自己，提高个人道德修养，“勿以恶小而为之，勿以善小而不为”，在自我教育、自我管理中不断完善和提高自己。

**[案例] 特殊的测试**

梁某应聘到一家建筑公司当业务员，试用期1个月。两周后的一天，部门经理让他单独去送投标材料。送材料时，他认识了该公司的竞争对手于某，两人谈得非常投机。3天后，于某承诺给梁某2000元钱，想知道梁某所在公司投标材料内容，梁某答应了。当他还未将2000元钱拿到手时已被公司告知：“你被辞退了。”原来，所谓的投标和竞争对手，都是用人单位虚拟出来的，目的是要测试梁某的思想品德。据悉，很多用人单位在试用期间都增设了“思想品德和职业道德测试”。这些测试都是用人单位根据实际情况自行制定的，有的与其业务密切相关，有的则只是日常生活细节。测试未通过者，即使业务水平较高，用人单位也不肯聘用。

（摘编自《新华每日电讯》2004年2月29日）

这个事例告诉我们，一个人的道德品行时时处处都可以体现，遵守基本的道德规范是我们做人、做事的基本准则。现在，用人单位往往把道德品行作为选聘毕业生的重要标准。很多企业在选拔人才时，几乎都把“德才兼备者重用，有德缺才者慎用，有才无德者坚决不用”当作最重要的选才用才标准。这就要求我们大学生应该努力锤炼自己的道德品行，培养良好的品德素养和职业道德。

### （三） 身体素质

古希腊哲学家赫拉克利特曾经说过，“如果没有健康，智慧就难以实现，文化无从施展，力量不能战斗，财富变成废物，知识也无法利用。”健康的体魄是大学生成才成功的基石，也是用人单位选人的先决条件。俗话说，“身体是革命的本钱”，没有健康的体魄，一切事情都毫无意义。

“健康是人生第一大财富”。大学里的学习和生活，节奏紧张，需要付出艰苦的脑力劳动，需要有健康的体魄，就像居里夫人所说的那样：“科学的基础是健康的身体。”在知识经济时代，工作对体力的依赖减轻，人们的运动量减少，这就需要我们养成良好的生活习惯，注意锻炼身体，保持旺盛的精力，投入到日常的工作、学习中去。因此，保持健康、增强体质对于年轻的大学生而言有着重要的意义。

### （四） 心理素质

长期以来，人们总是认为，没有患病就是健康，这种观念甚至影响到身体保健和个人心理卫生。但是随着社会的进步，我们对健康的认识也越来越全面，心理的健康也同样重要。

21 世纪是一个高速度、快节奏、高竞争的时代，想要在未来的竞争中稳操胜券，除了要有强健的身体、渊博的学识、良好的机遇外，很关键的是还要有一个健康的心理。良好的心理素质是适应社会快速发展和激烈竞争的必备条件；是大学生全面发展的基本要求；更是将来走向社会，在工作岗位上发挥智力水平、积极从事社会活动和不断向更高层次发展的重要条件。因此，大学生应该有意识地加强自我心理调节，提高心理承受能力和抗压、抗挫折能力，学会缓解精神压力和思想压力的方法，锻炼坚强的意志，养成积极、乐观的人生态度。

### （五） 学习能力

学习是我们认识自然和社会、不断完善和发展自我的必由之路，要发展自我就必须不断地学习。在以知识为基础的知识经济时代，知识成为经济、社会发展中的重要环节。同时，知识的更新周期大大缩短，老化加快，这就要求我们不断地更新自身的知识储备。因此，学习能力成为 21 世纪人才素质的必然要求。

我们在大学的学习中，不仅仅是学习知识，更要学会学习。学会学习不只是掌握学习的技巧，而是包括多方面的要求。要有追求知识的持久热情，树立终身学习的观念，不断学习最新知识，这样才能跟上时代发展和知识更新的步伐；要注意广博与专精相结合，既要全面学习、扩大知识面，也要在特定的知识领域深度挖掘，打下良好的专业基础，形成科学合理的知识结构；要广开学习的途径与方式，不只依赖于书本和学校教育，也要在实践中探索、在生活中学习、在社会大学中汲取知识，充分利用一切可利用的资源学习。这样才能在将来踏上工作岗位后自如地应对各种情况与变化，适应社会发展的需要。

### （六） 合作能力

人类之所以能够从野蛮时代发展到文明社会，靠的就是通力合作。在现代社会，社会分工越来越细化，知识越来越专业化，要取得任何一件事情的成功，都离不开团队的力量，这一切都是建立在合作的基础之上。因此，要取得成功就要具有团队意识，培养合作精神，树立通力合作的思想，充分认识到合作对自己和他人所带来的好处，在全球化的背景下树立“多赢”的概念。

在现代许多企业的管理中，传统的组织结构形式已经被“Team Work”（团队工作）的形式所替代，工作、项目的完成更依赖于团队而非个人。这就要求团队成员既要发挥个人的作用，又要与其他成员进行合作，达到 1 +1 >2 的效果。

善于合作、具有团队精神的人才是未来职场上受欢迎的人。要学会欣赏别人、发现别人的长处；学会推己及人、和谐共处。要有共同发展、共同受益的意识，学会分享自己和别人成功的快乐，努力在团队合作、共同发展中实现自我发展。

在经济飞速发展、全球化进程加快的今天，许多合作还将是跨越国界、跨越文化的，这就对当代大学生提出更高的要求，要能够跨越文化的差异，理解不同文化的特质，实现多元化的合作。

### （七） 人际交往能力

人际交往能力是现代人重要的素质能力，也是影响一个人能否适应社会，步入职场的重要条件。大学生处在即将迎接社会挑战的重要成长时期，增进自身身心健康、培养和谐的人际关系，是步入社会的需要，更是职业发展的深层次需求。

人际交往通常是指人们在特定的环境条件下，以一定的方式和手段彼此接触、交流和沟通，从而在心理上和行为上发生相互影响、相互作用的过程。每个人的成长、成才、发展、成功都是在人际交往中完成的，人际交往是有关人生沉浮、职业发展、事业成功的一门重要学问。良好的人际交往是协调合作、战胜困难的有利条件，是事业成功的有力保障。我们应努力培养职业需要的人际交往技能，在人际交往中遵循平等尊重、真诚宽容、互惠互利、有益互助等原则，建立和谐的人际关系，了解社会、认识社会，并充分运用人际资源为我们开创未来事业创造各种有利条件。

### （八） 创新能力

当今时代是瞬息万变的时代，是竞争激烈的时代。作为当代大学生，应尽快适应社会的发展，尽快充实和完善自我。而这些不仅要在行动上，更要在思维观念上不断变化，要勇于突破原有的观念，摆脱陈旧观念的束缚，这就需要不断地创新。

创新是指人为了一定的目的，遵循事物发展的规律，对事物的整体或其中某些部分进行变革，从而使其得以更新与发展的活动。知识经济的本质是创新，创新是知识经济时代人才素质的主要特征。大学生要成为知识经济时代的有用人才，必须把创新素质作为素质培养的核心目标，着力培养自己的创新意识、创新思维和创新能力，要有创新的锐气，敢于打破既有的条条框框，摆脱思想束缚，突破思维定式，勇于挑战权威。

# 第二节　素质拓展与校园文化活动

## 一、校园文化活动概述

校园文化是一种以有形的物质形态和无形的精神形态为载体所显现出来的群体文化，它能够潜移默化地熏陶、感染大学里的老师与学生，在塑造思想、陶冶情操、净化心灵、发展个性、促进大学生全面发展和推动校园精神形成等方面起着不可替代的作用。校园文化活动是校园文化的重要组成部分，是校园文化中最活跃、最丰富、最多样化的部分，也是校园文化的表现载体之一。

大学生校园文化活动是大学阶段学习生活的重要组成部分。一方面，大学生校园文化活动能够丰富校园生活，为校风学风的形成提供良好的阵地；另一方面，大学生校园文化活动也是大学生提高素质、增强能力的重要载体和途径，校园文化活动能够培养和激发广大学生的群体意识和集体精神，有利于促进大学生拓展素质和全面发展。

形式丰富的校园文化活动是大学生素质拓展的一个广阔平台。大学生在校园的大舞台上展示自己的才华，增长了知识，锻炼了实践能力，提高了人文素养，也使得一批素质较好的校园文化活动的积极分子、具有较高水平的学生文体骨干和艺术人才、工作能力突出的学生干部等脱颖而出。

形式新颖、内容活泼的校园文化活动是校园文化的重要组成部分，校园文化活动的质量与品位不仅反映学生的精神风貌，也体现着校园的文化氛围。下面将重点介绍社团活动、课外科技创新活动、文体活动和社会工作等校园文化活动及其与素质拓展的关系。

## 二、社团活动

### （一）学生社团的现状及类型

学生社团是那些基于共同的兴趣和爱好、由学生自发成立的、为实现成员共同愿望而开展活动的学生组织；是按照其章程活动，为有专长而学有余力的学生提供充分展示才华机会的学生组织。

学生社团一般分为理论类、文艺类、科技类、体育类和公益类等类型。

理论类社团：以理论学习、宣传研究为主要内容和目的的社团。如邓小平理论读书会、“三个代表”重要思想研究会、大学生科学发展观研究会等。

文艺类社团：依据学生的文艺特长和共同兴趣爱好组建而成，以注重艺术享受、提高艺术素养为主要特征，如舞蹈协会、大学生艺术团等。

科技类社团：以专业学习、交流、课外科技活动为主要内容，如学生科技协会、计算机协会、英语协会等。

体育类社团：依据学生的体育特长和共同的兴趣组建成立的社团，如足球协会、篮球协会、乒乓球协会等。

公益类社团：以服务社会、锻炼自我为宗旨的团体，如校园红十字会、青年志愿者服务协会等。

### （二）社团活动对素质拓展的作用

积极参加社团活动对大学生素质拓展和提升具有积极的作用，在大学生素质拓展计划中，社团活动就被列为其中一项重要内容。学生在根据专业和个人兴趣爱好参加的各种社团活动中，可以通过各种渠道锻炼才干、增长知识、活跃思想、启迪思维、发展个性、实现价值。

大学生社团有利于繁荣和活跃校园文化。学生社团是由志趣相投的学生组成的微型文化群体，而学生是校园建设的主体，丰富多彩、形式多样的社团活动是校园文化建设的重要内容和方式，给校园文化建设带来了生机和活力，并将促进校园文化多渠道、深层次、高质量地发展。学生社团活动有利于通过学生的自主能动性，创造优美的校园环境，营造良好的文化氛围，培养他们健康向上的精神风貌。

大学生社团有利于提高学生的综合能力，社团建设是学生成长成才的现实需要。社团是学生实现阶段性目标、表现才华的试验场，为大学生进行社会活动提供了良好的场所，同时为提高大学生综合能力提供了平台。学生在社团中，通过各种方式，比如座谈讨论、参加科研等活动，改变了传统教学中学生被动接受的形式，有利于学生的主体性和创造精神的发挥。同时在社团管理中，学生们自己管理自己，自己维持社团内部的团结，自己决定社团发展方向，自己组织开展活动，自己筹集活动资金……这些对学生的组织管理能力、人际交往能力、语言表达能力等都是一个较好的锻炼。

学生社团作为大学生自我教育、自我管理、自我服务的重要载体，作为学生素质拓展的重要阵地，作为第一课堂的重要补充，已经呈现出欣欣向荣的景象。

**[案例] 小秦与青年成才促进会的共同成长**

叙述人：小秦，云南某学院2003级财务会计专业的学生。

大一下学期，我和几个同学开始策划组织一个旨在培养大学生社会交际能力、社会实践能力、团队协作精神和敬业精神的社团。在学院和校社团部的支持下，青年成长促进会于2004年11月中旬正式成立，我担任了青年成才促进会副会长，主要管理财务部、外联部、统筹部和策划部。当时，我们发展了60多名会员，其中还有外校的同学。每天早晨，我们在学校体育馆的大看台上召开晨会，晨会的内容共分为四个部分，每个部分都体现成才促进会的精神。每天有不同的主持人，每天有不同的故事和生活经历、学习经历。记得在2004年学校社团巡礼上，我们在众多社团中脱颖而出，成为最受同学们好评和追捧的社团。同学们大都是冲着社团能提供企业培训机会而来的。我们也确实做到了以企业为依托，不断地举办讲座和活动，到企业参观，学习应聘技巧等。我们注重锻炼成员的口才，每个成员每天以最大的声音对着宽阔的操场大声朗诵。

在社团的创办和运作过程中，我很有成就感，从中也获得了更大的自信。别人认可我们的同时，我们也在不断地给予别人鼓励和赞扬，使我们团队中的每个人都非常兴奋，非常自信。

在创立和运作青年促进会的过程中，小秦和她的同学实际上不仅提高了自信心，提升了自己的组织、管理、协调能力，而且以此为平台，也更好地与企业建立了联系，拓展了自己的实践空间。因此，发现需求，创建符合学生需要的社团，也是建立学生社团的一种有益尝试。

## 三、课外科技创新活动

### （一） 课外科技创新活动主要内容

课外科技创新活动主要是指学生课外所从事的各类学术科技、创新创业活动以及所参加的各类学术科技创业等竞赛活动。主要包括以下几类：

（1）结合专业学习开展的科学研究、科技发明、学术理论研究及科技创新实践等活动，新产品和新工艺设计及撰写科研论文、调查报告等活动。

（2）参与老师负责的有关课题组的科学研究、科技开发、科技服务项目及科研助学活动。

（3）在科技推广过程中开展的科技宣传、咨询、服务活动，如科技报告会、研讨会、科技博览会等。

（4）参加各级政府及教育行政主管部门组织的科技创业竞赛及成果鉴定评选活动，以及参加各类社团开展的各种科技创新、科普科研以及专业能力等竞赛活动。

### （二） 课外科技创新活动实例举要

各个高校、各个院系都结合学校和专业实际，组织开展了丰富多彩的课外科技创新活动，以不断提高学生的创新精神和实践能力。而各级政府部门、相关协会也经常举办各类科技类赛事，为学生参与科技创新活动提供机会。下面几项赛事是影响较大、面向全国大学生的重要赛事。

（1）“挑战杯”全国大学生课外学术科技作品竞赛。“挑战杯”科技竞赛始于1989年，是由共青团中央、教育部中国科协、全国学联主办的一项全国性的竞赛类活动，被称为中国大学生学术科技的“奥林匹克”。竞赛每两年举办一次，高等学校在校学生可以申报自然科学类学术论文、哲学社会科学类社会调查报告和学术论文、科技发明制作三类作品参赛。它的目的是鼓励学生在课外自主地进行科技研究，以激发大学生的能动性和创造力，提高学生的综合素质。

（2）“挑战杯”中国大学生创业计划竞赛。大学生创业计划大赛1983年起源于美国，并迅速风靡全球高校。创业计划大赛是借用风险投资的运作模式，要求参赛者组成优势互补的竞赛小组，提出一项具有市场前景的技术产品或服务，并围绕这一产品或服务，以获取风险投资为目的，完成一份完整、具体、深入的创业计划。1998年，共青团中央发起了“中国大学生创业计划竞赛”，鼓励大学生根据市场需求，发挥专业优势，组成创业团队；在全国高校中掀起了新一轮的创新、创业热潮，产生了良好的社会影响。

（3）全国大学生数学建模竞赛。全国大学生数学建模竞赛是面向全国大学生的群众性科技活动，目的在于激发学生学习数学的积极性，提高学生建立数学模型和运用计算机技术解决实际问题的综合能力，鼓励广大学生踊跃参加课外科技活动，开拓知识面，培养创造精神及合作意识，推动大学数学教学体系、教学内容和方法的改革。

（4）全国大学生电子设计竞赛。全国大学生电子设计竞赛是教育部倡导的四大学科竞赛之一，是面向大学生的群众性科技活动。竞赛有助于培养大学生的创新能力、协作精神和理论联系实际的学风；有助于大学生工程实践素质的培养，提高大学生针对实际问题进行电子设计制作的能力。

……

另外，还有许多校内外组织的与专业教育、专业实践相结合的竞赛活动，如财务会计业务竞赛、多媒体设计竞赛、大学生DV大赛以及各类广告设计大赛等。

### （三） 课外科技创新活动与素质拓展

课外科技活动是课堂教育的延伸和辅助，各类科技竞赛可以锻炼大学生的探索精神和动手能力，灵活运用所学的专业知识解决现实问题。

“挑战杯”竞赛激励更多的大学生科技创新，为锻炼其成长为适应时代发展的高素质人才起到了重要的作用；在引导大学生进行科技创新，培养他们的创新能力、实践能力和创业精神，全面提高综合素质等方面做出了重要贡献。

形式各异的大学生创业计划竞赛宣传风险投资的理念，传播自主创业意识，激发大学生适应时代发展的要求，勇于创新，投身实践，努力成为新时代复合型的高素质人才。在社会各界的关心和支持下，一批创业计划进入实际运作阶段，技术、资本与市场的结合向更深的层次推进。经过市场的洗礼，一部分学生创业公司正在逐步走向成熟，创业计划竞赛使大学校园创新意识、创业能力的教育和培训工作得到了进一步的发展，成为大学生开展素质拓展的新的载体。

同时，各类专业竞赛的题目一般来源于实际的技术与实践，如大学生数学建模竞赛的题目就是工程技术和管理科学等方面经过适当简化加工的实际问题，不要求参赛者预先掌握深入的专门知识，只需要学过普通高校的数学课程即可。比赛题目的较大的灵活性使参赛者更能发挥其创造能力，也为大学生素质拓展提供了又一个新的平台。而大学生电子设计竞赛等各类专业特征明显的专业类竞赛活动则是与培养学生全面素质紧密结合，与理论联系实际的学风建设紧密结合。竞赛内容既有理论设计，又有实际制作，可以全面检验和促进参赛学生的理论素养和工作能力。各类专业类的竞赛活动既是对学生专业知识学习的检验，又是对学生实际动手能力以及团队合作精神的培养，对大学生素质拓展和能力提高起到了重要作用。

## 四、文体活动

### （一）文体活动的主要内容

文化、艺术、体育活动是大学校园文化活动中最常见，也最易为学生接受、涉及人数多、辐射面广的文化活动。文体活动以其形式丰富、参与性强、寓教于乐的特点深受广大学生的欢迎，是大学生校园生活中一项重要内容，也为大学生活增添了色彩。

大学生文体活动形式多样，主要有以下几种类型：

（1）人文艺术类学术讲座。通过各种形式举办人文艺术类学术讲座，开设专题性的学术类论坛，丰富校园文化，营造人文教育氛围，加强学生人文艺术素养的培养，拓宽大学生的视野，提升其文化素质。

（2）校园文化艺术节。举办校园文化艺术节，可以挖掘校园内的艺术人才、才艺之星；积极参加校内外的大学生文化艺术节活动，可以提高学生的文化艺术素养与艺术欣赏水平。在开展校园文化艺术活动时，要寓教于乐，紧扣时代主题，融思想性与艺术性于一体，营造具有高雅艺术气息的校园氛围。

（3）各类体育、娱乐和竞赛活动。积极利用学校资源，创造条件，组织开展体育娱乐和体育竞赛活动，提高大学生的体育技能和身体素质，使之掌握更多的体育健身方法，增加体育保健知识，提高身心素质。体育运动可以培养学生坚强的意志与拼搏精神，树立良好的团队精神与合作意识，并激励其将体育运动中“更快、更高、更强”的精神贯穿于大学生涯的学习与生活。

（4）群众性的校园文化活动。开展群众性文化活动对时间、空间上的要求不高，有些充分利用现有的阵地、条件，开展周末活动、学生社区活动，举办各类群众性文体比赛，降低专业性，提高参与度；有些适逢重大节日和纪念日，组织开展各类庆祝和纪念活动等。大学生社区文化节、“五四”青年节系列活动都是较好的群众性校园文化活动。开展群众性文化活动，丰富了大学生的课余文化生活，增进了学生之间、师生之间的情感交流，增强了学生的归属感，提高了学生的文化修养。

### （二） 文体活动与素质拓展

文化、艺术、体育活动的开展主要在于加强大学生人文科学、文化艺术和健康身心方面的知识积累和素质能力的培养，不断增强学生的文化底蕴、艺术修养、审美情趣和人文精神，提高学生的身体素质和心理素质。

开展多种形式的主题活动，可以培养大学生高尚的精神追求、高雅的审美情趣、独特的艺术品位，使校园文化活动与提高大学生的人文素养、艺术修养、心理素质和身体素质等有机结合，达到寓教于乐、寓教于文、寓教于艺，使学生在高品位、高质量、高格调的校园文化活动中实现身心素质的全面自由的发展。同时，校园文化活动的群体性可以使学生在参加活动的同时增加对他人的接触和了解，提高自身的人际交往、组织协调、团队合作等意识和能力。

## 五、社会工作

### （一） 社会工作概述

在校期间担任一定的社会工作，对大学生而言是锻炼能力的一个良好时机。在实际社会工作过程中，学生可以锻炼人际沟通能力和学习能力，这也有利于培养学生的组织能力，增强其自信心，实现个人价值。

社会工作主要包括校内工作和校外工作两种。学校里的社会工作主要是指担任各种组织的学生干部，包括班级干部、年级干部、院系干部、团干部、学生会干部和社团负责人等。这类社会工作既可以协助学校和老师做好有关学生管理和教育工作，也是最常见的可以让学生自我锻炼的平台。校外的社会工作主要是指到社区、乡镇或者相关事业单位进行挂职锻炼，以及以专业团体的身份提供专业的援助，例如法律援助、咨询服务等社会工作。

### （二） 参与社会工作的作用

学校犹如一个小型的社会，学校中的社会工作虽然相对于社会上而言比较简单，但是同样能够锻炼人，发挥人的特长与优势。特别是在学生干部的舞台上，不少学生通过组织、参与各类大型活动，大大提高了自己的组织、管理、协调能力，形成了某些方面的职业能力或专长，提升自身的综合素质。

**[案例] 小荣充实、忙碌的三年**

小荣，女，云南某大学2003级学生。当初，刚进入大学的小荣对大学的一切充满了好奇，“不安分”也从进入大学之初就开始了。

作为大一新生，她渴望学习和磨炼，希望能够找到一个展示自己的舞台。在学生会招新人时，她选择了外联部并顺利成为一名干事。她接到的第一个任务是为学院的迎新晚会拉赞助。在部里的老干部对他们传授了一些工作经验后，他们的小组就走上了街头，斗志昂扬地开始工作。然而，在他们走过好几条街，进了很多商店，得到的大都是否定的回答，所有的信心一下子消失了。最后，首次任务以失败告终。而另一个小组首战告捷。虽然第一次任务没有完成，但是小荣在等待第二个机会的来临，希望有更大的机会锻炼自己。

她又参加了学校学生会的招聘，相对于学院而言，这里的竞争更加激烈。小荣仍将目光投向了外联部，在一位学长的面试过程中，她接触了有经验的外联工作者，知道干工作光有热情是不够的，还需要智慧。最后她顺利地通过面试，成为外联部的一名成员，并与外联工作结下了不解之缘。

大二上学期，在学校主办的一次活动中，外联部负责联系其他高校参加的工作，由小荣具体负责。在这过程中，她与其他两名干事一起，从寻找联系方法，到后来的报名工作，初赛抽签、初赛选拔以及最后的决赛，都全程参与。在做好自己工作的同时观察他人、前辈的工作，不仅体验了活动的全部过程，也学到了许多新的工作理念。随后，小荣又参加了与外企合作的校园活动，接触新的活动模式与思路。两次活动，让她不仅有了实战经验，也接触了新的观念，通过参与其中并积极思考，小荣受益匪浅。

大二下学期，小荣升任交流中心副主任，分管外联部工作。此时，她已经开始独立策划活动了，也学会了在与商家的接触中如何应对，如何与之交流，并取得了突出的成绩。到大三，小荣出任了交流中心的主任，她的工作则更加注重协调与培养新的干部上。

从一名干事，到副部长、副主任、主任，我们看到了一个学生干部的成长，这是许多学生干部成长的一个缩影。虽然他们具体任职的部门、职务不同，但是我们都看到了他们从初入大学时的稚嫩到毕业时的转变，他们在社会工作中经验不断丰富，心智逐渐成熟，逐步实现了从一个学生向社会人的转变。

小荣的这段经历充分说明了学生干部的经历所带给她的不仅是经验的积累，更多的是自信与成熟。“即将毕业了，我不得不慎重考虑我的就业问题。可以选择的机会很多，但是只有适合自己的才是最好的，而不是用社会上的或别人的价值取向来衡量。毕竟，路是靠自己去走。是到机关稳定的办公室工作，还是到商海里闯荡，我没想好，它们都各有利弊。但是这几年和社会接触的经验已让我对走入社会充满信心了。”

校外的社会工作以发挥学生专业特色为主体，让学生在与社会的接触中不断提升自己，增强自身的综合素质。通过社会工作，大学生在工作中不断地总结与改进，协调各方关系，主动探索新的工作方法。学生们通过用心的工作，在工作中不断进步和成熟，观念得到改进，做事的能力和为人的素养也在不断提高，可以为自己将来踏入社会做好准备，打好基础。

校园文化活动如此丰富多彩，精彩纷呈，作为大学生，在课堂学习之余该怎样合理安排参与校园文化活动呢？以下几点建议供大家参考。

第一，处理好专业学习与参与校园文化活动的关系。

更多的时候，我们强调学生的主要任务是学习，学业是第一位的。学业的精进与活动能力的提高有时会产生矛盾。学习成绩优异、工作表现极为突出的学生毕竟是少数。那么，如何解决这个矛盾？这就要处理好学习与工作两者之间的关系，原则上要在确保成绩达到良好的前提下，让学习成绩因参与校园文化活动而受到的影响小于在活动中得到的综合素质的提高。这里首先保证的是学业有成，这是前提，如果不能按时毕业，其他能力就很难弥补这一缺憾。

处理好这一关系的关键在于对时间的有效把握与利用，在于“勤”。时间对于大家都是一样的，要想取得双丰收，就要牺牲一定的休息、娱乐时间来付出努力，这样才能最后体会到丰收的喜悦。

第二，处理好数量与质量的关系。

大学里的校园文化活动形式多样，在选择参与时不在于多，而在于精。

首先，在选择时应以自己的兴趣爱好和个人特长为准则，只有从自身的兴趣出发，才能全情投入，在活动中有所收获。

其次，在选择活动时不能贪多，要做到适可而止。鼓励大学生参与丰富的校园文化活动，其前提是不要与正常学习相冲突。有的人忙忙碌碌，穿梭于各类活动中就难免顾此失彼，不仅影响参与活动的收获，甚至影响学业，得不偿失。

再其次，在参与活动中不要怀揣功利心，要以提升个人素质为目标。为了鼓励学生参与校园文化活动，各高校都制定了一些鼓励性的政策和措施，如综合测评加分、评选优秀学生干部等。有的学生为了加分或者为“谋个官职”而参与其中，这种功利性思想是不可取的。学生参与校园文化活动是一个自我管理、自我服务、自我成长的过程，通过活动让自身的素质与能力得到提高，增进同学之间的相互了解，更好地融入大学校园生活。

第三，处理好参与活动与职业规划的关系。

不同的学生组织、不同的校园文化活动，对于个人的发展锻炼效果是不同的。在选择参与何种校园文化活动时，还应与将来的职业发展定位相联系，拓展相应的职业素质。大学生应该根据自身的职业规划，理性地选择活动形式。如果将来希望从事科研工作，就可以选择参与学术类、科技类学生社团，积极参加课外科技竞赛；如果将来希望从事政府机关等行政管理类工作，可以参与社会工作，竞选学生干部或者自己组织管理一个学生社团，锻炼提升组织管理能力和协调能力；如果将来希望从事与文体类相关的工作，可以选择文体类社团、参加文体活动，发挥自身特长。

## 第三节　素质拓展与社会实践

### 一、社会实践概述

#### （一）　社会实践的概念

在大学，社会实践的概念经常有狭义和广义之分。狭义上的社会实践是指大学生暑期社会实践，主要是以大学生科技、文化、卫生“三下乡”活动为主题的暑期社会实践与志愿服务活动。广义上的社会实践主要包括两类：一是安排在学校教学计划内，结合专业课程，由学校设置的教学实践环节，有时也称为专业实践、生产实习或课程实践；二是在课外组织的各类社会实践，是结合个人的职业发展规划，以认识社会、了解社会、服务社会，锻炼品质和意志，培养综合能力为目标的实践活动。课外社会实践是教学实践的重要补充，是个性化的职业发展和特长发挥的有效环节，是需要合理规划和主动参与的实践内容。

#### （二）　社会实践的作用

社会实践是大学生认识、认同社会的基础。实践是认识的来源，是大学生社会认同的前提。通过开展社会实践活动，让学生走出校园，走向广阔的大社会，从而使大学生在实践中深入了解社会，增进对社会的认识和认同，进而投身社会、服务人民。

社会实践是大学生走向社会的关键环节。通过加强社会实践，提高在校大学生的社会化程度，提高在校学生对社会的认识水平和社会适应能力，掌握必要的进入社会的知识和技能，为学生从学校走向社会打下必要而良好的基础。

社会实践是在校大学生承担责任、锻炼才能的有效途径。组织在校大学生参加社会实践活动，正确处理好受教育与做贡献的关系，进而在社会实践中锻炼学生的能力，提升学生的素质，也让学生将自己在学校学到的知识、技能服务人民、奉献社会，承担力所能及的社会责任，增强当代大学生的社会责任感。

艰辛知人生，实践长才干。大学生应该敢于实践、乐于实践、勤于实践。

## 二、教学实践

教学实践一般以课时和学分的形式写入教学计划，要求学生必须参加，是专业学习必不可少的环节，也是课堂理论教学和课外实践不可替代的，应当作为巩固和提高自己专业素养的重要环节来对待。教学实践具体可以分为认识实践、专业实践以及学术实践等。

### （一） 认识实践

在尚未接触更多的专业知识时，实践的重点应该从认识入手，以了解社会、认识专业、锻炼品格和服务社会作为主要内容。认识实践是走出校门，走向社会，以接触和认识社会、了解所学专业在社会上的实际应用，增强个人社会服务意识等为主要目标，开展下工厂、进企业、专业考察等为主要内容的实践活动。通过参观一些企业，有助于更好地了解有关所学专业的信息，如对应的行业和岗位情况、行业发展前景以及对员工的要求等。

通过认识实践，学生可以发现社会、企业对自己的基本要求，能够感觉到自身的不足与差距，确定努力的方向。在与社会接触中，学生能够感受到社会不同群体之间的差异，提升自己的服务意识，增强社会责任感；在以团队形式开展的实践活动中，初步锻炼合作意识和团队精神，这些都是大学生应该具备的基本素质，也是将来走向社会、走上工作岗位必需的基本职业要求。

### （二） 专业实践

当具备了一定的专业知识和分析问题、解决问题的能力后，开展一些社会调查和部分科技实践活动。专业实践以专业知识的应用为主要内容，开展社会调查、专业实习或与专业相关的科技实践活动。在经过专业学习之后，应该进行一些与专业相关的社会调查活动，到社会上看看自己所学专业的应用领域，有条件的还可以开展与专业相关的科技实践活动，参与科技活动小组或参加科技竞赛，主要目的是了解与本专业相关的行业要求，检验自己所学知识的应用能力，了解自己的专业知识结构是否合理，以便将来在课堂上更有针对性地完善自己的知识结构和知识体系。

### （三） 学术实践

当具备了相对系统的知识体系后，应该以智力输出为主要内容开展科技活动、学术调查等学术活动。学术实践要结合当前社会的热点问题，运用自己的专业知识，发挥个人特长，开展学术调查和研究活动。这类实践活动的内容和目标还可以结合自己将来的毕业论文或毕业设计统筹规划，使实践成果能够为自己的毕业论文或毕业设计提供思路和素材。

［案例］李强的实践故事

李强，男，北京某学院机电一体化专业2003级学生。

2004年6月，李强与小组同学一起在学校实习车间参加机械基础课程设计和金工实习。在课程设计过程中，李强初步掌握了机械设计中通用零件的简单设计方法，学会了用手册查阅技术参数等。小小的收获让李强很有成就感，体会到了一分辛劳，一分收获。同时，通过金工实习，李强掌握了钳工、车工、铣工等最基本的技能，能按要求独立制作合格的工件。往日的课堂学习都是纸上谈兵，觉得很枯燥，通过实习能真刀实枪地干，李强觉得乐在其中。

在这之后，李强又认真参加了绘图员实训。通过积极参加这些校内学习，李强不仅提高了对专业学习的兴趣，提升了专业实践能力，而且取得了劳动和社会保障部颁发的中级制图员证书、北京市劳动局颁发的电工维修运行上岗证。

2006年5月，李强顺利签约北京一家公司。在此次找工作的过程中，校内实习积累的技能、工作态度以及获得的证书，发挥了重要的作用。

案例中的李强通过学校安排的机械基础课程设计和金工实习，体会到了课程实习的重要性，并在这过程中体会到了原本感觉枯燥的专业乐趣。他在认真对待教学实践的过程中，不仅学到了很多实践技能，而且也培养了独立工作的能力，这些都对他后来的就业过程产生了重要作用。所以，大学生要珍惜和重视学校提供的教学实践，主动参与，认真完成，在实践中提升积极自己。

## 三、假期实践

### （一）　假期实践的含义与作用

假期实践从组织主体看，主要包括了两种形式：学校组织和学生自主安排。学校组织的假期实践，有文化下乡、科技下乡、假期义务支教、农村调查、企业调查等，但是这些实践的参加名额相对有限；大多数同学开展的假期实践是通过亲戚、朋友联系或自己寻找等方式开展。

假期的社会实践活动时间相对集中，是大学生运用知识施展才华、服务社会的大课堂，是加强和改进学生思想政治工作、引导学生健康成长成才的重要举措，是学生深入了解社会，检验自我、锻炼自我的最佳途径，是学生培养综合素质、积累社会经验的有效形式，是学生提高实践能力、增强社会责任感和使命感、有效实施大学生素质拓展的重要途径。通过组织形式多样的假期社会实践活动，能够多渠道地加强在校学生与社会的广泛接触，拓宽大学生的知识面，完善知识结构，在服务社会中培养大学生的公民意识、服务意识、奉献精神和实践能力，引导他们在服务社会中受教育、长才干、作贡献。

### （二）　假期实践的主要形式

假期社会实践活动形式多样，主要是指学生参加的各种形式的社会实践活动和志愿服务等活动，主要包括以下几类：

（1）大学生科技文化卫生“三下乡”活动。通过开展社区服务、扶贫济困、帮孤助残、支教扫盲、青少年援助、科技推广、医疗保健、环境保护、公共事务、城乡发展等社会活动，为促进农村和城市两个文明建设发挥作用，作出贡献。

（2）以社会调查、企业调查、咨询服务等形式开展的社会实践活动，这可以进一步拓宽实践的渠道，使社会实践活动经常化、规范化。

（3）以“青年志愿者协会”等志愿服务组织为依托，在“奉献、友爱、互助、进步”的志愿者精神旗帜下，开展以社区援助、支教扶贫、助残济困、环保宣传教育为主要内容的志愿者服务活动。

（4）开展与其他青年志愿者组织和社会团体的交流合作。从实际出发，对活动进行专门的规划，制定切实可行而又富有特色和创意的活动方案，广泛与社会接触，建立社会实践的基地与志愿服务基地，使活动不断地趋于社会化、阵地化、项目化，并且保持实践活动的持续性与继承性。

**[案例] 参加暑期社会实践指导**

陈某在见到了学校团委关于暑期社会实践活动的宣传之后产生了参加社会实践的想法。他查看了学校《学生暑期社会实践活动指导手册》和社会实践网站，了解相关情况并且仔细阅读了有关的资料，因为还有一些问题不明白，就拨打学校的咨询电话，很快了解了申报程序，并着手开始策划。

陈某和他的同学对宁夏的教育状况非常感兴趣，于是希望能到当地进行实地调查。他们想通过此次社会实践活动了解我国西部的教育状况，希望通过他们的调查能让更多的人了解真实的情况，关注西部教育，同时向人们展示近几年我国西部教育事业发展的成果。在积极寻找身边同学的同时，他们还上网招募团队成员。最后他和3名同学组成了团队，还邀请了学院的老师作为他们的指导老师。

他们先到学校团委领取了实践联系的证明，然后与宁夏某县教育局取得联系。在当地政府开具实践地接收证明后，陈某和团队成员开展具体的策划。他们撰写了详细的实践策划书，对实践活动的目的、时间、地点、意义、具体日程安排、计划活动内容、实践课题项目等都作了明确的描述。并填写了《暑期社会实践团队立项登记表》，向学校申请了资助。

在这之后，陈某和成员积极参加学校组织的社会实践系列培训讲座，各自明确分工，作好出发前的最后准备。他们的活动申请获得了学校的批准，还获得了1000元的资助。

暑假期间，他们来到实践地开展社会实践活动，活动期间保持与学校的联系并及时汇报活动进展情况和安全状况。在社会实践结束后，他们撰写了实践课题成果、社会实践总结报告、团队成员个人小结，活动还受到了社会媒体的关注。

最后，由于陈某前期策划准备充分，实践成果突出，他们的团队获得优秀实践队伍称号，他本人也被评为社会实践优秀个人。

以上案例向我们展示了一次成功的暑期社会实践的全过程——从前期策划到最后总结报告，对有志参加暑期社会实践活动的同学有一定的借鉴意义。通过暑期社会实践，可以培养学生各方面的素质，在考虑全局的基础上开展团队合作，是对学生综合素质提升的绝佳途径。

## 四、企业实训

企业实训是专业学习与社会实践的紧密结合，是大学生提前进入就业状态的一种尝试，也是大学生走入职场的第一步。

企业实训的时间段大都是在高年级，是学生结合就业、创业开展以岗前实习为主要内容的实践活动。这类与就业相关的实践要结合自己的职业规划，设计实践内容，到具体的工作单位进行岗位实习，以将来与单位签约为目标之一。

随着时代的发展，人力资源的竞争是许多企业开展竞争的重点，因此有的企业在选择在校实习生的过程中都引入了正规的职业岗位招聘模式。通过科学、合理的层层选拔，筛选出符合本企业要求的实习生，并且专门设立实习生的岗位。而实习生们过五关斩六将，经过重重考验，也将成为企业重点培养和发展对象，其中的一部分实习生就可能成为企业今后正式招聘的员工。所以，现在许多企业还将这一类实习生定义为储备干部或者后备人才。由此我们可以看出，企业内的实训无论是在选拔过程还是具体工作中，对学生来说都是一次宝贵的经历，都将对其将来的职业发展产生深远的影响。

## 五、勤工助学

勤工助学活动是指学生利用课余时间，参加各种兼职锻炼，通过自己的劳动取得合法报酬，用于改善学习和生活条件并积累社会工作经验的社会实践活动。从岗位来源上说，勤工助学岗位有两类：一类是学校提供的，一类是学生自己寻找的；从活动开展的范围上来说，勤工助学岗位分为校内和校外两类；从工作时间跨度上来说，勤工助学岗位分为短期的计时类岗位和相对长期的岗位，如以一个学期为工作周期。

学校内提供的勤工助学机会包括学校组织学生参加校内的助教、助研、助管、实验室、校办产业的生产活动和后勤服务等工作。学校以外的勤工助学岗位一般是以短期性、即时性的居多，同时在暑期和寒假期间也有一些较长时间的工作岗位。

勤工助学对学生来说是“一举多得”的经历。首先，勤工助学是学校学生资助工作的重要组成部分，是资助家庭经济困难学生的有效途径，是对他们安心完成在校学业的有力支持。其次，校内勤工助学活动可以帮助学生了解学校的基本状况，熟悉学校相关部门的工作；校外勤工助学活动可以开阔学生的眼界，扩大学生的人际交往，增加社会阅历。另外，也是最重要的，勤工助学活动有利于学生德、智、体、美、劳全面发展，学生通过勤工助学能够形成良好的工作态度，培养自立自强精神，增强社会实践能力，提高自身的综合素质。

社会实践是大学生认识社会、走向社会的重要环节，社会实践可以使大学生深入地了解社会，并在社会实践中增长知识、增强能力、提升素质，为将来踏入社会、走上工作岗位做好准备。那么，怎样合理、有效地参加社会实践呢？这就要树立正确对待社会实践的态度，以积极向上的心态参与其中。

### （一）努力争取合适的实践机会

虽然社会实践形式多样，分布于校园内外，但是相对于众多的学生，实践机会有限，需要努力争取，积极把握各种参与实践的机会。学生可以通过校园内的勤工助学信息、企业实习宣讲、新闻媒体、网络等多种途径广泛收集各类实践信息，从中选择适合自己、能锻炼自己的实践项目参加。同时，在争取实践机会中，要始终保持清醒的头脑，不要急于求成而致使自身利益受到损害，要注意安全，维护自我权益。

### （二）合理规划、充分准备

社会实践活动的规划要结合自身特点，结合自己所学专业、结合自己职业生涯规划进行设计和安排。一般教学实践活动，学校会进行统一的设计和安排，根据年级、专业的不同安排不同时间、不同内容的实践内容。而其他形式的社会实践活动则是学生自主选择安排的，这就给学生很大的选择空间。学生可以结合自身特点选择实践活动的形式，希望在经济上有所收入的可以选择勤工助学；希望为将来职业发展做准备的可以选择企业实训；希望参与实践、服务社会的可以参与暑期社会实践等。

针对具体的一次社会实践活动，也需要科学、合理规划，对实践内容的安排、实践地点的选择、实践时间的安排和实践方案的撰写等做好事先计划，收集相关资料，开展前期的准备，为后期实践的开展和成果的总结打下良好的基础。

### （三）勤于实践

大学期间，实践应该是经常性的，是随着知识的学习、能力的提高不断进行的。我们不能满足于学校要求的实践任务的完成，也不能沉浸于一两次成功实践的喜悦之中。要为自己争取更多的实践机会，要主动创造实践的渠道，要积极寻找实践的项目，让自己在形式多样的各种社会实践活动中不断地成长进步。

- **问题思考**

1. 素质拓展与就业竞争力之间存在怎样的关系？
2. 结合自身参加的校园文化活动，谈谈自己的感受和收获。
3. 简述社会实践对素质拓展的作用。
4. 作为大一新生，你将怎样制订自身的素质拓展计划？

- **信息园**

#### 大学生素质拓展计划简介

“大学生素质拓展计划”是由教育部、团中央、全国学联等中央有关部委联合推行的一项素质教育的重大举措。“大学生素质拓展计划”的基本内容是以开发大学生人力资源为着力点，进一步整合深化教学主渠道外有助于学生提高综合素质的各种活动和工作项目，在思想政治与道德素养、社会实践与志愿服务、科技学术与创新创业、文体艺术与身心发展、社团活动与社会工作、技能培训等六个方面引导和帮助广大学生完善智能结构，全面成长成才。

“大学生素质拓展计划”的实施注重三个结合，即课内外相结合、第一课堂与第二课堂相结合、学习与实践相结合。实施工作主要围绕职业设计指导、素质拓展训练、建立评价体系、强化社会认同四个环节，通过教学、课堂、讲座、活动等丰富多彩的方式展开。

职业设计指导：根据学生个人的特点、爱好和能力，对他们将来可能从事的职业进行设计指导，并就学生完善素质的具体方法和途径提出合理化建议，帮助学生建立成才目标，引导他们有意识、有选择地参加各种素质拓展活动。

素质拓展训练：根据不同阶段和层次的学生不同的成才需求，广泛开展校园科技文化活动、社会实践以及其他有益于学生素质提高的第二课堂活动，为学生全面发展提供必要的训练和帮助。

建立评价体系：建立客观记录学生素质发展变化情况的青年学生人力资源能力评价体系，重点实施《大学生素质拓展证书》，量化评价指标，引导和激励学生更好地进行素质拓展。

强化社会认同：争取劳动、人事等部门对大学生素质拓展的政策支持，完善大学生就业准入机制，畅通用人单位的信息反馈渠道，推动社会对大学生素质拓展及其评价体系的认同。以适当方式吸纳社会力量参与计划的实施。

“大学生素质拓展计划”具有整合学校各方面资源、动员社会资源服务大学生素质教育等优势，能够发挥个人的主体精神和主动意识，它的既定项目能够有效引导我们自觉地进行职业生涯规划，增强创新意识和实践能力，能够系统有效地引导大家发挥创造力、竞争力和适应能力，有利于增强自主创业、就业的意识和能力。“大学生素质拓展计划”使第一课堂与第二课堂有效融合，共同构筑学校的人才培养体系，使大学生素质教育更扎实、更有效。

（摘自《大学生素质拓展计划理论与实务》）

# 第七章 关注就业

立志是事业的大门，工作是登堂入室的旅程。

——巴斯德

**本章概要**

随着高等教育大众化进程的不断深入，高校毕业生就业形势日趋紧迫，本章从就业形势入手，分析和预测就业形势的未来走向；比对当前大学生的就业观念；把脉大学生常见的就业心理问题；列举目前大学生就业的主要形式；介绍大学生就业市场的特点；简要说明就业信息收集的技巧和方法。目的是使学生对影响就业的主要因素有较为深入的了解，引导和帮助学生在大学期间做好就业准备，以便将来顺利走向社会，实现其人生职业目标。

**【小故事】**

某人在屋檐下躲雨，看见观音正撑伞走过。这人说："观音菩萨，普度一下众生吧，带我一段如何?"观音说："我在雨里，你在檐下，而檐下无雨，你不需要我度。"这人立刻跳出檐下，站在雨中："现在我也在雨中了，该度我了吧?"观音说："你在雨中，我也在雨中，我不被淋，因为有伞；你被雨淋，因为无伞。所以不是我度自己，而是伞度我。你要想度，不必找我，请自找伞去!"说完便走了。第二天，这人遇到了难事，便去寺庙里求观音。走进庙里，才发现观音的像前也有一个人在拜，那个人长得和观音一模一样，丝毫不差。这人问："你是观音吗?"那人答道："我正是观音。"这人又问："那你为何还拜自己?"观音笑道："我也遇到了难事，但我知道，求人不如求己。"

做任何事情，求人不如求己。面临当今严峻的就业形势，要有自主的观念、竞争的意识、流动的准备、发展的眼光。只有这样，才能适应时代变化，找到理想的职业。

## 第一节 就业形势与影响因素

**【案例】骑牛找马**

小舒是某独立学院2006届毕业生，现供职于摩托罗拉有限公司。该公司是全球500强企业之一，摩托罗拉每年都到重点大学招聘，但对独立学院的毕业生少有问津。小舒是怎样进入这家名企的？据了解，小舒来自省内农民家庭，在校成绩中等。他回忆说，毕业时觉得自己的专业水平一般，也没有什么特长，所学专业的毕业生又泛滥成灾，于是决定给自己定下一个最低目标：找到落脚点，留在杭州；一个最高目标：待遇比较好，有发展前景。当其他同学在有限的就业机会中等待之际，小舒踏上求职之路。在杭州没有亲戚朋友，全得靠自己努力。小舒先在一家小公司当推销员，薪资微薄，好在公司还提供集体宿舍；毕业后，小舒成为这家小公司的正式员工，慢慢地熟悉业务，熟悉环境，工作之余在英语和计算机方面投入了很多的精力。再后来，又走马灯地换了几家小公司。历经磨炼，小舒的综合素质有了极大的提高。一年后，摩托罗拉公司公开招聘，在大学生如过江之鲫的杭州，应者如云，小舒轻松地踏进了摩托罗拉公司的门槛，而且很快成了这家名企的业务骨干。

小舒的求职之路让人反省：一些在校很优秀的学生毕业后眼高手低、彷徨徘徊、工作迟迟无着落，结果反不如昔日表现平平的同学。其实，学生初入职场，就业信息是不对称的，想等最好的单位出现再就业，反而会误事。不如采取小舒的策略，先降低期望值，实现最低目标，找到“牛”后再慢慢找“马”，骑牛找马天地宽！

## 一、就业形势分析

### （一）中国高等教育已经进入大众化时代

美国著名教育社会学家马丁·特罗于20世纪70年代提出高等教育发展阶段划分理论：高等教育的毛入学率（即在校生与适龄人口之比）是衡量高等教育发展阶段的指标。毛入学率15%以下为精英教育阶段，15%～50%属于大众教育阶段，50%以上为普及教育阶段。随着中国在全球经济舞台上的崛起，中国高等教育也进入快速的扩张进程中。1999年，中国决定大幅度扩大高等教育招生规模，高等教育毛入学率从1998年的9%上升到2007年的23%，达到高等教育大众化的标准，走完了其他国家需要三五十年甚至更长时间所走的道路。中国高等教育规模先后超过俄罗斯、印度和美国，成为世界第一。中国国家教育发展研究中心主任张力在“2007上海教育论坛”上透露，到了2010年，中国高等教育毛入学率将达到25%，也就是说，高等教育学龄青年中，每4个人中，就有一个是大学生。

### （二）就业形势的特点

高等教育由精英化进入大众化阶段以后，很大程度上满足了人民群众渴望接受高等教育的强烈愿望，为社会输送了大量人才，但同时，学生人数的快速增长与就业之间产生了新矛盾，大学生就业形势发生了根本性的变化，并呈现出一些新的规律和特点。

**1. 大学毕业生的就业由“精英白领”走向“高级蓝领”**

进入高等教育大众化阶段后，会有更多人享有接受高等教育的权利，大学生不再是稀有“宠儿”。与高等教育大众化相对应，我国将势必出现高校毕业生就业的大众化。如果将就业市场比作三角形，随着毕业生总数增多，大批人才必定将从三角形顶端往下移，只有小部分大学生能留在顶端的精英职位上，大部分毕业生将向下从事与大众化相适应的“蓝领工作”，成为高级蓝领。这种现象在一些发达国家已经发生，如日本将岗位分为职业性和专业性两种，1955年从事专业性工作的专科生比例为43.1%，本科生比例为49.6%，而到1989年，这一比例分别下降到26.5%和40.9%；在德国表现更为明显，众多大学毕业生从事职业性工作，构成了庞大的蓝领中产阶层。

**2. 大学毕业生的就业由“统包统分”转向“自主择业”**

随着高等教育的迅速发展，大学毕业生数量急剧增加，2003年全国高校毕业生212万人，2004年280万人，2005年338万人，2006年410万人，2007年495万人，到2008年高校毕业生将达到559万人，预计今后三年内还将以每年50万的速度增长。大学毕业生与社会需求之间的关系由精英教育阶段时的“统包统分”转为大众教育阶段的“自主择业”。这是大学生就业所面临的新形势的一个重要标志。在今后一个相当长的时间内，社会需求总量增加不大，就业市场上将出现“挤占”现象，即研究生开始挤占本科生职位，本科生又挤占专科生职位。好比一个小学教师，最开始初中毕业就能当，后来中师毕业去当，再后来专科毕业去当，现在本科毕业生去挤占这个职位。毕业生层次间挤占岗位的效应也将是一个增强的趋势：同层次、相同专业毕业生的名牌学校与普通学校之间，专业知识基础和综合素质的竞争将格外激烈；毕业生整体求职的成本和时间将扩大和延长；毕业生整体的薪酬水平也将有所下降（见图7－1）。

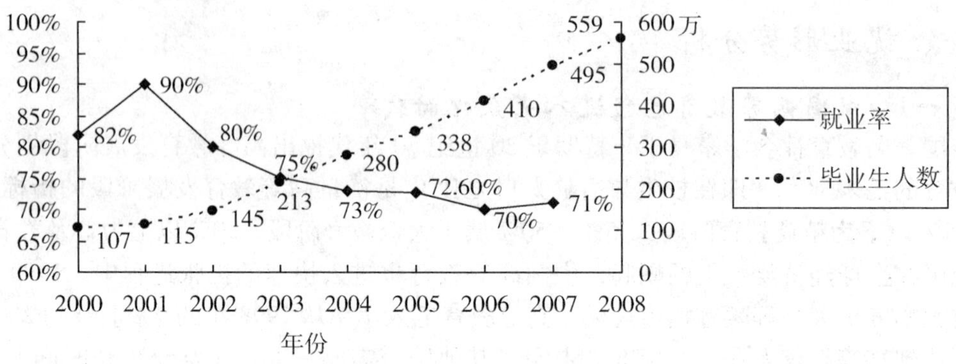


**图7－1　教育部公布的历年就业率**

### 3. 高校毕业生就业由“传统产业”向“第三产业”倾斜

从世界经济发展看，随着科学技术水平的提高，第三产业（第三产业的介绍详见信息园）的职业数量迅速增加，其就业人数在发达国家均已超过50%，据国际劳动组织出版的《劳动统计年鉴1988》显示，第三产业从业者的比例美国和加拿大最高，为69%，澳大利亚为68%，英国为66%，法国为63%，日本为58%，德国为54%，我国目前仅为24%。但在“全面建设小康社会”的时期，第三产业必将有突飞猛进的发展，将会从现在占GDP不到30%上升到50%左右。现代化的第三产业以知识和高科技为支持，其中金融保险业、法律、审计、财会、投资、心理、职业、出国留学等方面的咨询服务业，各类经纪人和中介机构，文化教育业等服务产业，要求其从业的绝大多数人员取得大学学历。应当说，在这些行业中的从业人员多数是在第一线工作。大学毕业生大量转移到第三产业一线岗位就业，也是大学毕业生就业“大众化”的表现。

### 4. 大学生毕业待业率和选择性失业率相对较高

国家自1996年开始进行就业率统计，就业率呈逐渐下降趋势。今后几年内，大学生待就业的人数将会逐渐增加，但是总体上受过高等教育的人的就业率要高于社会的平均就业率，待遇高于其他非受高等教育的人。

毕业生选择性失业是指毕业生主动失业，也就是说毕业生在可以就业或者有就业机会的情况下自主决定不就业或者暂时不就业。据统计，在我国大学毕业生的失业率中有1/3是有业不就的选择性失业。大学生选择性失业的现象在社会上引起了广泛的关注，大部分意见倾向于对其反感，冠之以“啃老族”、“傍老族”、“neet族”等称谓。大学毕业生选择性失业给个人和社会都带来损失。就大学毕业生而言，选择性失业则意味着在从学校迈向社会的第一步就遭受挫折，对个人身心健康和成长道路都有伤害；十几年的寒窗苦读“壮志未酬”，较高的人力资本投入尚无回报，已经成人却未能自食其力；韶华流逝，后续的大学毕业生越来越多，择业难度有增无减。就社会而言，一部分大学毕业生选择性失业与某些单位的缺岗现象和低素质员工的顶岗现象并存，既造成了人才资源的失衡和浪费，也不利于优化整个社会的人才资源配置，更不利于提高企业和社会的经济效益。

## 二、影响独立学院学生就业的主要因素

独立学院是适应我国高等教育大众化和人们对高等教育需求迅速增长而产生的一种新的办学形式，它在20世纪末国家扩大高等教育规模背景下应运而生。独立学院已经成为我国高等教育新的增长点和重要组成部分，是高等教育大众化进程的主要推动力量。在大学生就业市场竞争十分激烈的形势下，独立学院毕业生的就业同样面临着巨大的压力和挑战。

### （一）人才培养定位明确，专业优势较为明显

人才培养目标的定位将直接影响毕业生的能力、素质和就业。独立学院基本以教学型为主，培养的学生大多数是面向基层、面向行业的应用型人才。这一类型的人才培养要求具有一定的理论基础，有较强的动手能力和创新思维，应用性特色比较强。他们的就业竞争力介于一般本科和专科学生之间，既可以占据本、专科就业市场，又可以填补本科和专科就业市场之间的空白地带，有着就业层次多样性和就业范围广泛性的优势。另外，独立学院设置的专业基本上是各高校近几年就业形势普遍较好、就业率较高的热门专业，专业设置较为贴近实际，适应社会需要，因而独立学院毕业生具有专业优势。同时，由于独立学院基本满足了学生的专业学习要求，学生能够选择自己喜欢的专业，因而绝大部分学生学习兴趣较高。

### （二）充分利用母体学校的优势资源，保障人才培养质量

独立学院与母体高校共享教育教学资源，由于独立学院得到了母体高校的高度重视和优惠政策，加上其灵活的办学机制，可以说独立学院是母体高校优势教育教学资源的最佳组合；此外，独立学院可以根据市场需要调整教学计划和课程设置，这为独立学院人才培养提供了质量保障。

### （三）母体学校“品牌”的影响有利于就业

举办独立学院的母体高校一般是办学历史悠久，具有优质的教育教学资源，具有在人才培养质量、学术科研水平、教育管理水平等方面的经验和优势，其人才培养质量已得到社会的广泛认可，形成了自己的“品牌”，社会效益良好。独立学院依托母体学校形成的“品牌”效应，为毕业生创造了良好的就业基础。

### （四）独立学院的学生和家长就业期望值过高

由于独立学院的学费较高，相当于一般本科生的2～3倍，学生家长希望高投入能有高回报，普遍存在就业期望值过高。同时，学生本身也存在就业观念不当的现象，主要表现在：一是“精英”人才意识浓，自身定位普遍高，追求薪酬待遇和地域条件，理想与现实脱节；二是被动就业观念强，自主创业意识淡薄，只有少部分学生选择自主创业；三是静态就业动机强，动态就业观念弱，仍抱着“一次就业定终生”的传统就业观。

### （五）独立学院学生就业形式单一

在就业形势日益严峻的今天，考研、出国、自主创业越来越成为大学毕业生就业的新方式。虽然独立学院的学生具备一定的家庭背景，有考研、出国和自主创业的经济基础，但是绝大部分的毕业生并没有把提高自身素质、实现高层次成就感和自身价值摆在重要的位置，较少考虑在努力实现个人发展的同时寻求个人和社会价值的最佳结合点。

# 第二节　择业观念与就业心态

**【小故事】什么样的人最快乐**

英国《太阳报》曾以“什么样的人最快乐”为题，举办了一次有奖征答活动，从应征的八万多封来信中评出四个最佳答案：

1. 作品刚刚完成，吹着口哨欣赏自己作品的艺术家。
2. 正在用沙子筑城堡的儿童。
3. 为婴儿洗澡的母亲。
4. 千辛万苦开刀后，终于挽救了危重病人的外科医生。

要使自己成为快乐的人，从第一个答案中，我们知道必须工作，有工作，就会使人快乐。第二个答案告诉我们，要学会快乐，必须充满想象，对未来充满希望。第三个答案告诉我们，要学会快乐，一定要心中有爱——那种无私的、不计报酬的爱。第四个答案告诉我们，要学会快乐，一定要有能力，要有助人为乐的技能。只有这样的人，世人才会给他最美妙的报偿，正所谓予人快乐予己快乐。

## 一、择业观念的特点

大学生择业观是关于择业理想、动机、标准和方向的根本观念和根本看法，是大学生走向人才市场寻找工作的先导。择业观在大学生择业过程中起着基础性和全面性的作用，它是大学生的世界观、人生观和价值观在择业方面的集中体现。大学生的择业观念是不断变化和发展的，大学生的择业观念在新形势下主要体现以下几个特点。

### （一）毕业生择业形式多元化

随着社会经济结构变化和利益群体分化，曾经被归入另册、被认为可有可无的一些就业领域开始吸引大学生择业的目光，求稳怕变、重视“正统”的就业观念遭到冲击，大学生择业呈现出多样化特点。多数大学毕业生都能根据个人及家庭的愿望和实际情况，采取选择直接就业、自主创业、考取国家公务员等就业方式，有的毕业生为了找一份工作，不再要求专业是否对口。除了上述直接就业方式外，还有不少毕业生选择考取研究生、出国留学或灵活就业等曲线就业方式。

### （二）毕业生择业地域集中化

当前大学毕业生择业主要将目光放在大城市和东南部经济发达地区，小城镇和西部经济欠发达地区次之，对于经济落后地区及农村则不屑顾及。尽管国家在就业政策和个人待遇上采取了很多鼓励措施，动员、鼓励毕业生自愿到西部、到基层去工作，但是总体上看毕业生大多倾向于选择发达地区和大城市就业，而不太愿意到经济落后、急需人才的地区去立业。大学毕业生的这种择业观念加剧了小城市特别是小城镇、中西部地区和西部落后地区的人才供求矛盾，给社会经济的全面协调发展带来了负面影响。

### （三）毕业生预期就业单位理想化

据统计，大学生都对三类用人单位感兴趣：外企、国企、政府机关，三者所占比例接近70%，大学生在就业选择上“扎堆”现象突出，可预见未来“公务员热”将继续升温。由此可以看出，毕业生期望就业的单位与中国现有单位的性质，在招聘毕业生人数之间存在很大矛盾。而从不同性质的用人单位招聘毕业生数量上来看，外企、国企、政府机关就业的毕业生比例明显下降；而一些民营的中小型企业对毕业生的需求逐年上升，约占岗位需求总量的80%以上。随着高校毕业生大众化就业的不断深化，民企已成为毕业生就业的主渠道。

### （四）毕业生择业岗位流动快速化

现在的大学生思想活跃，喜欢不断接触新事物新环境，偏爱有挑战性的工作，而不喜欢收入相对较低的工作。因此，更趋向于流动性较大的岗位和更换新的岗位，并在工作中频频地“跳槽”。国家就业指导中心对全国96家用人单位的统计结果显示，大学毕业生在最初工作的1～3年间，跳槽率达到了70%。大学生的这种就业观念加剧了专业学非所用的矛盾，频繁跳槽不仅使新人无法学习到岗位所需技能及相关知识，更无法深刻领悟企业文化的精髓，给用人单位造成了巨大的损失，也自毁了大学生个人的“诚信”长城，更为严重的是破坏了用人单位与大学毕业生之间的互信基础，客观上给后续的毕业生造成了很多就业障碍。

### （五）毕业生酬薪期望值趋于理性化

随着就业形势的日益紧迫，大部分大学生对自己的薪酬期望已经下降。但从相关调查数据看，与企业的预期仍然存在很大的差别，仍然有相当一部分的企业人力资源部工作人员认为毕业生对企业薪酬要求偏高。从教育成本回收来看，这样的预期似乎并不为过，但是在就业市场供大于求的前提下，大学生薪酬行情是看落的。这种薪酬的行情不是哪个企业人为打压工资的结果，这是市场选择，代表着一种社会平均工资，所以，如果去找工作的话，恐怕不能先说自己的底薪是多少，关键是自己有什么样的资本去提这样的要求。

### （六）毕业生择业目标更自我化

大学生择业的自我意识加强，有鲜明的时代特征。计划经济时代，绝大多数高校毕业生服从分配，心甘情愿到祖国最需要的地方去工作。自我国实行社会主义市场经济体制以来，市场作用对高校毕业生就业影响日益增强。在毕业生的价值取向中，昔日那种长期被压抑的个人成分开始显现出来，自我价值的实现和个人目标的追求开始主导毕业生的就业选择行为。如果说前几代人习惯于把“小我”融化到“大我”中以感受奋斗目标的意义，当代大学生却更乐于把“小我”从“大我”中分离出来以定位自我的人生目标。已有的研究结果表明，有利于自我发展是当代大学生择业考虑的主要因素。

## 二、正确的择业观念

择业观对大学生择业具有导向和动力作用。它支配着大学生对择业目标的期望、定位和选择，支配着择业主体大学生的择业行为。因此，正确的择业观能够指导大学生对职业进行正确的评价，进行准确的定位，进行合理的选择。

### （一） 要树立多奉献、敢竞争的观念

大学生毕业就业，是人生职业和事业的开始，不论在哪一种行业，哪一个岗位，都应首先考虑怎样通过自己的辛勤劳动和无私奉献为单位创造更多更好的经济效益、社会效益，当自己的能力和贡献得到肯定和确认后，单位按多劳多得、优劳优得的分配原则，自然会给员工优厚的回报。竞争是经济发展、社会前进的动力。因此，竞争意识是现代人必备的素质之一，大学生就业市场同样存在着激烈的竞争。大学生应当摆脱被动依赖、消极等待的状况，敢于竞争，树立“爱拼才会赢”的观念，在校期间就要作好多方面的竞争准备。

### （二） 要树立重发展，轻待遇的观念

现在有些大学生在择业时更多关注自己的待遇和生活状况，而很少考虑用人单位未来的发展，一听说哪个单位来要人，就问工资多少，有没有住房，带薪假期多长，而不关心这家单位的核心业务是什么，管理体制如何，有无发展前景。现在已没有什么职业是“铁饭碗”，几乎所有的职位都面临着竞争和压力，因此谈“职位稳定”并不现实；最关键的是，应聘单位是否具有提升员工素质的氛围、自己是否有自我提升的学习动力，这些才能促使新人迅速成长。自我提升和自我发挥空间应是毕业生初入职场最重要的考虑因素。

### （三） 要树立自身价值与社会需要同步发展、统筹兼顾的观念

当代大学生价值取向已非过去那种非此非彼的思维模式与定式，呈现出兼容性、主体性、多元化趋势。以前很流行的“舍个人而集体”、“为国家利益，舍我其谁?”的传统单一选择在当代大学生中已很难达成共识。这既可以看做是社会发展进步、个人价值和独立意识得到了充分体现和尊重，同时也必须看到其对集体主义、大局意识、国家利益等的负面影响。只有将自身价值、时代发展与社会需要统筹兼顾、协调一致、同步发展，才能找准自己的坐标，确立自己的位置，实现自身的价值。

### （四） 要树立到基层、去农村的观念

农村是广阔的天地，我国农村人口占全国人口的70%以上，中国的现代化建设离不开农村的现代化，“科教兴国”的战略，不能不包括“科教兴农”。改革开放以来，我国农村的社会、经济、文化发生了翻天覆地的变化，创造了大量的就业机会，需要大量的优秀毕业生投身于广阔的农村的天地，传播星火科技，带领农业致富，发展农村经济，同时，农村的广阔天地也为大学毕业生施展才华、实现理想创造了条件。如果毕业生只是留在城市就业，那么，就业的路子会越走越窄。从现实和发展上看中国高等教育大众化，既不能只靠城市生源，更不能仅在城市就业。农村的经济与社会发展了，也需要并能容纳更多的高校毕业生就业。具有创业精神和创业技能的高校毕业生，到农村求职，更有可能成为新的工作岗位的创造者。

### （五）要树立先生存、后发展的观念

在计划经济条件下，一次就业定终身的观念，经过历史的积淀形成了普遍性的就业心理。而现代社会为人们提供了独立的发展空间，市场优化配置资源的方式是合理流动。社会不再有从一而终的职业。毕业生不必在短时间内找一个固定的“铁饭碗”，要学会在流动中求生存求发展，特别是人事制度的不断完善，为毕业生的流动就业创造了条件，毕业生将户口迁回生源地，把档案托管在工作地的人才交流中心，哪里找到岗位就在哪里就业。因此，大学生要打破一步到位，从一而终的就业观，树立不断进取的职业流动观念，并学会在流动中发现机会、抓住机会、把握机会。

## 三、独立学院学生就业心理分析

随着高校的进一步扩招，大学生就业难问题日趋突出，尤其是独立学院的毕业生，由于其人才培养规格有别于普通本科高校，其毕业生在严峻的就业形势面前所产生的心理问题不容忽视。这些心理问题表现为好高骛远、眼高手低造成的矛盾与困惑心理；耐挫性和适应性差产生的焦虑与烦躁心理；缺乏自信心产生的自卑与忧郁心理；爱慕虚荣和自我了解不深而产生的攀比与从众心理；缺乏独立意识和竞争意识而产生的依赖和保守心理。

### （一）独立学院大学生就业中存在的心理问题

**1. 矛盾与困惑心理**

在求职过程中，毕业生们会面临很多工作的选择，求职择业本身涉及面广，易产生各种矛盾。现实与理想的矛盾、专业与需要的矛盾、个人与家庭的矛盾等，相互交错在一起。同时大学生本身就处在青春期，这一时期是一个人心理成长过程中人生矛盾的突出阶段。由于大学生身心发展步调会出现不一致，再者受整个社会对独立学院毕业生的认可度和接受度的影响。在求职择业的过程中独立学院大学生的心理会呈现复杂、矛盾而又多变的特点。当择业过程中出现各种矛盾问题时，毕业生会产生困惑心理，认为是否因为就读于独立学院而导致出现择业中的各种问题，对自己当初高考的选择产生疑虑。对自我以后的工作出路在何方而不知所措。

**2. 焦虑与恐惧心理**

在择业受挫后，多数独立学院毕业生会出现不同程度的焦虑心理。他们因为自己是毕业于独立学院而不敢大胆求职，或者因为学业成绩不佳、能力一般而感到烦恼，或因为用人单位过高的要求与严格的录用程序而感到恐惧。许多毕业生在求职屡遭挫折时，往往会产生一种焦虑恐惧的就业心理。不少学生毕业时，不是积极寻找合适的岗位，而是选择泡网吧、玩游戏，就是因为就业恐惧而产生的逃避心态。他们往往情绪紧张烦躁，意志消沉，怀疑自己的能力，对前途没有信心，个别人甚至产生绝望的心理，出现极端行为。这种焦虑心理，在一些就读冷门专业、成绩较差、性格内向的毕业生中表现得尤为明显，极大地影响了他们正常的学习和生活。

**3. 自卑与忧郁心理**

自卑在独立学院学生中普遍存在，他们过低地估计自己的水平和实力，总觉得自己不如第一批，第二批本科院校的学生，对自己缺乏自信，不敢竞争。这种情况在自我意识发

展不健全、性格内向或有生理缺陷的独立学院大学生身上表现的较突出。过度自卑，不仅会带来精神上的抑郁、苦闷，还会阻碍大学生能力和智力的发展。部分独立学院毕业生在经历求职过程中的种种困难之后，心理状态发生变化，开始产生忧郁的情绪，认为从此自己前途渺茫，没有希望可言。而一切的源头就是自己成绩不够好，就读的是独立学院，低人一等。这种心理会一直让学生摆脱不掉，深陷其中，甚至产生抑郁心理。

**4. 攀比与从众心理**

一些学生在进行求职择业的过程中常常出现攀比现象，特别是自我价值是否能够得到体现和承认的问题，大学生们习惯将自己和周围的人进行比较。在择业的过程中，如果有同学条件比自己差却找到一个比自己找得好的单位时，不平衡的心理就产生了。于是一些学生开始不断否定自己的选择，将自己的理想职业的定位不断提高，这使得毕业生的择业面不断变窄，或者使得部分毕业生频繁的更换签约单位而不能最终定下心来，结果却高不成、低不就，由于攀比而耽误了自己。部分学生在求职择业的过程中过分依赖家长，往往陷入择业从众心理的误区。不可否认在学生择业的过程中，家长的意见确实发挥很大的作用，但是是否家长的意见就一定是正确的，大学生们必须作出正确的分析和判断。同时，有的学生还表现为在择业的过程中随大流，没有明确的自我定位，认为只要是大家觉得好的就是适合自己的，毫不考虑自己的专业和专长，这往往对以后的工作和事业的发展留下不良影响。

**5. 依赖和保守心理**

生活自理能力较差，目前在校的独立学院大学生，一般都是出生在80年代以后，从小就受到家庭的呵护、学校的关怀和社会的爱护。其中一部分学生由于家庭的过度保护，对父母和家庭的依赖性很强，缺乏独立意识，缺乏独立分析问题和解决问题的能力。缺乏责任感，在就业竞争中缺乏进取精神。面对复杂的社会环境和激烈的就业竞争，他们往往是被动选择，过多地依赖他人，他们或依靠父母或寄希望于亲朋与社会关系。这种缺乏主动性的就业心理，会导致许多毕业生就业期望值或很高或很低，当这种依赖心理一旦被残酷的现实击溃时，他们大多痛恨愤世，极度亢奋或抑郁。部分独立学院的大学生过于强调工作的硬件和软件各项条件，同时比较固执己见，一旦认为没有合适自己的职位，宁可选择无限期的推迟就业时间，从而导致了选择性失业人群的日益壮大。

**6. 享受与怕苦心理**

现代大学生多为独生子女，他们没有经过艰苦生活的磨炼。普遍缺乏艰苦创业，从最基层、最平凡的岗位做起的心理准备，不愿承担艰苦的工作，往往会给用人单位留下注重享受、坐享其成，过分强调自我价值等“眼高手低”的不良印象。这种脱离实际的怕吃苦、讲实惠的心理，使得择业目标与现实之间存在着很大的反差。例如，一些单纯追求高收入或一心只想进政府机关的毕业生，往往因为达不到理想的标准而失去了机会。

### （二）独立学院大学生应该具备的择业心态

良好的择业心态是大学生求职择业成功的关键。大学生要正确认识理想与现实、机遇与待遇之间的差距，在科学测评的基础上，客观全面地分析自我，提升自身素质，塑造良好形象，要敢于挑战，正视风险，不怕困难和挫折，增强抵御挫折的心理能力，注重心理调适能力，从而为今后的择业增添成功的机会。

**1. 主动适应社会，勇敢面对现实**

人是社会之人，是现实之人，无论正视与否，现实都是客观存在的。高校连年扩招，毕业生不断增加，大学生必须看到，现今的人才市场是不平衡的，大城市、机关、事业单位招聘岗位有限，而私企、边远山区、农村人才奇缺。面对有限的岗位，大学生应勇敢面对现实，主动适应社会，不能把就业期望值定得太高，即使热门专业的学生也同样需要不断调整自我的期望值，把眼光放远些，不要千军万马过独木桥，眼睛只盯着国家机关、高薪企业不放，一定要从实际出发，转变就业思路，处理好理想与现实的关系。要把祖国的需要作为无悔的选择，自愿到基层、到西部地区、到企业、到非公经济单位就业，或者自谋职业、自主创业。

**2. 客观评价自我，树立良好心态**

常言道：知人为聪，知己为明；知人不易，知己更难。每个大学生要学会客观地评价自我，树立良好的心态，客观和正确地认识自身的能力。审视自己在气质、性格、能力等方面都有哪些优势和欠缺，更适合做哪些工作等，避免“眼高手低”。在客观评价自我的基础上明晰自我定位，找准求职方向，然后对照自己，检查自己，逐步向着自己的目标前进，抓住机遇，实现理想。

**3. 学会心理调适，缓和心理冲突**

如果常常出现焦虑不安、不满、自卑、自我否定的心态，则可以尝试以下几种方法舒缓不良情绪：

- 自我转化法。可以采取迂回的办法，把自己的情感和精力转移到其他活动中去。
- 自我宣泄法。在因挫折造成焦虑和紧张时，可以向朋友、老师尽情地倾诉自己的不满和委屈，甚至可以痛哭一场，求得安慰、疏导和同情。
- 自我慰藉法。这实质上是自我排解。择业中遇到困难和挫折，已尽了主观努力仍无法改变时，找一个自己可以接受的理由让自己保持内心的安宁，承认并接受现实，以求得解脱。
- 松弛练习法。松弛练习法也叫放松练习，是一种通过练习学会在心理上和躯体上放松的方法，可帮助人们减轻或消除各种不良的身心反应，见效迅速。

**4. 建立自信，敢于竞争**

竞争无处不在，大学生要适应就业制度的变革，增强竞争意识，敢于竞争。要从实际出发，依靠真才实学，并准备经受挫折。要知难而上，知难而进，要敢想、敢说、敢干，要相信自己经过高等教育所获得的知识和能力。只要在实践中大胆去干，就没有胜任不了的工作；只要在竞争中奋力拼搏，发挥自己的长处，就一定能到达成功的彼岸。

**5. 坚定信心，不怕挫折**

大学生在择业时遇到挫折是很正常的事，一定不要消极退缩。常言道，世上无难事，只怕有心人；没有翻不过的山，也没有趟不过的河。挫折是锻炼意志、增强能力的好机会。遇到挫折后应放下心理包袱，仔细寻找失利的原因，是主观努力不够，还是客观要求太高？是客观条件苛刻，还是主观条件不具备？要明白择业的道路是艰难曲折的，不可能一帆风顺。因此，要调整好目标，脚踏实地前进，争取新的机会。只要有毅力，不怕失败，坚定信心，掌握用人单位对求职者的要求，根据用人单位要求作好充分准备，就会达到被录用的目的。

**6. 吃得起苦，从基层做起**

大学生虽然有了一定的文化知识和专业技能，由于没有工作经验，离胜任工作还有很大距离。不管是做公务员或在企事业单位工作，都要从基层做起，常言道“万丈高楼平地起”，只有从最初级的平凡工作做起，才能不断积累工作经验，掌握工作规律，提高自己的工作能力。中小企业、城镇社区及广大农村，亟须知识和人才。在这些地方，大学生可以充分发挥自己的才能，闯出一番新天地，创造一番新业绩。有不少大学生利用所学知识为新农村建设作出了很大贡献，受到当地农民的欢迎。

**7. 全面发展，不断充实自己**

机遇总是留给有准备的人，大学生要想在择业中顺利应聘成功，必须不断充实自己，在完成学业的同时，不断提高综合素质和能力，如写作能力、交往能力及公关能力等。在择业或面试时，能歌善舞、能写会画，知识面宽，爱好运动，有健美、健壮的体魄，善于沟通、交流等特长和能力，都可能成为较强的竞争优势。总之，大学生要排除心理障碍，树立远大理想，用正确的人生观和价值观来面对就业。要注意培养良好的品质，磨炼坚强的意志，培养乐观豁达的生活态度。只有这样才能在就业择业的重要关头，始终保持积极向上的精神状态和健康的心理，不至于在困难面前退缩，从而实现成功就业。

## 第三节　就业形式与就业途径

**【小故事】坚持原有的目标**

上初中时，老师给我们讲了一个故事：有三只猎狗追一只土拨鼠，土拨鼠钻进了一个树洞。这个树洞只有一个出口，可不一会儿，居然从树洞里钻出一只兔子，兔子飞快地向前跑，并爬上另一棵大树。兔子在树上，仓皇中没站稳，掉了下来，砸晕了正仰头看的三条猎狗，最后，兔子终于逃脱了。故事讲完后，老师问：“这个故事有什么问题吗?”我们说：“兔子不会爬树；一只兔子不可能同时砸晕三条猎狗。”“还有呢?”教师继续问。直到我们再也找不出问题了，老师才说：“可是还有一个问题，你们都没有提到，土拨鼠哪去了?”土拨鼠哪去了？老师的一句话，一下子将我们的思路拉到猎狗追寻的目标上——土拨鼠。因为兔子的突然冒出，让我们的思路在不知不觉中打岔，土拨鼠竟在我们头脑中自然消失了。

在追求人生目标的过程中，我们有时也会被途中的细枝末节和一些毫无意义的琐事，分散了精力，扰乱了视线，以致中途停顿下来，或是走上岔路，而放弃了自己原先追求的目标。不要忘了时刻提醒自己，土拨鼠哪去了？自己心中的目标哪去了？

### 一、就业的主要形式

大学生就业一般有以下几种选择：（1）就业求职，（2）考研、出国，（3）报考公务

员，（4）“两项计划”，（5）灵活就业，（6）自主创业。下面就这6种选择作一个简要分析。

### （一）就业求职

如果决定就业，就要对职业、待遇、地区、爱情等因素排序，抓住重点，而不要面面俱到。有时为了满足主要标准，要勇于放弃一些次要条件。找到工作后都会签订一份就业协议书，简称签约。就业协议书作为毕业生、用人单位、学校三方的就业书面约定受法律保护。因为在就业过程中，学生作为弱势群体，其行为能力相对不强，尤其在就业竞争日趋激烈的今天，用人单位可选余地加大，一些民营企业人事管理还存在不同程度的不规范，在此基础上国家为了保障大学生的合法利益，制定出毕业生、用人单位、学校三方的就业书面协议。就业协议一般由教育部或各省、市、自治区就业主管部门统一制表。协议书编号与毕业生一一对应，学校依据协议书编号对毕业生的签约进行管理。

### （二）考研、出国留学

古语云：未雨绸缪，有备而无患。考研、出国留学无论对于自身素质的提升，或是将来更好的就业都有着积极作用。如果大学生有考研的想法，就要对考研有充分的了解。研究生入学考试分初试和复试。大一大二是打好考研基础的重要阶段，并且在准备考研的同时要平衡考研专业与本科专业的关系，应先把本科专业学好，否则就会走向蚀本逐末的境地。如果有的同学考虑出国留学，应该努力学习英语，积极备战雅思、TOEFL、GRE等英语考试。国外知名大学，一般要求申请学生大学四年的考试科目成绩有较高的平均分，利于申请到录取资格及各类奖学金。

### （三）报考公务员

国家公务员是指依法履行公职、纳入国家行政编制、由国家财政负担工资福利的工作人员。《中华人民共和国公务员法》规定录用担任主任科员以下及其他相当职务层次的非领导职务公务员，采取公开考试、严格考察、平等竞争、择优录取的办法。自公务员考试作为一种制度被确定下来以后，每一年的公务员考试都上演着的千军万马闯独木桥的盛况。公务员职业的稳定性、低风险和可逆性对大学生具有相当的吸引力，但是很多人并未考虑这个职业是否适合自己，没有进行科学的职业选择和必要的职业分析，盲从众人。因此，报考公务员之前，一定要理性地考虑自己适不适合做公务员。

### （四）灵活就业

据劳动和社会保障部规定，灵活就业是指在劳动时间、收入报酬、工作场所、保险福利、劳动关系等方面不同于建立在工业化和现代工厂制度基础上的传统主流就业方式的各种就业形式的总称。灵活就业形式主要有以下几种类型：非正规部门就业，即劳动标准（劳动条件、工时、工资、保险福利待遇）、生产组织管理及劳动关系运作等均达不到一般企业标准的用工和就业形式，主要是指小型企业、微型企业和家庭作坊式企业。独立于单位之外的就业形式，包括：自雇型就业，有个体经营和合伙经营两种类型；自主就业，如自由职业者、律师、自由撰稿人、歌手、模特、中介服务工作者等；临时就业，如家庭小时工、街头小贩、其他类型的打零工者。

### （五） 自主创业

自主创业也是大学生就业的一种形式，现在每年有自主创业想法的同学还是很多的。大学生毕业后自主创业已经不是新鲜事，但是必须要正视这样一个现实：大学生自主创业的项目多数以失败告终，据有关部门统计：大学生创业成功率仅为2% ~3%。究其原因主要是：刚毕业大学生的专业和社会知识储备不多，对行业的认识不够，社会资源不丰富等。所以打算毕业就创业的学生必须未雨绸缪，提前做好创业的准备，本书第八章对创业准备有详细的描述，这里不再赘述。

## 二、就业市场的特点

### （一） 大学生就业市场的概念

大学生就业市场是毕业生和用人单位供需见面、双向交流、双向选择的场所，它是适应毕业生就业制度和劳动人事制度改革应运而生的产物。在就业市场中，毕业生通过自我推荐、求职竞争，选择自己理想的职业和工作单位；用人单位则通过宣传自身优势吸引人才，选聘人才。毕业生有择业自主权，用人单位作为法人实体有择人自主权，二者通过市场连接起来，市场起调节供求关系、合理配置的作用。现阶段，国家积极培育和发展与市场经济体制相适应、以政府为主导、以高等学校为基础的毕业生就业市场，完善服务功能，大学生就业市场正日趋成熟与规范。

### （二） 大学生就业市场的形式与特点

**1. 大学生就业市场的形式**

（1）学校单独举办的毕业生就业市场。这种就业市场一般以招聘会、供需见面会等形式出现，也是大学生就业市场中最主要的一种就业市场。由学校单独出面举办的就业市场其优点在于邀请的用人单位有很强的针对性，往往与学校专业相结合，对高校来说很容易形成固定的用人单位群体。

（2）学校联办的毕业生就业市场。这主要是指由两所或若干所高校联合举办的就业市场。这种就业市场最大的特点是，集中各高校的用人单位的资源，强强联合，优势互补，市场规模较大，参会的单位较多，涉及的招聘专业比较齐全，具有一定的代表性。由于这种类型的就业市场具有很强的辐射性和影响力，而且招聘的质量比较高，因此也提高了就业市场的效能。

（3）区域性的就业市场。各地方教育主管部门或各人事局举办的，为本地毕业生就业服务或为本地用人单位招聘服务的就业市场就属于区域性就业市场。这种形式的就业市场最大的优点在于能够比较准确地反映出这个地区或区域性的人才需求趋势。

（4）分科类毕业生就业市场。这主要是地方毕业生就业主管部门从用人单位和学校两方面考虑，从市场细化的角度出发，把理、工、农、医、财经、师范等科类的毕业生分别集中起来，与相应的用人单位双向选择。

（5）企业专场招聘就业市场。企业的专场招聘会是由用人单位单独来高校以招聘本企业所需人才为目的举办的小型招聘会。这种就业市场时效性强，招聘效果十分明显，尤其为知名企业、跨国公司所推崇。

与有形市场相反，无形市场没有固定的场所和地点，由用人单位和毕业生自行自主地选择通过某种媒介和交互平台进行交流和沟通。随着信息技术的高速发展，高校的无形市场发展非常迅速，在大学生就业市场中所占的地位日显重要，作用也越来越大。目前无形市场已经不是简单地通过电话、邮件、报刊和网络及其他通信和传播手段来完成双方的交流和联系，而是借助信息技术的高技术手段，建立起各类就业网站、求职网站，为大学生就业市场提供了更宽阔的发展领域。凭借信息快速、便捷和方便灵活的特点，使用人单位和毕业生之间打破时间、区域、场所的限制，提高了就业工作效率，减少了招聘成本，深受广大高校毕业生和用人单位的欢迎和推崇。现在利用就业网络进行毕业生就业管理，建立毕业生就业信息网络系统已经在各高校普遍应用。

**2. 大学生就业市场的特点**

综观毕业生就业市场的培育和建立、发展、变化，毕业生就业市场主要有以下几个特点：

（1）针对性。大学生就业市场应该属于一种高层次的劳动力市场，与社会各类就业市场的区别在于大学生就业市场是专门为具有一定学历层次，并掌握当今社会最先进的技术知识的广大高校毕业生群体提供就业服务。

（2）群体性。每年均有几百万以上的毕业生走出校门、走向社会，它不是孤立的、分散的，而是集体的、聚合的。具有鲜明的群体性。

（3）时效性。大学生就业的黄金时间一般为每年的 3 月份至 7 月份，大部分毕业生都将在毕业前落实到具体单位。如果在这段时间内解决不了就业问题，毕业生将面临毕业后的待业和二次就业。可以说时间紧、任务重且相对集中，具有很强的时效性。

（4）需求多变性。毕业生就业市场受整个社会政治和经济的影响较大，其需求与经济和社会发展的好坏成正比，供求关系靠自身不能调节。

（5）形式多样性。毕业生就业市场形式灵活、多样，既有有形的，也有无形的；既有公开的，也有不公开的；既有大规模的，也有小规模的；既有综合的，也有分类的；既有区域的，也有部门的；等等。

（6）就业资源相对过剩。毕业生市场上的供大于求，会造成一部分毕业生不能就业或推迟就业。这种过剩现象是一种相对状态，对一些热门职业和大城市的就业岗位来说是过剩的，而对较冷的职业、工资条件相对较差和社会地位相对较低的职业以及广大的农村来说，人才却十分稀缺，还有许多就业岗位不能得到所需的人才。这已成为当前就业市场的一个怪圈，成为当今大学生就业市场的一个显著特点。

大学毕业生必须清醒地意识到，一旦进入市场，就是一场知识的竞争、能力的竞争、素质的竞争，危机意识是不可或缺的。有了危机感，学生就会更加珍惜大学生活，集中精力学习和提高、增强自己的竞争力。

## 三、就业市场的现状及走向

在当今的大学生就业市场上，其现状主要表现在如下几个方面：

### （一） 需求结构性矛盾突出

近年来，虽然大学毕业生就业形势较为严峻，但从总体上看，供求基本平衡。然而仍存在着学科专业、学历层次、地区、院校及用人单位等方面的不平衡，结构性矛盾突出。

（1）学科专业之间。随着高新技术产业的迅猛发展和国家对基础设施投资的加大，计算机、通讯、电子、土建、机械、自动化、医药、师范等学科的大学毕业生的需求旺盛，而哲学、社会学、经济学、法学、农学、林学等学科的社会需求时有波动。

（2）学历之间。社会对毕业生学历层次的要求越来越高。对研究生的需求量越来越大，对高层次的复合型、外向型和开拓型的人才需求日益迫切，人才结构、学历层次“重心”上移。在毕业生就业中，形成了研究生需求旺盛，本科生供需基本持平，而专科生、高职生供大于求的局面。有的用人单位甚至提出了“研究生多多益善、本科生考虑考虑、专科生免谈”。这就形成了一方面高层次、高学历的毕业生争夺大战愈演愈烈，而另一方面，低层次、低学历的毕业生就业却较为困难，二者形成鲜明的反差。

（3）地区之间。东部沿海经济发达地区和中心城市如上海、北京、广东、江苏、浙江等省市，社会需求比较旺盛，呈现出供大于求的局面。随着西部大开发战略的实施，中西部地区的需求也有所回升，而一些边远省区及经济欠发达的地区则出现供不应求的现象。

（4）院校之间。重点大学、名牌院校、名牌专业的“名牌”效应呈现出优势，社会需求增长，其就业率也较高；而一般院校、一般专业的需求相对较弱。

（5）用人单位之间。作为传统毕业生就业主渠道的国有大中型企业，引进毕业生的比例在逐年下降。政府机关及事业单位，用人指标有限，难以接收大量毕业生。而三资企业、民营企业及高新技术产业企业（尤其是信息产业）的需求数量却连年增加。

### （二）社会对毕业生的综合素质要求提高

目前毕业生就业形成了“买方市场”，就业竞争越来越明显，用人单位对毕业生的素质要求标准也越来越高，选择毕业生也更加理性，不再单纯追求人才的数量，而是更加注重毕业生的综合素质。许多用人单位已将综合素质作为评价毕业生“实力”的主要依据和择人标准。例如，在大学生就业市场上出现了即使同一学校、同一专业，由于综合素质不同而就业差别较大的现象。综合素质高的毕业生受到青睐，他们就业面宽，就业机会多，选择余地大，常常是供不应求。相反，综合素质相对低的毕业生出现了“就业难，难就业”的现象。

### （三） 以学校为基础的毕业生就业市场已经基本形成

尽管社会上已形成了各类人才市场，但由于市场规模大，缺乏严格的市场规则，或由于针对性不强，而使就业签约率不高。相比之下，以学校为主体的就业市场，由于学校与用人单位常年保持密切的联系，供需双方专业较对口，学校的中介作用可以得到充分发挥，这样就使得学校的就业市场签约率较高，市场的效益发挥较好，因其高效、可靠、真实、规范而受到了毕业生和用人单位的普遍欢迎。许多高校的调查显示，毕业生就业信息的获得主要是通过学校，并已对学校举办的就业市场产生了依赖性。这标志着以高校为基础的毕业生就业市场已经基本形成。

## 四、就业、实习信息的收集与分析

就业、实习信息不仅仅指我们日常理解的岗位信息，它包括政府和高校各级管理部门制定和实施的各种规章制度、政策，对大学生就业有指导性的各类数据、理论以及具体招聘活动中企事业单位发布的需求信息等。在信息时代，信息在我们生活中的地位已经越来越重要，就业竞争在一定程度上就是拥有信息量的竞争。谁掌握的信息多，谁就能在竞争中取得主动权。

### （一）就业、实习信息的收集途径和方法

**1. 学校学生就业指导部门**

学校是连接大学生与社会的桥梁。学校的就业指导部门既与各级主管大学生就业工作的部门和社会各界保持着广泛而密切的联系，每年都会及时向有关劳动和人事部门及用人单位发函征集用人信息；同时，经过多年的工作实践，与有关单位建立了长期的协作关系，每年都会为大学生提供大量就业、实习信息，成为用人单位选拔大学生所依据的一个主要窗口。这一特殊性使它对就业、实习信息的占有量大于其他任何一个部门，同时其掌握信息的准确性、权威性也是无可比拟的。校内主管部门发布的需求信息，多为用人单位对学校的专业设置而来，有很强的可信度，是主要的信息来源。

**2. 各类毕业生就业服务机构和就业市场**

政府为促进就业，搭建用人单位与人才的沟通和交流桥梁，积极为用人单位选用人才和大学生就业搭建交流平台。各地方都有专门的人才市场，地方和各行各业每年都要举办大大小小的人才交流会，很多高校也要组织举办大型的校园专场招聘会。这些人才市场、交流会和招聘会不仅为用人单位和毕业生面对面接触提供了机会，而且为大学生提供了大量的就业、实习需求信息，大学生要引起重视，充分利用这些机会，积极参与，寻找交流的机会，尽可能多地了解相关职业和行业情况，收集大量的用人及实习信息。

**3. 个人和家庭的各种社会关系**

个人和家庭的社会关系及交际网络包括家庭成员、主要社会关系、朋友、老师、学长等。就个人和家庭的各种社会关系来说，他们会利用自己的各种优势和人际资源想方设法去帮助大学生就业或实习；对老师、学长来说，他们对相关行业和专业领域的发展情况、大学生适合的就业、实习区域、单位、岗位等信息的把握都比较准确、具体，还有就是学长不但工作单位分布广泛，而且岗位与专业相对对口，所了解到的就业、实习信息也是值得期待的。这些资源对毕业生就业、实习信息的获取其作用不可低估。相关调查表明，亲友介绍和推荐就业或实习，成功率是最高的。

**4. 互联网络**

在当今时代，互联网络已将人们交往和交流的时间和空间缩短（小）为零，这给大学生就业、实习带来了极大的便利。互联网络上信息量大、查询便利，大学生要养成经常上网查询的习惯，这样可以获得大量的就业、实习信息。同时通过各类人才网站、企业网站、政府就业网站等，除了可以获得就业、实习岗位信息外，还可以获得大量的就业、实习政策、行业发展、市场分析、招聘会时间安排等信息，各高校也均建有相应的就业网站，这

类信息时效性强，更新快，非常值得大学生关注。

**5. 直接获取信息**

大学生通过信函、电话或者直接到用人单位了解需求信息。这需要大学生有“毛遂自荐”的意识，并且对自己的意向单位有大致的了解。这种形式主动性强，获取的信息最准确及时。

### （二）就业、实习信息的分析

获取信息的目的是为了使用，一般来说，通过以上渠道收集到的原始信息比较杂乱，其可靠性、真实性和有效性都存在一定的问题，因此大学生要对收集来的信息进行分类整理、去伪存真、去粗取精，进行全面的筛选。通过对信息的分类、加工、整理，把握社会经济和人才需要等各方面的发展动态，并据此对当年总的就业形势和各行业、各层次人才的需求情况有个总体认识，从而调整个人的预期目标，选择自己最需要的信息。信息选择时，要实事求是，摆正自己的位置，全面分析和正确客观评价自己，先对自己的优势和劣势做到心中有数，再按照个人专业、职业方向、实际能力确定目标，同时要注意信息的时效性和系统性，要有计划、有针对性地进行筛选，这样信息的收集才有方向性，才有主动性，才能有的放矢，少走弯路，做到事半功倍。

### （三）加强就业、实习信息验证

大学生收集到的大量就业、实习信息经初步筛选后，要对其进行验证，树立自我保护意识，维护自身的合法权益。对信息的验证，可通过电话、实地走访、网上查询等多种方式，也可通过亲朋好友、老师、学长等有效的人际资源对其真实性和时效性进行验证，特别是对非正常渠道获得信息的验证，避免受骗或由于信息掌握不全面、不准确而浪费大量的时间、精力，甚至造成不必要的经济损失。

- **问题思考**

1. 本专业就业形势如何？
2. 自己所学专业的岗位需求如何？
3. 面对就业大众化，在校期间怎么才能做好就业准备？

- **信息园**

**一、第三产业**

第三产业又称第三次产业，是英国经济学家、新西兰奥塔哥大学教授费希尔 1935 年在《安全与进步的冲突》一书中首先提出来的。第三产业是指除第一、二产业以外的其他行业。根据国务院办公厅转发的国家统计局关于建立第三产业统计报告上对我国三次产业划分的意见，我国第三产业包括流通和服务两大部门，具体分为四个层次：

一是流通部门：交通运输业、邮电通讯业、商业饮食业、物资供销和仓储业。

二是为生产和生活服务的部门：金融业、保险业、地质普查业、房地产管理业、公用事业、居民服务业、旅游业、信息咨询服务业和各类技术服务业。

三是为提高科学文化水平和居民素质服务的部门：教育、文化、广播、电视、科学研究、卫生、体育和社会福利事业。

四是国家机关、政党机关、社会团体、警察、军队等，但在国内不计入第三产业产值和国民生产总值。

由此可见，这种第三产业基本是一种服务性产业。当前加快发展第三产业的重要意义，主要是：

（1）有利于建立和完善社会主义市场经济体制。

（2）有利于加快经济发展，提高国民经济素质和综合国力。

（3）有利于扩大就业，缓解我国就业压力。

（4）有利于提高人民生活水平，实现小康。

**二、两项计划**

大学生志愿服务国家西部计划（简称“西部计划”）和大学生志愿服务本省欠发达地区计划（简称“欠发达地区计划”），简称大学生志愿服务——“两项计划”。下面就此作一简单介绍：

大学生志愿服务国家西部计划是团中央、教育部根据国务院常务会议、《国务院办公厅关于做好2003年普通高等学校毕业生就业工作的通知》和2003年全国高校毕业生就业工作电视电话会议精神的要求而实施的，财政部、人事部给予相关政策、资金支持。这项计划通过引导大学生到西部去、到基层去、到祖国和人民最需要的地方去建功立业，促进西部贫困地区教育、卫生、农技、扶贫等社会事业的发展，拓展大学生就业、创业的渠道，努力培养造就一大批既有现代科学文化知识、又有基层工作经验和强烈社会责任感的优秀青年人才。这项计划从2003年开始，按照公开招募、自愿报名、组织选拔、集中派遣的方式，每年招募一定数量的普通高等学校应届毕业生，到西部贫困县的乡镇从事为期1～2年的教育、卫生、农技、扶贫以及青年中心建设和管理等方面的志愿服务工作。志愿者服务期满后，鼓励其扎根基层，或者自主择业和流动就业。同时，为鼓励应届毕业生参加这项计划，规定参加大学生志愿服务西部计划的志愿者除享受国家规定的高校毕业生就业优惠政策外，有关部门还给予一系列政策支持，并且鼓励各高校和社会各方面对这部分高校毕业生的工作、生活、学习、就业和创业提供帮助和支持。

大学生志愿服务省内欠发达地区计划，按照公开招募、自愿报名、组织选拔、集中派遣的方式，每年招募一定数量的普通高等学校应届毕业生，重点到省内欠发达地区从事为期1～2年的教育、卫生、农技、扶贫以及当地亟须的其他方面的志愿服务工作，也可以到企业工作。同时，安排部分大学生志愿者到城市街道、社区从事青少年教育、青年中心管理等志愿服务工作。志愿者服务期满后，鼓励其扎根基层，或者自主择业和流动就业。规定参加大学生志愿服务欠发达地区计划的志愿者除享受国家规定的高校毕业生就业优惠政策外，给予配套政策支持。

对大学生志愿服务西部计划，国家给予很多的政策支持，如考研、考公务员加分及一定的经济补助等。感兴趣的同学可登录西部计划网站：http：//www. xibu . youth. cn进行查阅。

# 第八章 创业准备

机遇总是降临到时刻做好准备的人身上。

——巴斯德

**本章概要**

在市场竞争日益激烈的今天，自主创业作为一种新的就业渠道，正在成为许多大学生实现自身人生价值的选择之一。可以预见，随着我国社会主义市场经济的不断完善，会有越来越多的人走上创业之路。大学生能否创业与其个人本身的各方面素质是相辅相成的。意志品质、商业意识以及性格、气质、个性、爱好和特长等都会左右他在创业过程中的各种决策。做好包括心理准备、知识准备和能力准备等在内的创业素质准备是我们大学生走向创业成功的必经之路。

**【案例】创新创业 青春做伴——学生科协主席成为科技老板**

当今是一个手机的时代，如丢了手机的时候，最让人发愁的是什么？有时候往往不是手机本身的价值，而是其中没有备份的通讯录。同样，换新手机的时候，最麻烦的是什么呢？莫过于把存在手机里（而不是SIM卡）里的号码一个个输入到新手机中了。在看到许多人因为手机丢失而失去数据，给大家带来种种遗憾和困惑之后，2007年浙江省创业之星方毅产生了自己的想法：能不能每天对手机数据进行备份呢？而且这种备份是不知不觉中完成的，不需要人们专门去进行操作，不给人们带来麻烦呢？方毅和他的团队发现了这样一个巨大的商机，那就是通过充电器对手机数据进行备份。

方毅，1981年出生于浙江省温州市，1999年被保送浙江大学并进入混合班学习，2001年进入浙江大学创新与创业管理强化班并担任班长，2003年被保送浙江大学读计算机学院硕士研究生，担任浙大学生科协主席。2005年10月份在研究生期间就创办了杭州每日科技有限公司并担任董事长兼总经理，发明并研发了“八项专利、世界首创”的手机数据备份“无知觉解决方案”——充电的时候把数据备份到充电器上去。“备备”充电器看似像男士剃须刀，但功能较特别——充电时，它可以为手机中的数据进行备份，并可传输至电脑保存，它还能“空中充电”，成为外出时的储备电源，还能当U盘用。

2005年上学时，方毅就开始创业，公司选择在古荡湾南苑，借助同学所办公司的空置房间，一个房间里3、4个同学一起每天“早睡早起”，研发阶段非常辛苦，每天早上2点左右睡觉，把方案做成实物的过程十分艰辛。市场上千种手机，设计千差万别，“备备”如何能成为适用任何手机的产品？依靠5个人的力量，又如何收集到那么多的手机，用以测试“备备”？如何保证“备备”自动识别相配对的手机，确保用户隐私？几个人到处搜罗不同的手机做测试。方毅的LG手机是第一个为测试‘献身’的。如现今的财务总监张洁说，那时，只要身边的人一有新款手机，他们马上就“扑”过去。方毅还到淘宝网上买过不少旧手机，“做完测试，又重新在淘宝网上卖”。方毅用这种精神攻克了一个一个的难题。

方毅说，浙大竺可桢学院混合班和强化班的学习，让我受益匪浅，打下了后来创业的坚实基础。混合班“以培养学生创新精神和创新能力为核心，强化基础，优化知识能力结构，注重学生个性发展”的培养模式，而“创新与创业管理强化班”吸收了各国著名大学(如哈佛、剑桥等)的先进经验，上课引入MBA教学模式，以案例教学为主，加入大量实践教学。混合班许多同学，被免试保送读研究生，进北大、清华等名校继续深造；同时，相当数量的同学会申请到海外，远赴美国、欧洲等地深造。而对于强化班出来的同学，大家首先要做到“创新”，其次才是“创业”。其理念就是“超前”，一种超越现时代的精神。方毅就是吸收了两个特殊班级互补的精华。

方毅带领的每日科技立志以“科技改变每日生活”，要去做一个全世界没有的东西。

方毅公司的产品获得了宁波信产局科技立项，也获得了国家中小企业创新基金的资助。2007年，每日科技获得手机行业龙头企业和天使投资人朱敏先生的投资，如今，东南亚和印度市场也已经有良好的反馈。美国加州最大的电子连锁卖场35家超市已等着要货。方毅说，这个行业前景看好。将有近10亿元的市场空间。

(根据2008年8月浙江省创造学研究会“浙江大学生创业教育研讨会”当事人介绍材料整理)

思考：方毅的创业史对在校大学生有哪些启发？

## 第一节　大学生创业的背景

21世纪，是一个极富挑战性且充满机遇的世纪。创业，创造一份属于自己的辉煌事业，主宰自己的命运，成就自己的事业，实现自己的理想，拥有更多的财富和更幸福的生活，这已经成为新世纪许多大学生的人生选择。

### 一、世界创业大潮蓬勃兴起

20世纪80年代开始，在美国一些高校中开展创业计划大赛，由此引发了从西方世界到东方世界的创业大潮的兴起。自1983年美国得州大学奥斯汀分校举办首届创业计划竞赛以来，美国已有包括麻省理工学院、斯坦福大学等世界一流大学在内的20多所大学每年举办这一竞赛。作为一股世界潮流，一些著名学者认为20世纪90年代后美国经济的强劲增长和旺盛的活力，关键在于其整个社会旺盛不衰的创业精神和千百万家小型企业生生不息的创业活动，它们是美国经济增长的秘密武器。

Yahoo、Excite、Netscape等公司就是在斯坦福校园的创业氛围中诞生的。麻省理工学院的“五万美金商业计划竞赛”已有20年的历史，影响非常之大。从1990年到现在每年都有五六家新的企业诞生，并且有相当数量的“计划”被附近的高新技术企业以上百万美元的价格买走。据统计，美国表现最优秀的50家高新技术公司有46%出自于麻省理工学院的创业计划大赛。

美国经济由于创业革命而发生了巨大的转变，创业者们创造出前所未有的巨大价值已经彻底改变了美国和世界的经济。当今美国超过95%的财富是在1980年后创造出来的。纵观美国企业发展史，许多著名的美国高科技大公司，几乎都是大学生创业者们利用风险投资创造出来的，如英特尔的摩尔、葛鲁夫，微软的盖茨、艾伦，惠普的休利特、帕卡德，雀巢的安德林，戴尔公司的戴尔，雅虎的杨致远等都是创业者中的典范。据麻省理工大学的一项统计，自1990年以来，该校毕业生和教师平均每年创建150多个新公司。麻省理工已经累计创办了上万家公司，雇用了数百万人，创造出数千亿美元的销售业绩，称得上是“富可敌国”，对美国经济发展做出了卓越贡献。可以毫不夸张地说，高校创业活动已成为美国经济发展的直接驱动力。

欧盟各国同样重视改善创业、创新环境，发展创业经济。早在1997年，欧盟委员会就召开了关于“创新企业的建立和就业”的圆桌会议。英国政府于1998年发表了《我们竞争的未来：建设知识推动的经济》白皮书，鼓励发展创业，英国政府曾投资7000万英镑（1.13亿美元），在剑桥大学和麻省理工学院之间建立起一种教育研究的伙伴关系，这项合作的目标是把美国的经验吸收到英国来，鼓励创业，提高生产力和竞争力。德国从教育制度和财政金融政策等方面入手推动年轻人创业，鼓励企业创新。1998年，德国大学校长会议和全德雇主协会联合发起一项名为“独立精神”的倡议，呼吁在全国范围内创造一个有利于高等学校毕业生独立创业的环境，同时要求高等学校成为“创业者的熔炉”。倡议中还明确要求，在其后的5～10年中，每届毕业生中要有20%～30%的学生独立创业（目前尚不到10%）。韩国大学则流传这样一种观念，“大学是预备企业，大学生是预备企业家”。调查显示，70%的韩国青年希望自己能够创业，这个数字排全球第一位。

在中国，改革开放30年来，公民创办企业也成为一股潮流，20世纪80年代中后期创业活动的代表是乡镇企业的兴起。1985年前后一部分农民企业家、乡镇企业家抓住农村改革后产生的新的需求机会办乡镇企业，80年代中后期乡镇企业成为我国经济发展中的一个重要成分。20世纪80年代末90年代初创业活动的代表是当时的下海经商活动。伴随着改革开放的继续深入，市场经济的蓬勃发展，股票、期货、基金等资本市场和房地产领域的开放，许多知识分子和一些政府官员纷纷弃职经商，成为这一时期创业者的主要构成。20世纪90年代末开始的新一波创业浪潮是创业活动真正意义上得到全社会关注的开始，这一波创业浪潮是伴随着硅谷的新经济浪潮而发展的。在这一波创业浪潮中，中小企业迅速崛起，在数量和质量上不断提高，对社会经济的影响也越来越明显。

浙江省的小企业发展迅速，截至2005年底，浙江共有小企业670776家，占全省工业企业总数的95.35%，工业产值的47.09%，工业增加值的46.14%，工业企业利润的47.89%，工业税收的35.79%。2005年浙江小企业从业人员595万人，占全省企业从业人员的47%，吸纳了浙江近20%的劳动力人口。

新创的中小企业是中国经济新的增长点，它们吸纳了大量的城镇就业人口和农村剩余劳动力，同时提供了大量的产品与服务，对中国的经济持续高速增长起到了重要作用。而这些中小企业，正是大量的创业者通过艰苦的创业活动建立起来的。

中国在改革开放以后，也成长了一批创业家，如：联想的柳传志；希望集团的刘永行、刘永好；华为公司的任正非；中兴通讯的侯为贵；比亚迪公司的王传福等。

## 二、国内大学生创业浪潮

1998年5月，清华大学举行首届大学生创业计划大赛。自1999年清华大学学生首开大学生创业先河——创建北京视美乐科技发展有限公司后，大学生创业热在全国迅速传递。

首先是开风气之先的一批留学海外学子纷纷回国创业，给中国内地带来一道亮丽的风景。“搜狐”这个名字现在已成为人们关注的焦点。搜狐总裁张朝阳博士，刚过而立之年，在美国麻省理工学院获得了物理学博士学位，放弃了搞科学研究拿诺贝尔奖的初衷，毅然回国，在短短两年之内，将“搜狐”办成了众所周知的著名网站，张朝阳也成了网络爱好者熟知的热点和千千万万大学生谈论的话题。

一批批学成归来的博士、硕士，他们虽没有大量资金和直接的企业经营管理经验，但他们以振兴中华为已任，有敏锐的眼光、新的思维方式和创业的理念，能勇往直前，不惧失败，求真务实，跨越发展，从而给众多的商界人士带来了全新的启迪。

大学生创业作为一件新鲜事物，正受到社会各界的关注。在知识经济时代，人才和科学技术的价值得到充分体现。近年来，伴随着风险投资、互联网和电子商务在中国的发展，一批大学生创业企业相继诞生。成功创业者的个人魅力和奋斗经历正感染并激励着当代大学生。大学生创业已不仅是个人的选择，已经成了社会认同的一种有价值的行为。

马云、孙得良、史玉柱等就是成功的佼佼者。

2007 年 10 月，党的十七大明确提出中国将要走“创新型国家”的发展道路，这意味着我国经济结构将要进入全面转型期，当然也就意味着创业将成为大势所趋，并获得国家力量的全面推动。2007 年 6 月浙江省第十二次党代会提出了“创业富民、创新强省”的总战略，强调全民创业、全面创新。浙江各地市纷纷出台相关政策，积极鼓励民间创业和大学生创业，兴起了又一股创业热潮。

大学生创业是潮流，不可阻挡。在当今中国的教育体制和就业背景下，大学生创业一方面可以增强大学生自己的动手操作能力、组织协调能力、心理承受能力、团队合作精神和社会适应能力，另一方面也是大学生解决自己就业问题的一个比较现实的选择。

## 三、国内大学生创业的政策环境日益宽松

### （一）　政府的鼓励

各地各界支持创业。这几年我国政府加大了对创业的指导与扶持，不但接连出台了一系列优惠政策和鼓励措施，包括一定时期的税收减免及一定比例的贷款扶持；而且在法律上明确宣布私有财产受到保护。各地、各界也都相继推出了许多具体的帮扶措施。“创业富民”与“创新强国”正成为全国人民共同追求的理想和目标。创业致富再不用躲躲闪闪怕人知道，而是风风光光无上光荣。

为鼓励大学生自主创业，国家制定了许多优惠政策，如放宽注册资金的限制、简化注册等手续、提供银行贷款等。2006 年 5 月，中组部、中宣部、教育部等 14 个部门联合下发了《关于切实做好 2006 年普通高等学校毕业生就业工作的通知》。在《通知》中规定，各地、各部门要切实加大对高校毕业生自主创业和灵活就业的扶持力度，进一步落实有关小额担保贷款和收费优惠政策；通过组织开展创业培训、开业指导、政策咨询、项目论证和跟踪辅导等“一条龙”服务，搭建毕业生自主创业“绿色通道”。2006 年 6 月，由共青团中央和全国学联部署、团中央学校部和中国青年高级人才培训中心组织实施的“创业中

国——全国大学生创业服务工程”在中国石油大学（北京）正式启动。2007年5月27日，由共青团中央发起主办的全国青年就业创业培训服务中心在北京成立，这是全国第一家为青年特别是高校的毕业生服务的创业就业服务机构。全国其他地方成立了类似的机构，为创业者服务。

各地方也出台了一系列鼓励大学生创业的政策，如2007年，江西省劳动和社会保障厅就出台政策，准备从6月份开始对有创业愿望和创业能力的高校毕业生进行培训，每班培训30人，培训时间10天，培训完全由政府出资，学员培训完毕后可获得《创业培训合格证》，毕业生可凭此证得到劳动部门小额贷款等多项创业政策支持。这对大学生来说是一个好消息。还有上海、四川、湖南等省市都采取了不同的政策鼓励大学生创业。

2003年浙江省自主创业的大学毕业生仅20多人，2005年创业者骤增至2042人；2006年，浙江省也有2000多名大学生在毕业时就拥有自己的小公司。其他省的大学毕业生也越来越多地开始创业。随着对大学生就业形势的严峻和国家对大学生创业的重视，中央政府和各地方政府又出台了一系列扶持大学生创业的优惠政策。

### （二） 高校的支持

为了支持和鼓励大学生自主创业，解决大学生就业难的问题，各高校及其就业指导部门也作了大量的工作。有部分高校开展了创业咨询和教育，培养学生的创业意识和能力。如开设大学生创业选修课，邀请创业成功人士谈创业经历，让大学生掌握创业的基本政策和知识；开展大学生创业策划大赛、创业论坛等活动，培养学生创业兴趣，在实践中锻炼学生的创业能力。2002年6月，南京大学建立了国内高校第一家为应届本科毕业生服务的“南京大学学士后流动站”，作为学生创业的孵化器。几年来，共有300多名毕业生得到了创业指导和训练。

大学生创业作为一件新鲜事物，正受到社会各界的关注。在知识经济时代，人才和科学技术的价值得到充分体现。近年来，伴随着风险投资、互联网和电子商务在中国的发展，一批大学生创业企业相继诞生。成功创业者的个人魅力和奋斗经历正感染并激励着当代大学生。

大学生应该抓住这等好机会，变压力为动力，努力提升自己的各项能力，为创业做准备，为自己创造一个创业的乐园。

## 四、大学生自主创业现状与特点

### （一） 现状

从目前总的情况看，我国大学生自主创业现状表现为：

（1）自主创业热情高涨，但参与者为少数。自1998年5月，清华大学举办首届创业计划大赛开始，自主创业一时成为社会各界关注的焦点之一，大学生创业在全国迅速蔓延开来。近年来，中央和地方的政府机关、税务部门以及各个高校都对大学生自主创业给予了这样或那样的优惠条件，大学生的自主创业热情高涨，但是，真正加入自主创业行列的人却逐年减少。据教育部统计，2007年全国高校毕业生是495万人，到2007年9月1日，全国普通高校的毕业生实现就业的人数是351万人，约有144万的应届高校毕业生未能如期就业，其中自主创业的毕业生有1.3万人左右，占已就业毕业生的0.4%左右。美国大学生中想创业的人数达到70%，实际创业的人数占到20%，而我国大学生中，想创业的人达到80%，但是真正创业的只有0.01%。我国大学生创业还仅仅处于起步阶段，自主创业的实际人数不多，占大学生总数的比例不大，自主创业步伐缓慢。

(2) 自主创业科技含量低，成功率低。大学生在校参加的自主创业计划大赛中，大多数项目都是关于高新技术的。一旦学生毕业脱离学校后，要凭个人之力创办高新企业，却往往显得势单力薄。因为一些风险投资公司不愿意投资到学生创办的规模小、风险大的企业。所以，大多数毕业生在创业时选择了启动资金少，容易开业且风险相对较小、较容易操作的传统行业，如餐厅、咨询、零售等小而适合自己的行业。这样一方面可以节约成本，另一方面也可以先积累经验。人们对于大学生创业无疑是寄予厚望的，尽管国家出台了优惠政策，引导大学生自主创业，但目前选择自主创业的大学生并不多，自主创业的成功率也不是很高。

### (二) 特点

大学生自主创业在我国还是新生事物，就大学生而言，由于其年龄、阅历与知识等方面的原因，在几年的时间内，大学生自身还不能突破知识、经验、心态、技术与资金等方面的阻碍。

#### 1. 知识水平有限

创业需要企业注册、管理、市场营销与资金融通等多方面的丰富知识，及对目标市场和竞争对手情况的了解，在缺少相应知识储备的情况下，创业不仅难以融到必需的资金，在残酷的市场竞争中也将处于劣势。而且大多数创业者在实际操作中无法把自己的知识与所创事业有机结合起来，不能很好地利用所有知识。

#### 2. 经验不足

受年龄和相应学识的限制，创业过程中很多人只会“纸上谈兵”，对具体的市场开拓缺乏经验与相关知识，难以得到第一手的市场信息，也就无法分析市场未来的发展方向。另外，创业团队成员学历尽管很高，大多数都是很要好的同学和朋友，这就加大了管理的难度，由于缺少实际的工作经验，在短时间内无法进行有效的管理。

#### 3. 心态问题

拥有良好的心态，尤其是对创业风险具有清醒的认识，并充分拥有应对风险的心理准备，是创业成功的必要条件，但由于大学生受年龄及阅历等方面的限制，未必对创业风险有清醒的认识，缺乏对可能遭遇到风险和失败的必要准备。另外还要有责任感，要对公司、员工、投资者负责。

#### 4. 资金困境

大学生很难有足够的创业资金，从社会上融资或获取无息及贴息贷款是必然选择。但是在大学生中有一种是急于获得资金而不惜贱卖技术，另一种是过于珍惜技术而不肯做出适当让步。对于初期的创业者来说，应引入一些真正有实力、能提供增值性服务与创业者理念统一的投资者，哪怕要暂时放弃一些眼前的利益。

5. **技术创新能力薄弱**

理工类大学生受学识的限制，拥有可创业技术的大学生只可能是少数，而对于那些文科类大学生来讲，很难拥有可以创业的技术。另外技术创新能力相当薄弱，直接导致在市场立足难，创业成功难。

因此，大学生想成功创业，还需要做很多功课。

# 第二节　理性认识大学生创业

美国心理学专家约翰·勃劳恩说：“创业的技巧虽然是学来的，但是具有某些素质的人占有先天的优势，并不是所有的人都具有创业的素质，心理社会学家认为以下十种人不具备创业的素质：①缺少职业意识的人；②优越感过强的人；③唯上是从，只会‘享受’的人；④偷懒的人；⑤片面和骄傲的人；⑥僵化和死板的人；⑦感情用事的人；⑧‘多舌’‘固执’的人；⑨胆小怕事，毫无主见的人；⑩患得患失又容易受伤的人。”

创业虽然成为一股时代潮流，但是创业有成有败，对待滚滚而来的创业浪潮，大学生们既不可置身度外，漠然视之，也不可只想着成功，而对创业过程中可能遇到的各种问题缺乏思想准备，草草行事。应理性地认识、对待创业，以确定自己适合哪种类型的创业，以及在大学期间做出何种准备。

## 一、广义创业和狭义创业

创业一词，有广义、狭义之分。人类自在地球上站立起来的那天起，便以拓荒者的步伐，踏上了创业的路程。创业为人类提供了一切的财富（物质和精神），它使个人富有、社会繁荣和国家昌盛。

### （一）　广义创业

“创业”本义是“创立基业”、“创建功业”。《辞海》的解释就是“创立基业”。《孟子·梁惠王下》有“君子创业垂统、为可继也。”把创建功业与一脉相承、流传后世联系起来。《现代汉语成语辞典》对“业”有如下解释：学业、业务、工作、专业、就业、转业、事业、财产、家业等。可见，“业”的内涵极为丰富。

人们通常把创业看做是开创事业的活动。但“创业”本身是科学名词，有着特定的含义。

我们把“创”和“业”两字结合起来理解“创业”之含义，可概括为：开创前所未有的事业或积累财富的过程。所以，从广义上讲，创业泛指一切具有开拓性质的社会革新活动，包括创造基业、创造事业（事业、企业、实业）、创新发展事业等，它涉及政治、经济、文化、军事、艺术等各个事业方面。对个人而言，可以理解为是一个人根据自己的性格、兴趣、所学专业、能力等选择适合自己的职业、并为这个职业的成功准备各种条件最后实现自己的人生目标的过程和结果。也可以说是一个人为了实现个人的人生目标，从事社会发展所需要的工作，为社会发展做出贡献的经常性活动。只要从事着社会发展所需要的工作，在为社会的发展作出贡献，都应该称之为创业。具体而言，“广义的创业”又包含以下两方面内容：一是指个人设立公司、开办企业等这类个人色彩较浓、个体性行为较强的创业活动；二是指个人在集体的某一岗位上，按照岗位要求并结合自己的发展目标而努力的创业活动，这也就是通常所说的“岗位立业”。岗位创业是在现有岗位上顺应时代发展和岗位目标要求，创造性地发挥劳动者的聪明才智，通过全面提高自身能力和素质，以期得到晋升和发展，并为岗位提供者尽可能多地创造财富，实现开拓性的就业。我们称前者为“狭义的创业”，或者说“自主创业”。本书论述的创业既包括广义的创业，也包括狭义的创业，但主要是阐述“狭义的创业”。

创业是一个有计划、有目的的过程，也相应地必然产生一个结果，无论是成功还是失败，无论是创办个人的公司，还是在一个单位工作，无论是产生一个经济的效果还是社会的成就，都是一个创业的过程，区分的标志是有无计划、目的，有无成就。虽然中间会遭受一些挫折和失败，但必定会有他（她）辉煌的时刻，一个终生没有追求、没有成就的人显然是不能跟创业画上等号的。

### （二）狭义上的创业

荣斯戴特（RobertC. Ronstadt）曾这样定义创业：“创业是一个创造增长的财富的动态过程。财富是由这样一些人创造的，他们承担资产价值、时间承诺或提供产品或服务的风险。他们的产品或服务未必是新的或唯一的，但其价值是由企业家通过获得必要的技能与资源并进行配置来注入的。”

斯蒂文森（H. H. Stevenson）强调了创业的过程：“创业是一个人——不管是独立的还是在一个组织内部——追踪和捕获机会的过程，这一过程与其当时控制的资源无关。”斯蒂文森进一步指出：有三个方面对创业是特别重要的，即察觉机会、追逐机会的意愿及获得成功的信心和可能性。郁义鸿、李志能在《创业学》一书中，对创业是这样定义的：“创业是一个发现和捕获机会并由此创造出新颖的产品、服务或实现其潜在价值的过程。”创业必须要贡献出时间和付出努力（心理与生理），承担相应的财务的、精神的和社会的风险，并获得金钱的回报、个人的满足和独立自主。从以上创业概念上看，主要强调了四个方面：

（1）创业是创造的过程。创业创造出某种有价值的新事物。这种新事物必须是有价值的，不仅对创业家本身，而且对其开发的某些目标对象也是有价值的。这里所说的目标对象因行业或所创造事物的不同而不同。

（2）创业需要贡献出必要的时间，付出极大的努力。要完成整个创业过程，要创造新的有价值的事物，就需要大量的时间，而要获得成功，没有极大的努力是不可能的。

（3）承担必然存在的风险。创业的风险可能有多种形式，依赖于创业的领域，但是通常的风险一般说来是财务上的、精神方面的、社会方面的及家庭方面的等。

（4）给予创业家以创业报酬。作为一个创业家，最重要的回报可能是其由此获得的独立自主，及随之而来的是个人满足。对于追求利润的创业家，金钱的回报无疑是最重要的，对很多的创业者乃至旁观者，其实都把金钱的回报视为成功与否的一种尺度。

因此，狭义的创业指个人或群体在社会中开展的以创造财富为主题的活动。这种创业活动从整个人类社会角度上讲，也许是史有先例的，但就创业者自身来说，却是从未有过的。

对一个真正的创业者，创业的过程充满了激动、艰辛、痛苦、忧郁、苦闷和徘徊，及坚定、坚持不懈的努力，并由渐进的成功而带来的无穷的欢乐与分享不尽的幸福。

让我们用我们的青春与智慧，创造我们的事业！

## 二、大学是人生创业的开启阶段

在广义意义上讲，人生就是创业。而大学可以说是一个人创业的正式开创阶段。因为在中国目前的教育体制下，在上大学之前，个人对未来的选择时机还远远不到自觉的时候(这里只针对想考大学并考取大学的人而言)，而到了大学选择创业的时机真正成熟。对大学生而言，今后不管是岗位创业还是自主创业，大学都是在为今后创业打基础的关键阶段，也可以说是人生创业的开启阶段。

这主要是因为，作为一个自觉、自醒的大学生，在大学里将系统地学习专业知识和专业技能及其他综合知识，并全面提高自身素质。大学也要培养学生的创新思维能力，为学生自身选择今后发展的方向提供了各种可能；大学也将使学生的人格得到进一步的完善，让学生增长了各种见识，更广泛地走上人生舞台。大学生在这个阶段也是可塑性比较强的阶段，因此也可以说大学是改造一个人、塑造一个人的关键阶段。如果说教育要为人的自由全面发展服务，那么，大学为学生的自由全面发展提供了各种可能。

如果我们放眼观察现代社会世界各位有杰出成就的名人的成长道路，就会发现绝大多数人都有一个刻苦而美好的大学时代。虽然他们最终的选择可能跟大学时代当初的设计不一定吻合，但是创业的种子恰恰可能是大学时代埋下的。

因此，作为大学生而言，必须要努力珍惜大学美好时光，把有限的时间用在打好创业基础的准备工作上。无论今后是自主创业还是岗位创业，都需要具备以下最基本的创业素质。

**1. 要有坚强的意志，百折不挠的精神**

创业要经过长时间持之以恒的努力奋斗，需要克服意想不到的艰难险阻，经受无数次的挫折和失败的打击。没有勇气，没有坚强的意志，没有百折不挠的精神，就不敢立业、不敢创业，就很难做出成绩。

**2. 要有科学的、无私的奉献精神**

大学生在立业和创业中，除了要为社会提供更多更好的劳动产品和劳动服务外，首先应该树立为人民服务的思想；其次应努力创造社会效益和经济效益。只有树立这样的人生观，大学生才能潜心于学习专业知识和专业技术，积极参加实践锻炼，真正深入到客观社会和事物无限深远的本质中去，洞察自然、社会和人自身的奥秘，才能为科学、技术、经济、社会做出成绩；才能立业、创业。

**3. 要有远大的理想和志向**

立业、创业，是一项需要全身心投入，刻苦学习，积极实践，勤奋努力的事业。它需要经历许多艰难险阻，克服许多难以想象的困难。只有具有远大抱负和志向的人，才可能有坚定的信念、不竭的动力和百折不挠的毅力，把立业、创业坚持到底，做出重大成就。

4．大胆、自信、必胜的心理素质

人类创业史表明，一个青年人立业、创业能否最终做出成绩，得到社会的承认，除了必须具备立业、创业专业技能外，是否具备大胆、自信、必胜的心理素质也很重要。自卑、缺乏自信心、缺乏必胜信心，也会影响立业、创业才能的发挥。胆怯和过于谨慎，也是立业、创业的大敌。常常会因为碰到困难而退缩，碰上了机遇而不能勇往直前，发现了真理也不敢公之于世，甚至反而错误地把已发明的东西丢掉、否定掉。因此，大胆、自信、必胜是立业、创业、创新的必备心理素质。

## 三、正确看待创业的成败与得失

有不少人总是把创业理解成一个“立刻进行时”，如果我们把这个业理解成“事业”的话，就不会产生这样的错误，就好比有文章说的“中国人做企业爱比，但是中国人爱比大家谁是五百强，而西方人做企业不一样，人家要比作五百年。”其实很多时候就是这样，那些想做五百年的做成了五百强，那些想做五百强的，却连五十年都做不下来。大学时代的急功近利或者自我放弃都将意味着今后人生道路多一分失败、多一分磨难。

创业是一个长期的过程，中国古话说“做事先做人”，创业者本身更需要一个学习和积累的过程，这也是创业的一个准备过程，而且是最重要的一个过程。

在校大学生今后是否自主创业，对创业的压力、成败得失等首先要有心理准备，以决定自己今后是否从事自主创业。

### （一）创业者要承受重大压力

大学生创业，和一切创业者一样，必须承受在生活、工作和心理上面临的各种压力。这些压力包括只许成功不能失败的压力（据统计，新生企业的成功率一般不超过10%），独立决策的压力（不决策会死，决策错了也会死，必须决策正确才能生存发展），长期工作劳累的压力（每天工作超过15小时，无双休日），冷淡家庭亲情的压力，企业内外各种矛盾和竞争的压力，亏损与债务的压力等。

既然压力和风险如此之大，为什么还要选择创业呢？这是因为对不少创业者而言，接受挑战，实现自身价值，追求自由，实现财富的快速增长等，可能都是他们的理由。

### （二）创业者的追求

创业不仅有金钱的诱惑，更有人生追求的多种价值。

（1）它能使创业者的聪明才智得到淋漓尽致的发挥，实现个人价值。

（2）它使创业者真正感受到社会主人的权益和地位，自主经营，自主发展。

（3）创业者获得了成功和财富，为社会做出了自己的贡献，造就了一批劳动者的就业，有一种巨大的成就感。

正是这多种人生价值追求，使得选择创业者如“雨后春笋”，有人即使几经挫败仍锐气不减，坚韧不拔地追求成功。

### （三）大学生创业有成有败

自谋生路，不论做什么，都有可能取得巨大的成功，也可能会遇到困难和挫折，可能出现意想不到的问题，要有充分的心理准备，要有吃苦的心理准备，要有遇到困难和挫折的心理准备，要有失败的心理准备。有了心理准备，就能在成功的时候，不忘乎所以，骄傲而败；就能在遇到困难挫折的时候，泰然处之，渡过难关，走出失败的阴影，到达理想的彼岸。

1999 年 7 月，华中科技大学新闻学院在校学生李玲玲获得武汉世博公司的风险投资 10 万元，并注册创办了武汉天行健科技有限责任公司。李玲玲也因此成为全国在校大学生领取风险投资的第一人。然而时隔一年，这家公司便门窗紧闭，账目上只剩下 100 多元。

创业无疑是艰苦的。著名科学家、中国科协副主席王选以自己为例，18 年在实验室没有节假日，没有白天黑夜地学习、实验，才换来今天的功成名就。他说，大学生创业要有坚强的毅力和成熟的心态，要克服浮躁情绪。“盖茨梦”不是能速成的。

大学生创业看重的是过程，而不仅仅是结果。不能以成败论英雄。

**【案例】不经历风雨怎能见彩虹**

“不经历风雨怎能见彩虹”这句话对创维集团董事长黄宏生来说，有着特别的意义。1977 年，黄宏生成为恢复高考后首批进入华南理工大学的大学生。

黄宏生早就与电视结下不解之缘，在校时，他学的就是电子工程，毕业论文是黑白电视机设计。当时老师问他有何打算，他回答：“总有一天，我要创建出像索尼、松下一样的企业。”毕业后，黄宏生进入华南电子进出口公司工作。他困惑于国营企业的机制，已有一年毫无作为了，他像狼一样焦灼地踱步寻找旷野。后来他在单位角落发现了一台旧电脑，随意上去敲了敲。商机一现。为什么不引进电脑呢？一纸毛遂自荐，他成立了电脑事业部，一年后的发展他自己都吓了一跳：利润占了全公司七成。3 年间，28 岁的黄宏生被破格提拔为常务副总经理，副厅级待遇。人生和事业都进入春风得意的阶段，但大学毕业时的理想却使他难以平静。有些事刺痛了他。他眼睁睁看着国家的一车车大豆棉花换回来一些小机器；而我们的技术产品即使出口了也是摆在人家地摊上，电子表贱到了一个两美分。他决定放弃已有的一切，去香港打天下。

1987 年春，在同事惊讶与叹息声中，黄宏生辞掉了令人羡慕的职位，只身“下海”，追寻他的“索尼梦”。

“胜利往往坚持一下的努力中”。

黄宏生决定自己打天下时，迎接他的是一次次的失败。1988 年，一个小公司“创维”在香港诞生，黄宏生最先以代理电子产品出口打开创业之门，但由于不熟悉香港的环境，贸易环节又太多，进了货卖不出去，造成亏损。眼看着自己的努力付诸东流，黄宏生大病一场，入院躺了一个月。第一次打击刚过，第二个打击又接踵而至。刚积累点资金后办了家遥控器厂，恰逢香港流行丽音广播，黄宏生认为机会来了，就与菲利浦公司的工程师合作开发丽音解码器，做成机顶盒接受丽音信号，当时野心很大，一下子做了 2 万台，只等石破天惊。没想到最后震惊的是他自己，电视台感到丽音广播成本太高，说停就停了，黄宏生又一次尝到了失败的滋味。第三次打击是发展彩电，黄宏生学的是电子专业，且看到当时东欧彩电供不应求，前景一片大好。经过慎重考虑，黄宏生从银行贷款 500 万港元，聘请了国内知名厂家的工程人员 40 多人开发彩电产品，经过一年多的开发，产品总算出来了，但由于技术落后，与世界先进水平相去甚远，且不符合国际规格，参加国际展览无人问津，结果又亏损了近500万港元，至此，黄宏生已债台高筑，陷入绝境。谈起这些，黄宏生十分感慨："我当时真不知道怎么去还银行贷款，差点放弃彩电事业。"

"胜利往往在坚持一下的努力中"，黄宏生很欣赏这句话。他认为创业的过程就像踢球，前面堵，后面追，往往在快要倒下的时候，你伸出一脚，说不定球就进了。很多人失败，就是因为熬不到这个时候就打退堂鼓了。最后，他终于抓住了机会。1991年，香港爆发了一场收购大战，香港迅科集团由于高层内讧，决定将公司拍卖，从而引来各路富商大竞标，而迅科集团一批彩电专家则受到排斥。看起来，黄宏生根本不具备实力参与收购战，但他却成了这场大战中真正的赢家。他把目光瞄准迅科彩电开发部的技术骨干，出让公司15%的股份将他们纳入旗下，使企业获得了强有力的技术支持。9个月后，创维开发出国际领先的第三代彩电，并在欧洲市场一炮打响。"人才是企业的立足之本"，黄宏生说。正是有了高素质的人才，创维才能在激烈的市场竞争中不断成长壮大。

（寻国兵《大学课堂上学不到的人生挫折课》石油工业出版社2006年4月出版）

## 第三节　创业要素及其准备

创业是一项具有挑战性的社会活动，是对创业者自身智慧能力、气魄、胆识的一种全方位的考验，它对创业者的个人素质和能力有特定的要求，那么，创业者应具备哪些素质、智慧与条件呢？

### 一、创业必需的心理素质

创业过程中，困难、挫折甚至失败都是在所难免的，需要面对大到社会、人性，小到自己，对成功和失败、对得与失的合理价值判断，始终调整和保持良好的心态。能否从挫折和失败中重新站起来，是创业者能否取得事业成功的一个重要因素。一个人要想取得一定的成就，必须有健康的心理作保证，才能坚忍不拔、勇往直前，取得最后的胜利。否则，面对竞争和挑战，就会退却，胜利和荣誉也只能与他失之交臂。因此大学生必须加强以下几个方面心理素质的培养。

#### （一）创新意识

心理学研究认为，创新意识是人类活动中一种积极的、富有成果性的意识形式，它是人们进行创造活动的出发点和内在动力。未来高度发达的知识经济时代，一个鲜明的特征就是变化、革新。这种频变的物质现象归结到人的品质上，就是开拓创新意识。它内化为人的心理活动和物质行为显现出来的便是更新观念，创造性思维与创新行为。创新意识是大学生开展创造活动的基本条件和必备心理素质，也是促进自身发展，在未来挑战与希望并存的时代面前立于不败之地的力量源泉。

#### （二）坚强的意志

意志是人不可缺少的一种心理素质，也是人们一切行动不可缺少的推动力量。一个人具有坚强的意志，就能调节自己的行动和精神状态，克服困难，战胜挫折，取得事业的成功，反之则一事无成。

一些成功者从谋生到创业的历程，都是充满了艰辛和坎坷，甚至到了山穷水尽的地步。当今中国著名私营企业家，深圳政华集团总裁吴志剑，1985 年 2 月自谋生路办鸡场，一场鸡瘟，2000 只鸡一夜之间全部死光，所有投资化为乌有。办水泥预制厂，因质量低销不出去，只好关门。办文化俱乐部，被流氓砸垮。又办电子管厂、食品加工厂、相继失败。山穷水尽时，他毅然决定去闯深圳，带了 8 个弟兄和大家凑的 800 元钱，白天找活干，晚上睡公厕，硬是咬牙坚持下来了。经过十多年的艰苦奋斗，目前政华集团成为集高科技产业，商业、金融、贸易、房地产、交通、轻工、食品等为一体的大型企业集团，有 1.5 万员工，28 亿资产，年产值 10 个亿。无数个成功者从失败走向成功的道路告诉我们，谋生与创业的艰难，充满各种危机和困难，如果没有坚强的意志，良好的心理素质，只能在困难面前束手无策，接受失败，前功尽弃，从此消沉下去。

意志是人们自觉地确定目的，根据目的支配、调节自己的行为，克服各种困难，努力实现目的的心理过程。坚强的意志品质对一个人成就一番事业具有很大作用，它可以激发人们为选定目标而忘我奋斗的激情，可以使人在困难面前振奋精神，经受住艰难困苦的磨练，在向目标的跋涉中增长才干，取得成功。古今中外，许多杰出的人物，都曾深有感触地谈过坚强意志在成功之路上的巨大推动力。

因此，大学生要想顺利地走向社会，成功地找到人生坐标，并取得事业上的胜利，就必须从大学时代磨炼意志，形成坚强的意志品质，如坚持晨跑，坚持洗冷水澡，坚持晨读，刻苦钻研学习中遇到的各种问题等，以逐步形成坚强的意志品质，那种以休闲方式、游戏娱乐方式混过大学四年的人估计很难忍受创业中遇到的各种困难和挫折。

### （三） 强烈的竞争意识

竞争与冒险在心理学上被誉为人才成长的“压力器”，又被比作人才自尊心和进取心的比赛。科学史上第一架飞机、第一辆汽车、第一艘轮船均与其发明者的不畏艰难、敢于冒险、不怕失败、敢于竞争的优良品质分不开。也正是靠着这种冒险精神，才使科技人才努力向上，突出了强者，使得科学技术在互相追逐、此消彼长中得以不断发展和突破。随着市场经济和改革开放的深入，国际交流日趋频繁，科学技术日新月异，优胜劣汰表现得日益突出。社会的方方面面和不同层次都将体现竞争，竞争已成为社会主义市场经济的核心。全球经济、军事、科技的竞争，归根结底还是人才的竞争。这就要求大学生要成为具有合理知识结构和各种能力并富有竞争性的新型人才。在日常的大学学习、学生干部竞聘以及其他可能的场合，按照正常的游戏规则自觉参与竞争应该成为大学生的一种习惯。

### （四） 平静的心境

心境就是人们常说的心情、心绪，它是一种微弱的情感状态，很容易受到环境和条件的影响，并有积极和消极之分。大学生要成功创业应当具有豁达宽松的平静心态，即对待任何复杂多变的情况能拿得起、放得下，面对现实，泰然处之，表现出一种大将风度。这有助于创造性的发挥，提高工作效率，增强克服困难的勇气；这是一个人健康心理的重要标志，也是良好心理承受力的体现，更是事业成功的基本品格之一。目前我国正处于社会经济转型期，市场经济的建立使社会的各个方面发生了全方位、多层次变革，生活节奏的加快，竞争加剧，特别是市场经济的负面效应，使传统观念与思维方式、价值体系、文化思想受到震荡，甚至出现了价值取向的错位与紊乱。这对大学生的心理承受能力提出了更高的要求，心理适应问题显得愈加突出。因此，作为一名即将走向社会的劳动者，只有具备良好的心境，才能在复杂环境下，对待工作有信心，克服困难有恒心，遇到挫折不灰心，面对非议不伤心，在市场经济的浪潮中力求做到“任凭风浪起，稳坐钓鱼船”。

## 二、创业必需的能力

大学生想要创业，只有良好的愿望是不够的。即使具备了创业意识，也只是为创业指引方向。要真正实现创业目标还得靠真本事，必须要有过硬的本领。创业能力是大学生创业素质的一个重要方面，是创业者顺利完成创业活动所必须具备的心理特征。它总是和创业活动相联系并表现在具体的创业实践之中，是决定创业成功与否的关键因素。创业能力是一种综合能力，与创业的成败直接相关。它既包括专业能力，也包括经营管理能力，既包括创新能力、学习能力、认知能力、信息处理能力，也包括人际沟通能力、社会协调能力、公关能力，等等。大量的事实与经验表明，科学合理地配置人、财、物以及时间、空间的能力，发现机会、把握机会、利用机会和创造机会的能力，收集信息、加工处理和分析信息的能力，学习能力，良好的社会公关能力等，都是创业者创业能力的具体表现，是创业能否成功的重要因素。

### （一） 学习能力的培养

随着人类社会和生产实践的不断扩展和深化，人类创造的知识总量也越来越多，以至于到了今天，知识爆炸、知识经济等与知识有关的新的概念不断出现。可以说，当今社会的经济活动无一不与知识的运用有关。这就要求人们不断地学习和掌握人类最先进的知识和技能，才能有效地从事各类经济活动。而对于创业者来说，这一点显得更为重要。

所谓学习能力就是人们获取知识的能力。

从知识获取的方式来看，主要有书本知识和实践知识。学习能力又表现在自觉性、主动性、记忆力、理解力以及知识的转化能力等智力和非智力因素上，即人的学习能力是智力和非智力两者的共同结合。

学习能力是接受与转化的统一，对学习能力的认识，不能片面地认为接受快、记得牢、理解深就是学习能力强；反之就是学习能力不强。实际上，对知识的接受，掌握的速度和程度，只是学习能力的必要条件，而知识的转化是学习能力的充分条件。转化就是对已掌握知识的应用。从某种程度上说，知识的转化应用是更重要的学习。因此，判断一个人的学习能力，不仅要看其所拥有和掌握的各种知识，更重要的是看一个人对知识的应用能力。从另外一个角度来看，学习能力还表现在连续不断获取知识的过程中。

可以说，学习能力是一种综合运用知识的能力，它包括获取知识、转化知识以及勇于实践三方面的内容及关系。

对于创业的大学生来说，学习能力的培养更应强调知识转化应用方面。只有把所学的知识不断地转化应用于实践，并在实践中去扩展才是提高学习能力的重要方法。“纸上谈兵”是很难提高学习能力的。

### （二） 组织能力的培养

组织能力是一个创业者（尤其是处在领导地位的人）应当具备的指挥协调能力。组织的实质在于把处于分散状态的各种资源进行有效的集中和分配，使各种资源不是单独地而是整体地发挥它们各自的作用，以求得资源的最佳利用效果。因而，组织活动就是使各种资源要素有机结合并发挥作用的配置过程。

组织能力具有两方面的基本含义。一是指组织者对组织成员的指挥、调动、协调以及对非人力资源的集中分配、调度等能力。二是指组织者对组织结构的设计及运作，表现为对组织机构的设计、人员的配置等，如对组织成员职位的任命安排、明确其职责范围等。

一个人的组织能力主要是在实践中通过不断锻炼得到提升的，大学里各种学生活动的组织对锻炼一个学生的组织能力很有帮助，学生想要提高自己的组织能力必须要用心、精心地通过组织、策划各项有益的学生活动，如社会实践活动、校园文化活动等。我们发现，有不少事业有大成的人在大学期间学习成绩未必是最好的，但是他们在大学期间往往组织或策划过一定数量的重大社团活动或校园文化活动，这给他们以能力上更多的锻炼机会。

### （三） 管理能力的培养

管理能力是创业者能力素质在管理上的体现。管理能力包括多方面的内容，主要有开拓创新能力、经营决策能力、分析判断能力、指挥协调能力等。

管理者的管理能力表现在以下几个方面：

**1. 开拓创新能力**

创新就是基于一种新的思想和方法对原有事物进行改造或在这种思想方法指导下进行的创造性活动。创新能力是创业者立业的基础。创业者所创立的基业，是一定历史条件下的产物。创业者要使自己的事业不断发展，就要不断推陈出新。而创业者只有具备创新能力，才能将自己所从事的事业改颜换貌，使之符合时代精神，符合事物发展的客观规律。

**2. 经营决策能力**

经营决策能力是管理者综合能力的表现。决策的实质是选择，即在可待选取的方案中选择出一个最满意的方案。从创业的角度来看，创业决策是指创业者对未来创业实践的方向目标、原则和方法所作出的慎重选择和决定。创业决策的正确与否以及正确的程度直接影响决策目标的质量，也即影响创业成果的取得。

**3. 分析判断能力**

所谓分析，就是把复杂事物或现象分解成简单要素，分别加以研究的一种思维方法。所谓判断，就是断定事物某种性质或关系的思想，即对于思想对象有所肯定或否定的思维形式。创业者是否具有分析判断能力，是创业者能否在创业过程中作出正确决策的前提条件。分析判断能力是创业者应当具备的重要能力之一。它能帮助创业者找出问题的症结所在以及产生的原因，并对这些问题及原因加以正确地分析处理。

**4. 指挥协调能力**

指挥协调能力就是对人、对物的组织配置、协调能力，从而有效保证企业能协调运转。要使创业目标能够实现，就需要有创业活动的正常进行，这不仅要求有内部协作，还要求有内外共同协作。

**5. 抵御化解风险的能力**

创业者做出决策时总是基于目前的基本情况和形势，而所决策的目标又总是在未来或短或长的一段时间内才能实现的。在这一过程中，由于难以预见的各种因素的作用，会对决策目标造成一定的影响或威胁，这就是风险。创业者要能及时果断采取措施，消除这种潜在的或现实的威胁，从而使决策目标达到预期结果。

**6. 交际能力**

孟子说“天时不如地利，地利不如人和”，说明一个人及其事业的发展和成功，在天时、地利、人和的主客观条件中，“人和”占有极其重要的地位。良好的人际关系是社会文明的重要标志。创业者在创业实践中要创造性地搞好人际关系。

在交往中建立情感与友谊。人在社会中生活，离不开人与人之间的关心、爱护和帮助。万物有价，情谊无价。创业更需要他人的合作与支持，需要人缘，需要朋友。这就要靠我们在积极的人际交往中与众多的人建立起真挚而稳固的情感与友谊。要形成良好的人际关系网络，须从以下几个方面努力。①真诚待人，关心别人。真诚，首先体现在对别人的尊重上，不仅表现在言行举止，仪表神态，更重要的是敞开心怀讲真话，以你的坦率换得朋友的信赖，从而达到彼此之间心与心的沟通。②豁达大度，宽厚为怀，求同存异，设身处地，推己及人，谅解别人，不强求别人理解自己。③一诺千金，信义为本。“人之交，信为本。”一旦失信，便失去信赖、信任，便无友谊可言。④虚怀若谷，宠辱不惊。“虚心使人进步，骄傲使人落后”，这是绝对的真理。⑤幽默风趣，笑口常开。幽默是人际交往的润滑剂，它能以愉悦的方式表达人的真诚、大方和心灵的善良，是人际间的桥梁，它可以沟通彼此的心灵，驱除人生压力，是奋发向上者希望与他人建立良好关系不可缺少的性格特长。

总之，创业者在人际交往中要做到能热情、真诚待人，能研究和理解对方的心理，即使是拒绝，也会想方设法促使相互间的心灵沟通、情感融洽，从而获得理想的人际关系效果。

那种在大学期间把自己封闭起来，很少与人交往的同学，要想取得创业成功是非常困难甚至几乎是不可能的事。

## 三、创业必需的知识储备

知识素质是指个体掌握的知识量和具有的知识结构状况。一般来讲，知识素质的内容包括两部分，即专业知识素质和相关知识素质。按照我国现行的教育体制和结构，专业知识就是个体在校时所学专业的有关知识。相关知识是除专业知识以外的知识，通过学校、社会提供的条件，个体发挥学习主动性获得的知识。合理的知识结构是毕业生走向社会的“通行证”，是担任现代社会职业岗位的必要条件和人才成长的基础。所谓合理，是指毕业生所拥有的各类知识的比例要恰当，基础知识和专业知识、人文知识和科学知识、书本知识和实践知识要兼顾并重。建立既博又专、文理兼修的复合型知识结构，才能适应社会。

常言道“人怕入错行”，创业最大的错误可能就是选择了自己不熟悉的行业。有关调查显示，成功的创业者，大多是在自己熟悉的行业创业。曾经有这样一个故事：有两位分别叫伯特和沃克的美国人，原先合伙在纽约开办了一家汽车修配厂，生意做得相当成功，但时间一长，便感到有点腻了。不久，两人干脆卖掉汽车修配厂，然后去迈阿密。两人发现自从房地产建设热兴起以后，一直长盛不衰，感到混凝土与制作这门生意有奔头，于是把一个研制这种材料的公司的股权买了下来。可是，他们都是“门外汉”，既不懂建筑，也不懂施工，工厂亏损严重，最后只好忍痛把公司的股权全部出让，回过头来重新开办汽车修配厂。这个事例说明创业最好还是自己熟悉的领域。

### （一） 专业知识的储备

专业知识是创业成功所需知识中最为重要的组成部分。创业者必须具备相应的专业知识。

专业知识是指与创业目标直接联系和发挥作用的知识体系。专业知识是人们长期的社会实践及社会分工的产物，在形式上表现为某种性质和类别的学科知识。如电子技术、航天、管理、政治等自然科学和社会科学。专业知识是相对而言的，即相对于从事活动领域的范围来说，与本领域研究的对象或从事本领域工作起直接指导作用的理论体系。

专业知识对于创业者确定创业目标具有直接的至关重要的作用。要进行某一领域内的创业活动，就必须较为深入地了解它的活动及发展规律。可以说，专业知识就是对某一领域内事物发展规律的概括和总结。掌握的专业知识越多越深，创业活动越能有效开展。20世纪90年代初，我国掀起了一股“下海”热潮，不仅机关干部下海，学校教师下海，就连文艺界、体育界等各行各业都下海。然而，“下海”者中“活”起来的少，“死去”的居多。究其原因，就是大多数人只凭热情和闯劲，缺乏应有的专业知识。例如，有些演员，连起码的经济知识都不具备，更缺少“下海”的游泳本领，这样去“创业”会成功吗?

当然，大学生创业，专业知识已经基本具备。这里说“基本具备”，是指大学生在校学习期间已经掌握了某一领域内的部分或大部分专业知识，但还有一个多少和深浅的问题。创业，不是简单的谋生，而是对理想较高境界的追求。要想到达理想的彼岸，就必须在专业方向上打下坚实的知识基础。综观近年来在高科技领域创业取得成功的创业者，无一不具有深厚的专业知识。他们中有些人虽然未经过系统的专业知识教育和培训，但是在实践中不断摸索总结事物发展的规律、积累知识。大学生必须在创业前和创业实践中不断丰富和发展自己的专业知识。

### （二） 创业涉及其领域中的非专业知识

在当前的市场经济条件下开展创业活动，除了专业知识外，大学生还需要涉及商业、管理和法律三方面的务实知识。大学生在校期间应对创办公司所需要的政策法规知识，如工商注册登记的各个程序和条件、税务种类和登记、贷款的条件、贷款的种类和期限、贷款的方式和申请贷款的基本程序、经济合同的基本内容和要求等法规知识有个基本了解，还有对包括从事企业规划、管理的基础知识，管理的基本技能的知识的了解。创业意味着大学生自己当家做主，自己的身份已从以前的被管理者转变为管理者。要完成这个转变，就需要大学生补充大量的企业管理知识。企业管理的最终目标是实现组织机构的科学化，以提高企业的效益，取得利润的最大化。对人力资源管理、财务管理等知识需要提前储备好，以备需要。还有大量的市场知识也是需要掌握的。

创业者可以根据下面一个小测试进行自我检查，然后有针对性地训练和学习。①你知道哪些力量在影响着市场行情吗？具体地说，你对经济指标有多少了解？②你做计划和预算的能力怎样？③你对财务管理及控制有何了解？④你是否能亲自进行日常管理工作？⑤你对进货和存货控制的了解程度如何？⑥你对市场分析、预测是否在行？⑦你认为自己对市场需要哪些产品（或服务）有没有敏锐的感觉？⑧你对促销术、广告电视类的了解怎样？⑨你对与员工建立良好互助关系有没有把握？⑩你对定价有多少把握？这需要对客户需求、进料价格、竞争状况有较全面的考虑。

评分标准是：如果完全不懂，得1分；非常清楚地了解，得5分；一般了解，得3分；介于完全不懂与一般了解之间，得2分；介于非常清楚和一般了解之间，得4分。

如果你的自我评估在45分以上，你已有充分准备，可以放手一搏。如果在35～44分的话，你可以小试一下，并就薄弱环节尽快补课。如果在34分以下，建议你最好再加一把力。例如找一些书籍自学或针对自己的不足，在他人公司里工作一段时间；或进修一些课程，包括有系统地向别人请教。

说到底，市场如同无情的战场，它对弱者的惩罚并不因为他无知而有所宽容。创业者必须有充分的知识准备。当然，在实践中，也有的人通过转行获得很大的成功。但是，这多半源于他的兴趣所在，即他已通过自己的刻苦钻研学到了该行业的专业知识，是属于“懂哪行做哪行”。

## 四、创业必需的经验准备

缺乏经验是目前大学生创业中普遍存在的问题，不少大学生创业者不习惯对其产品或项目做市场调查，而是进行理想化的推断，例如：“如果有1万人需要我们的产品，每件售价10元，我们就有10万的收入。”这种想当然的方法显然是站不住脚的，同时又没有切实可行的创业计划，缺乏从职业角度整合资源、实施管理的能力，这是大学生创业失败的一个重要原因。

大学生长期待在校园里，对社会缺乏了解，特别在市场开拓、企业运营上，很容易陷入眼高手低、纸上谈兵的误区。

因此，大学生创业前要做好充分的准备，一方面，去企业打工或实习积累相关的管理和营销经验；另一方面，积极参加创业培训，积累创业知识，接受专业指导，提高创业成功率。

有立志创业的毕业生或由于缺乏创业的经验，或由于缺少创业的资金，先加盟与自己创业目标相符的公司，经过一段实践，积累了经验，积蓄了资金，在时机成熟时再独自创业，这对许多要创业的毕业生来说，也许是更理智、更稳妥的选择。

对年轻的创业者来讲，不能太急躁。天下没有掉下来的金山。积累经验，吸取教训是很重要的，经验来自于任何的生活工作经历。它形成于我们的成长历程中。所以，无论是创业还是工作，都是一种磨炼，一种经验的积累。这就是过程与结果的经验。

当然，并不是一个人要等到具备了所有经验的时候才去创业。虽然创业团队中的每一个人经验都比较少，但他们形成合理的互补关系，而且能够同舟共济，也会成功。不过，并不是说创业者可以没有任何经验，他应该在工作中逐渐吸取教训，增加经验；他应该发现自己的不足，利用工作间隙“补课”，向朋友求教，或参加学习。

**【案例】从电脑盲到科技英才**

一个信息工程系的毕业生，一个在医学界做着“国内一流、国际先进”心脏专科数据平台的开发者，看似毫无关联的两个身份，却因为一个人联系起来。他就是毕业于大连理工大学信息工程专业英语强化班的钟家豪——“元合科技”公司的创立者。

“元合科技”是钟家豪的创业之地。他们目前要做的是一项国内一流，国际先进的工作——为大连医科大学附属医院研究“心脏专科数据平台”。

谈起钟家豪的经历，说富有传奇色彩并不为过。1999 年，还在读大二的钟家豪连电脑开关机都不会，但却能以科研助手的身份给陶艺家做网站；2000 年，大三的他与班里的几个同学创办班级“锐意网络空间”网站；2001 年，帮软件公司写软件，并在多个电脑学校做微软、Java 等认证培训老师；2002 年，加入保险公司，一年后成为技术骨干；2004 年，毕业两年的他开始创办了“元合科技”，正式开始自己的创业之旅。这一连串的辉煌背后却隐藏着一个简单但难以把握的规律——边做边学。尽管有了这么多的成绩，钟家豪却总是强调：“我还要学习，因为我还没有做好理想中的自己。”

学信息工程的钟家豪，怎么会想到与心脏专科联系起来呢?

钟家豪在保险公司做健康保险工作时，意识到现在的医学信息并不是十分发达，开发这样的平台非常有市场前景。于是便与朋友开始谋划回到大连寻找这样的创业机会。2004 年 4 月，已经是保险公司技术骨干，月薪近万元的钟家豪离开了公司，召集了身边有共同志向的同学回到大连共同参与“元和科技”的创建。

学信息工程的钟家豪就这样把自己所学的专业与医学相结合，建立了惠及医院、患者、保险公司、政府机构等多个部门的医疗软件，前景广阔。原来几乎没有医学知识的钟家豪在创业的过程中，边做平台边学习医学知识，三年的时间几乎看遍了心脏专科的理论书籍和所有的病例，他开玩笑地说：“等平台成功了，我也就成为一个心脏专家了。”

在很多大学生眼里，钟家豪就像一个傻瓜，白白放弃在保险公司优厚的“金饭碗”待遇，却选择吃力并不讨好的创业。然而钟家豪却有自己的想法：“大公司的管理，更精尖的技术，职业人的素养，这些想学的东西都学到了，就没有待下去的必要了。”

钟家豪说自己的大学生活是忙碌而幸福的，几乎没有什么烦恼。“其实抱怨没有用，抱怨就业压力也不会减少，抱怨那些烦心的事情仍然会来，还不如拿着那些抱怨的时间自己去多做一些事情提高自己，在竞争中争取更大的成功机会。”钟家豪这样解释。而今，钟家豪仍然在脚踏实地开创属于自己的一片天地。

（天健网 大连理工大学新闻 2007 年 12 月）

钟家豪的成功，在于他善于在日常生活中找到能发展起来的新项目。因为是新的项目，涉足的人很少，所以才有着广阔的发展空间。钟家豪是信息工程系的学生，可他却凭借自身良好的学习能力，在“医学软件”这个陌生的领域里如鱼得水。钟家豪是靠着一步一步脚踏实地的学习，才有了今天的公司，才有了今天的成绩。

## 五、创业团队组建

创业活动涉及新技术的开发、产业化经营、资源获取及有效利用等一系列复杂的商业活动。它是一个系统工程，要求创业者在企业定位、战略策划、产权关系、市场营销、生产组织、团队组建、财务体系等一系列领域有一定的知识积累，大学生有了好的项目或想法，只代表在“创业的长征路”上刚跨出了一步，创业的核心是完成一项共同的事业，这个事业是需要很多方面的人的共同努力才能完成的。大学生由于专业、经验、时间、精力有限，很难凭借个人努力取得创业的成功，于是团队式创业成为大学生自主创业的主要模式。

### （一）大学生创业团队的组建及其意义

所谓创业团队是指在创业初期（包括企业成立前和成立早期），由一群才能互补、责任共担、愿为共同的创业目标而奋斗的人所组成的特殊群体。我国大学生创业团队多是由一些因私交很好而在一起的伙伴来共同创业，例如朋友、同事、同学、校友等，多是由人际关系来寻找共同创业的伙伴，或是有相似的理念和观点，例如具有相近技术研发背景的人，基于对某一技术的狂热而结合。可以说，人际上的交集是成为群体性创业团队成员最重要的条件。

大学生创业团队有着如下特点：第一，拥有共同的愿景。愿景是凝聚团队力量的一个很重要的因素，它就像是一个未来的蓝图，或是一个清楚而令人振奋的目标。在大学生创业团队中，愿景往往由团队的组织者或领头者制定。由于大学生均为年青人，思想容易融合，对个人现状的忧虑以及对时间的紧迫感不是特别严重，因此，个人的功利思想较少，较容易接受共同的愿景，这也是大学生创业团队较其他类型团队更稳定的一个重要原因之一。再者，大学生创业多抱着尝试、学习的态度，对结果往往要求不高，因此，很容易接受团队的共同愿景。第二，团队成员的异质化。所谓成员的异质化即团队的组成必须来自许多不同的专业，彼此之间的专业可以互补。大学生创业团队成员多来自不同的专业，由于团队的组织者在组织团队过程中大多考虑到了成员的异质化，而大学也为之提供了足够的资源，因为一个大学内往往有各种专业，也就容易找到所需的不同专业的学生组成团队。第三，互信合作的气氛。由于大学生创业团队往往是团队组织者利用个人关系网组建的，大多成员在组队前就彼此熟悉，因此，比较容易互相融合、信任。再者，大学生阅历较浅，又都是年轻人，比较容易沟通，也不存在个人生存压力，故而不易相互猜忌。

美国的一项研究表明，83.3%的高成长企业是由团队建立的，团队创业型企业的成长性明显优于独自创业型企业。然而在我国根深蒂固的单打独斗思想在创业者中普遍存在，对于今天的中国大学生创业者而言，要推动所创事业快速发展取得创业成功，迫切需要以崭新的团队观念替代传统的独自创业观念。

许多研究和实践都证明了团队工作方式能够有效提高企业绩效。美国圣迭戈（San Diego）大学管理学教授斯蒂芬·罗宾斯（Stephen P. Robbins）认为在企业中采用团队形式至少可以有以下几个方面的作用：①能促进团结合作，提高员工的士气，增加满意感；②使管理者有时间进行战略性的思考，而把许多问题留给团队自身解决；③提高决策的速度，因为团队的成员离具体问题较近，所以团队决策的速度比较迅速；④促进成员队伍的多样化；⑤提高团队和组织的绩效。

没有团队的新创企业不一定注定失败。但是，没有一个团队而建立一个高成长潜力的企业是极其困难的。拥有高素质创业团队的新创企业，不仅可以相互取长补短，拥有更多的资源，更广阔的视野和更强的能力，而且有更强的吸引私人资本和风险投资的能力，因而具有更大的增长潜力。史玉柱是我国少有的经过大难又能够东山再起的优秀企业家。由于史玉柱的决策失误，导致巨人集团几乎陷入绝境。但谁都没有想到几年后，史玉柱居然奇迹般地复出。他不但还清了近亿元的债务，还创造了事业的新高峰。史玉柱东山再起的重要原因是：巨人集团陷入最低谷时，仍有十几个创业伙伴在不拿任何报酬的情况下，追随史玉柱打拼事业。

### （二）创业团队组建的注意事项

在创建一个团队的时候，不仅仅要考虑相互之间的关系，最重要的是考虑成员之间的能力或技术上的互补性。

在团队已经组建以后，无论是有核心主导的创业团队还是群体性的创业团队，要保持项目团队的稳定性和创造力，要注意以下几点。

**1. 成员要有共同的目标远景，保证团队成员间通畅的沟通渠道**

团队成员必须认同团队将要努力的目标和方向，同时还要有自己的行动纲领和行为准则。这些其实就涉及团队文化的建设问题。良好的沟通渠道不仅反映了创业团队成员的沟通力和协调能力，更体现了完善的企业制度和健康的企业文化。创业团队成员的理念、能力、经验等是影响企业成败的关键因素。成功的创业必须要有一群具有共同愿景、理念、价值观的成员组成。创业过程充满风险和艰辛，创业团队成员必须具有共同的愿景和理想，这样他们在碰到困难时，才能够同心协力，共度难关。

**2. 建立学习型组织，保持团队的创造力和学习力**

所谓学习型组织，是指通过培养弥漫于整个组织的学习气氛、充分发挥员工的创造性思维能力而建立起来的一种有机的、高度柔性的、扁平的、符合人性的、能持续发展的组织。这种组织具有持续学习的能力，具有高于个人绩效总和的综合绩效。

当企业形成一定规模后，企业要发展，必定会扩大团队队伍，可能会出现原有团队成员退出和新成员加入的情况，这时候保持原有创业团队的学习力和创造力是非常重要的。构建学习型创业团队可以增加企业的压力与动力，可以促进分工与协作，可以很好地保持创业团队的创造力和学习力。

**3. 以法律文本的形式确定一个清晰的利润分配方案**

应把最基本的责、权、利界定清楚，尤其是股权、期权和分红权，此外还包括增资、扩股、融资、撤资、人事安排、解散等与团队成员利益紧密相关的事宜。

团队在创立初期无明确的利润分配方案。这种情况在企业中是非常普遍的。很多大学生创业团队在企业发展初期，或者是没有考虑到，或者是碍于面子，没有明确提出未来具体的利润分配方案，等到企业规模扩大的时候就开始为利润怎么分配而发生争执。从人力资源管理的角度来看，建立优势互补的创业团队是保持创业团队稳定的关键。

### （三）在大学社团活动中培养团队精神，增强凝聚力

学生社团有广泛的群众基础，在学生中间存在着广阔的市场。共同的爱好、共同的追求、共同的奋斗目标是产生凝聚力的内在条件，这些因素把众多兴趣爱好和志向各不相同的学生汇集在一起，为了实现自己的目标做不懈的努力。长期的集体活动浸染会使他们自觉地认识到团队精神的重要和可贵，体会到与人共事，共同奋斗的乐趣。

**【案例】复星科技集团的创业团队**

1989 年，郭广昌从复旦大学毕业后留校任教。3 年后他和四个同学用借来的 3.8 万元创业，如今已经坐拥 200 多亿资产，复星集团也成为中国民营企业三甲，并在医药、房地产、钢铁、商业四个领域都有出色表现。复星的成功源于 5 人的创业团队。他们 5 个人就像 5 根手指，哪根也少不得。5 根手指攥紧，就是一只拳头。当年创办广信科技（源于郭广昌和梁信军的名字，1993 年更名为复星科技）时，郭广昌是复旦大学团委干部，梁信军是校团委调研部长，汪群斌是生命学院团总支书记，范伟是学校影印社的经理，谈剑还在读书。他们几个人除了在学校就建立了良好的关系外，还有许多共同之处。比如有共同的理想，共同的人生哲学。在企业理念上，郭广昌提出修身、齐家、立业、助天下的“九字”思想作为复星创业的共同追求。复星集团创业时的几个人都是团干部出身，都希望做一些个人能力不能企及的事业，都不太在乎物质方面的享受，家庭成员也支持他们的理念，而且他们有团队合作的精神，他们都同意他们创造的事业终将归社会。如今，在复星多元化的产业链条中，郭广昌成了整个企业集团的灵魂。郭广昌是个极有魄力的领导者。他情商高，能很好地整合与协调团队；梁信军现在是副董事长兼总裁，成为复星投资和信息产业的领军人物。梁信军的口才好、反应快、精力充沛、善于沟通交流，这些几乎是复星创业团队公认的，所以他做了集团的党委书记和新闻发言人；汪群斌是复星实业总经理，专攻生物医药；范伟掌管房地产；谈剑负责体育及文化产业，作为 5 人中唯一的女性，谈剑的特殊优势体现在政府公关等事务上。如今复星董事会的人数由当初的 5 个增加到 7 个，新增加的是财务、法律、人力资源等方面的专家。

（武勇：《优秀的创业团队是创业成功的法宝》，载于《改革与战略》，2006 年第 7 期）

当然，大学生创业也需要有相应的资本积累和资本投入，在大学期间要开始学会理财，为将来创业打下一定的基础。

## 第四节　创业机会的把握

### 一、机会属于有准备的人

正当众多毕业生为谋求一个理想的工作岗位而四处奔波时，有些同学却另辟蹊径，创立自己的“大学生公司”，当上了“学生老板”。他们用自己的学识智慧、创业精神、创新品质、经营头脑、市场意识和管理才能向社会宣布：“我们要成为中国的比尔·盖茨。”应该说，创业机会是客观存在的，它无时不在，而且机会对每一个人都是平等的。可是有的人能够抓得住机会，而对于有的人来说，要不觉得无法发现商机，要不觉得机会稍纵即逝。

当千载难逢的事业良机走来，却总是无法抓住。这其实是机会的特点：具有时效性和唯一性。在同样的环境中，人们能否发现并抓住机会，需要的是长期的准备和主观的努力。

在校大学生决定在什么时候创业、在什么地方创业、选择什么领域创业等都涉及创业机会的把握问题，不能简单盲从。大学生创业者想要在市场竞争中赢得市场，必须学会把握创业机会，了解创业机会可能会来自哪里，学会发现机会和选择机会。机会属于有准备的人。所谓准备是指为成功而长期进行的坚韧、扎实的知识储备和辛勤刻苦的劳动，以及在机会到来时的全力拼搏和冲刺。准备是机会的前提。

创业机会大都产生于不断变化的市场环境，环境变了，市场需求和市场结构必然发生变化。人们会通过这些变化，发现各种各样新的前景。目前社会出现了产业结构的变动、消费结构升级、科技进步、经济信息化、城市化加速、价值观念和生活形态的变化、政府改革的变化、人口结构的变化、居民收入水平的提高、全球化趋势等诸多变化。这里每时每刻都可能蕴藏着创业的机会。

创业机会也来源于目标客户群的需求，创业的根本是用产品或服务满足消费者的需求。寻找创业机会的重要途径是善于发现和体会自己和他人在需求方面的问题，而且注意机会不能从全部顾客的共同需求上找。我们寻求创业机会的目标要放在某些顾客的实际需求上，要认真研究这类人员的需求特点，这样才会有创业的机会。

创业机会还来源于新产品和新服务，创造发明为顾客提供了满足需求的新产品，而一项新的服务为顾客提供了满足需求的一种新行为。作为创业者，向顾客提供的东西包括了产品和服务。比如随着电脑的发明，与之相配套的电脑维修、软件开发安装等创业机会应运而生；再比如随着网络的普及，网上开店、网络查杀毒等创业机会也随之而来。有时，即使不发明新的东西，你也能成为新产品的推广人，这里面也蕴涵着很大的商机。

创业机会来源于竞争对手，创业机会有时是竞争对手提供的。创业者要对市场竞争者提供给顾客的产品或服务进行分析和评价，发现产品或服务存在的问题，并提出改进的办法，从而发现创业的机会，开发出新产品或新服务，进行创业。

**【案例】李增加：创造出来的彩花礼炮商机**

李增加，福建晋江人，中国彩花礼炮第一人。他是怎样在传统烟花爆竹丧钟敲响的当头，发现这一新的商业机会的？1996 年正月初五，李增加到一个朋友家拜年，他的朋友有一个 6 岁的宝贝儿子，在放鞭炮时把手炸裂了。在送孩子到医院后，朋友无奈地对他说："烟花爆竹这东西，逢年过节少不了，就是太危险了。"面对朋友悲戚的面容，李增加心中一动：能不能做一种不伤人的爆竹呢！

李增加回到家后，立即开始收集相关资料，结果发现，烟花爆竹每年的产值都有数百亿元。由于传统的烟花爆竹多以火药为原料，有很大的安全隐患，不少大城市已经禁止燃放烟花爆竹。最让他激动的是，也许是因为许多人都瞧不上这个夕阳产业，市面上居然没有一种安全的烟花爆竹！"大面积禁止燃放烟花爆竹是早晚的事！"他认为，如果能开发出合适的产品，市场前景肯定乐观。

仅仅有一个方向和一股创业的激情，李增加说干就干。没有技术配方，没有生产标准，甚至连像样的设备都没有，高中毕业的他，一头扎进了新产品的研发中。半年时间起早贪黑，精瘦的李增加硬生生地瘦了4公斤，终于开发出了我国第一支环保礼花。这种新型环保礼花，以压缩气体为发射动力，用五彩纸及反光材料制成。启动装置简单而且安全，使用时，只需轻轻转动发射装置，彩纸花就能从2～30米的高度飘落，覆盖5～150平方米的面积。

踌躇满志的李增加向有关部门提出了生产新型环保礼花的申请，结果却挨了当头一棒，没有相关的生产标准，不批！但性格执著的他相信好事多磨。在准备好了关于新型环保礼花的所有技术参数后，李增加邀请了福建省质量技术监督局和晋江市多个相关部门共同制定出了产品标准。2000年4月，晋江市凤竹礼庆彩花有限公司终于成立，李增加担任公司总经理，该公司的主打产品就是获得国家专利的新型环保礼花。

（河南省教育厅学生处、河南省大中专学校学生信息咨询与就业指导服务中心：《大学生就业创业导论》，中原农民出版社2007年版）

的确，不是每一块金子在哪里都会发亮的，金子还有埋在沙土中的时候。当积累了足够的实力，而机遇却不至的时候，怨天尤人是无济于事的。这时，不妨学一学李增加，动一动脑筋，通过努力为事业的发展创造出一个属于自己的机会。所以，与其在苦恼中埋怨自己的人生机遇，还不如从眼下做起去创造机遇。

## 二、创业环境分析

任何一个项目的投资都不会是在桃花源里实施的，都要考虑周边环境的优劣。创业机会的把握也要考虑环境的因素。这个环境包括硬环境和软环境，既包括天然的也包括人为的环境。政府的政策、政府机构的办事效率、土地、气象、水电、劳动力等因素都属于投资环境要考虑的问题。

创业机会的把握有赖于对创业环境的正确分析，在创业者的创业旅程中，环境起着举足轻重的作用。它作为创业的载体，支撑着创业活动的正常运行。每一个创业者都应当审时度势，对当前所处的环境进行细致的分析，使自己的思想和行为符合它的要求，以便依据环境的变化，决策与调整创业活动的具体计划。

### （一）创业环境的定义

创业环境是指影响创业者创业计划的形成与各项创业活动展开的外界因素和条件的汇总，是创业者面临的处境。它具有较大的不确定性。环境本身是一个动态系统，处于不断变化中，由此，创业环境也处于不断的发展变化中，这就使创业者们始终面临着新的问题与挑战。创业环境也是创业计划的载体，它为创业活动确定一个具体的方向和目标。使创业者明确在哪个行业里创业以及如何充分适应周围的环境来实现自己的创业计划。一切从实际出发，而非随心所欲。在理解这个概念时，我们要注意，创业环境的外部环境条件是一种特指。极端而言，外部世界存在的一切均会或多或少地对创业活动产生一定的影响，因而都在“外部环境研究”的对象范围内。但是，这个广义环境中存在的所有因素对创业活动的影响有直接和间接的区别，程度有深浅之分。因此，对那些远离创业“活动场所”，对创业活动影响程度很低的环境因素就没有必要详加研究了，我们的重点放在那些对创业实践产生直接影响的必需的外部因素上。

### （二） 选择适合自己发展的环境创业

依据不同的表现形式，可以将创业环境进行不同的分类。可分为宏观环境与微观环境、内部环境和外部环境、地区环境和行业环境等。在这里我们择要进行一些介绍，以供有创业意向的大学生参考。

宏观环境是指国家的政治、法律、技术、文化、社会等要素；微观环境是指与企业的人、财、物、供、产、销、技术、信息、时间等直接发生关系的客观环境。

一个国家或者地区的市场开发程度、政府的国际地位、信誉和工作效率、金融市场的有效性、劳动力市场的完善与否、法律制度是否健全，形成了新创企业的宏观环境，对新创企业的创办、生存和发展产生重要的影响。具体说来，宏观环境包括社会文化环境、经济环境、教育与科技环境、政策环境和法律法规环境。

文化环境对创业者创业行为的产生有一定的促进或阻碍作用，同时它又调节和决定着消费者的购买行为，以至形成人们的社会生活方式和行为准则。长期以来，某些根深蒂固的保守思想影响着人们的行为。与美国“鼓励冒险、宽容失败”的文化有所不同，中国的文化是“木秀于林，风必摧之”；与美国文化强调独立有所不同，我国是崇祖思想和家长作风盛行的国家之一，家长们的约束常常也会成为大学生创业活动的一种阻力。华东师范大学 2003 年调研报告表明，77.6% 的大学生愿意创业，但是走上创业之路的不足2% ，其中原因耐人寻味。当然，近年来，我国政府在鼓励创业方面的积极宣传、优惠政策以及一批成功创业者的示范效应都使得传统保守思想的负面影响大为减少。从整体上看，随着我国民众思想的不断解放，创业的文化环境还将不断得到改善。但是不同地区创业文化环境的改善还是会存在相当的差异。

经济环境指的是国家或地区的整体经济发展状况，包括经济发展水平、社会经济结构、经济体制、宏观经济政策、物价水平、劳动力情况等。经济发展水平通常是指一个国家或地区的经济发展规模、速度和达到的水平。创业者首先应该考虑的主要指标包括所在地区经济环境的国民生产总值（GDP）总额和人均 GDP、所在地区的失业状况、消费者的可支配收入等。通常在不考虑人口因素的时候，GDP 越高，市场规模就越大。但是，市场的需求主要是由人们的购买能力所决定的，因此，人均 GDP 基本上决定了人均收入水平，从而决定居民的购买力，这是决定市场需求的基本因素。同样地，就业状况、可支配收入等都是影响市场环境的主要因素。

所谓地区环境，顾名思义，就是相对于整个国家而言，每一个企业必须设立在一定的区域内，因而新创企业必然受到这个区域的环境影响。这个区域的文化环境、经济环境、政策环境、交通环境、合作环境、竞争环境、投资环境等如何对我们大学生决定是否去、何时去该地区创业至关重要。大学生可以在平时的学习和大学社会实践活动中加以广泛关注。

现在各地区相应出台了一些创业优惠政策，这是每个有志创业的大学生需要了解的，地方政策即各地方政府在中央政策指导下结合本地方实际出台的政策。如杭州市为贯彻党的十七大精神，营造高校毕业生和留学回国人员在杭创业的良好环境，2008 年 4 月发布了《杭州市高校毕业生和留学回国人员创业三年行动计划》，实施大学生在杭创业资助政策，高校在校学生和毕业生在杭创业，符合条件的，给予商业贷款贴息或项目无偿资助，其中商业贷款贴息最高额度为1万元，项目无偿资助根据申请人创业项目的具体情况按等级分别给予2.5万、8万、10万元的资助；为符合条件的来杭创业人才（大学毕业生）提供租赁住房，并对优秀人才辅以一定的激励机制，解决人才创业住房困难，解除创业后顾之忧。2008年至2010年，每年建设20万平方米的创业人才（大学毕业生）公寓。2008年启用第一批10万平方米创业人才（大学毕业生）公寓。

行业环境是创业环境中最为微观的，任何一个新创企业都可以归类为某一行业，行业分析对新创企业十分重要。一般来说，创业的行业环境主要关注两个问题：一是行业内的竞争程度及变化趋势，二是行业所处的生命周期。如果行业内竞争已十分激烈，进入壁垒高或行业已处于夕阳阶段，新创企业成功的概率就不高，即使成功也十分艰难。美国学者迈克尔·波特的五种力量模型（Five－Forces Model）较好地反映了新创企业的行业环境因素。他认为，潜在的进入者、现有市场竞争者、供应商、产品用户和替代品生产者决定了一个产业的竞争力，构成了行业环境因素。

## 三、创业信息收集与处理

### （一）信息对创业的重要性

人们常说，时间就是生命，时间就是金钱。其实，信息也是生命，信息也是金钱。在当今信息时代，竞争的胜负很大程度取决于人们对信息掌握的速度和质量。善于捕捉先兆性市场信息，才能很好地把握机会。如邯郸市创想科技有限公司的程建秋，利用现代人求新求异，追求新感觉的心理，制成了数码影像蛋糕。她利用最先进的电脑数码技术，结合传统的蛋糕制作工艺，只要是顾客所喜欢的，能想到的画面，都能将它重现在蛋糕上，吃起来香甜味美，带给受礼人一份惊喜，这一创新，迎来传统蛋糕产业的一场革命。可见，生产者掌握了正确的市场信息，就能以比竞争对手更优惠的价格、品质为消费者提供商品，占领市场。至于股票、期货、利率等方面，信息的作用更是为投资者所看重。

对于初出茅庐来创业的大学生而言，优质的信息也是同样重要的。虽然我们不能像那些大公司一样拿出许多钱财去搜罗信息情报，但这并不意味着我们不能获得有用的信息。信息对于创业者获得创业成功是十分重要的，及时准确地把握了市场信息，就意味着在市场竞争中拥有了主动权。现在是一个信息高度发达的时代，我们每天都会浸泡在信息的汪洋大海之中，电视、广播、报纸、杂志，还有时下十分流行的互联网，都是给我们提供信息的好平台。大量的信息往往是通过网上传递的，所以，学习计算机基础知识及操作技术是当前青年学生的必修课程，这对于我们将从事创业活动，大量搜集信息意义十分重大。

### （二）搜集信息的途径

面对繁多而庞杂的信息资源，信息采集者可采用以下途径进行有效的采集：

第一，从发明专利中获取信息。据世界知识产权组织估计，全世界专利数量目前已超过3亿个，平均每年有近100万个新的专利申请。专利信息的查询可以通过学习电脑在互联网上进行，这是查阅大量信息以较快速度找到相关信息的最直接、最便捷的途径。

第二，从各种媒体中采集信息，媒体主要是指各类报纸、杂志、广播、电视，随着互

联网技术的不断成熟，更是为我们接触各类信息、查询各类信息提供了便利。我们不光要关注新闻等正规消息，也要关心其他非正规消息，甚至电视剧或电影中的一些情节都可以为有心人提供创业致富的灵感。比如，一些青春偶像剧中男女主角的衣服、发型，甚至一些小的配饰都是青年男女们竞相模仿的对象，如果抓住这些机会也可以发一些小财的。

第三，从千变万化的市场中采集信息。

第四，从各级行政机关和有关机构发布的各种信息和数据中采集信息。

第五，从企事业单位提供的各种报告和书面材料中采集信息。

第六，各种订货会、展销会。去参加各种订货会或展销会的目的主要有两个：一是推销或采购商品；二是结识更多的相关行业人员，以扩充自己的人脉，建立起自己的人际关系网。对于我们这些初涉“江湖”的大学生而言，如果可以迅速建立起这样一张网，那么创业过程中就会达到事半功倍的效果。

### （三） 创业信息的处理、 运用

信息是宝贵的经济资源，是认识和分析经济现象的重要途径。要从千千万万条信息中寻觅自己需要的信息，分析筛选出对自己有利的部分，为创业决策提供依据。

创业之初，利用信息为创业决策服务，也就是对采集来经过一系列加工的信息，在认真分析的基础上，最后确定创业投资方向。在创业过程中，也要注意提取和利用信息。

（1）创业信息的提取。信息的收集、分类整理、深度加工的目的，是为了使信息能够得到有效的利用。利用信息的第一步是提取信息。提取信息的类型一般有三种：第一，是信息利用的意向性提取；第二，是信息利用的实践性提取；第三，是信息利用的探索性提取。

（2）创业信息的利用。信息的利用是一个比较复杂的思维过程，需要注意的问题很多，拟自主创业的大学生应注意以下几个问题：第一，信息的利用要力求及时。有些创业信息的时效性很强，比如商品销售情况的信息，往往是瞬息万变，捕捉不及时便失去价值。因此对这类时效性强的信息要及时提取、利用，使之及时产生效益。第二，信息的利用要力求充分。充分主要表现为经常用、反复用、用出效益来。第三，信息的利用要系统化。

创业机会的把握与创业项目的评估和选择也分不开，创业项目的选择，是一个需要经过排列组合“运算”后才能得出结果的问题。一个人或几个人合作投资，一家公司或几家公司联合再投资，都会首先碰到选择投资项目的问题。项目如果选择失误，将造成投资失败的结果，不可不慎重对待。在校大学生今后创业选择什么项目，如果有比较明确的目标，那么就要在在校期间做相应的功课准备，以备用时所需。具体选择什么项目涉及创业者的经济基础、人力资源基础、投资环境、技术能力、市场供求问题、公共关系基础、人文基础以及国际国内经济发展状况问题等方面，需要在评估风险与效益等各方面关系后加以把握，这里不作详细分析。

## 四、创新思维开拓创业新天地

史密斯给一群刚刚毕业的大学生出了这样一道题：

“19 世纪，美国的加州发现了金矿，可一条大江挡住了淘金者必经之路，遇到这种情况，你们会怎么办?”

大家都希望想到出奇制胜的答案。

有人小声地说：“游过去”。

有人说：“绕道走……”

答案五花八门，史密斯先生却笑而不语。

良久，他才严肃地说认真说：非要去淘金吗？为什么不可以买一条船搞营运，接送那些淘金的人？

这照样可以淘到另外一种金！即使通往金矿的船票再贵，他们也会心甘情愿买票上船。而事实上，人们恰恰忽略了摆在他们面前的金矿，因为他们缺乏发现和把握机会的慧眼！

怎样才能拥有这样的一双慧眼呢？那就需要你拥有创新思维，能够想人之所未想，或做人之所未做！

创新就是打破常规思维来创造不同的结果！创新往往带来的是意料之外的惊喜！

创新是发现、发明、创造等活动的总称。

从思维形式来看，创造和创新都是逻辑推理和思想跳跃相互促进的交替过程，意义极为相近。从狭义上区别，虽然两者都同有一个“创”字，创造则侧重于“首创”，侧重于一个个具体的成果；创新更侧重于“再造”，侧重于连续的变化过程。创造是创新的突破和基石，创新是创造的灵魂和拓展。值得指出的是“创新”曾是一个经济学上的概念。美籍奥地利经济学家熊彼特在其成名之作《经济发展理论》中首先提出了创新的定义：“创新”是建立一种新的生产函数，即把一种从来没有过的生产要素的“新组合”引入现存的生产过程，使生产技术体系发生新的变革。按照他的定义，创新应包括以下五种情况：①引入一种新的产品或提供一种产品的新质量；②采用一种新的生产方法；③开辟一个新的市场；④获得一种原料或半成品的新的供给来源；⑤实现一种新的企业组织形式。

总之，是把技术上的新发现、新发明、新创造与经济结合起来，才能称其为“创新”。我们现在经常讲到的各种创新，比如知识创新、技术创新、管理创新、制度创新等，其实就是从广义上援引了这个概念。

创新思维是在人类已有科学的基础上，摆脱思维成规的束缚，充分利用想象思维、求异思维、灵感思维、直觉思维等，开拓新的探索方法。我们当中的每个人，都必须认可各自所具有的创造性。尽管就人们的创造性来说，有许多地方是很相近的，但它们从不会完全相同。所有的枫树都是很相像的，但它们彼此间没有任何两棵是完全一样的。

创新思维是针对常规思维而言的。它包含在一切与创造社会价值有关的活动中。具体地说，创新思维是指能产生新的思维成果的思维，即借助于创新思维不仅能抓住事物的本质和规律，而且能带来具有社会价值的产物。任何文艺创作、科学发现等创新活动中的思维都属于创新思维。

创新思维具有如下特点：

第一，首创性。指创新思维能产生过去从来没有发现和发明的事物。如在鲁班之前没有人发明锯子，鲁班发明了它，这就是创新思维。

第二，新颖性。这一特点与首创性是紧密相连的，凡是首创的，一定是新颖的。

第三，社会价值。创新思维的结果直接或间接地具有社会价值，如果没有社会价值，再新颖的观念、发明、创造也没有意义。

任何一个创业者都希望自己的企业能成为梦想中的“百年企业”，但事实并非如此。就拿中关村来说，有资料表明：平均每天中关村有 7 家企业诞生，但也有 3 家企业正面临着倒闭。据中关村海淀园数字园区管理服务中心的统计：2001 年新批企业 2401 家，同年注销企业 907 家；而 2002 年新批企业 2236 家，同年注销的企业达到 1167 家。剖析今天的工业巨擘，50 年前它们大都是名不见经传的小公司。它们之所以能够获得今天的辉煌，根本原因在于不断的创新。

创新是创业的源泉，是创业的本质。创业通过创新拓宽商业视野、获取市场机遇、整合独特资源、推进企业成长。创业的过程就是不断创造与创新的过程，创新是企业的唯一生命主线，失去创新，企业将停滞不前，甚至衰亡。企业得以生存与发展的根本是能不断地满足人类社会不断增长的物质与精神需要；企业能够做到这一点，唯一的依赖是创新。目前市场上那些岌岌可危的企业和失败的创业者对此体会应该更加深刻。

在科学技术日新月异的今天，创新是企业的立身之本。本田有一个著名的“三尊重”理论，即“尊重理论、尊重创新、尊重时间”是本田宗一郎多年企业经营管理实践的经验总结，已作为最重要的指导思想，被写入本田公司的“五项运营方针”之中。“三尊重”可以说是本田公司的经营思想的核心。尊重理论，就是在公司经营中，凡是与公司有关的业务经营都要建立在尊重理论的基础上。他们认为，人的体力只不过二十分之一马力，而人的价值却是与根据理论思考问题和合理地处理事务的智慧和能力成正比的。“如果我们公司有新颖之处的话，那就是不仅它的从业人员年纪轻，而且是否尊重新理论。我们公司今后的发展和进步不论何时都取决于更合乎理论。”尊重创新，在目前全世界这种日新月异的进步的新时代，资本力量在创业经营中的重要性已经让位给创新，就是说走在时代前列的创新将引导企业走向繁荣。没有创新，就是抱着钱袋子，也赶不上时代的潮流，会成为失败者。有些公司没有资本，但依靠创新获得发展。相反，不少企业尽管资本力量雄厚，工厂设备齐全，人员也不少，却因为经营不善和缺乏创新精神而出现亏损。时代的迅猛进步把企业经营中资本和创新的重要性颠倒过来了。

创新的基本方法有：组合创新法、模仿创新法、移花接木创新法、联想创新法、多路思维创新法等。大学生可以在在校期间学习《创造学》或《创造性思维与创造力开发》等课程，并结合实践来提高自己的创新思维能力。

- **问题思考**

1. 试述创业者应具有的知识结构。怎样培养自己的创业意识？
2. 成功创业的关键因素有哪些？
3. 创业失败时要如何面对？

- **信息园**

**创业素质测验**

创业本身是充满成就感与诱惑力的，但并非每个人都适合走创业之路。在开始创业做老板之前，你不妨先看看自己是否适合。

美国创业学会设计了一份问卷，可使你在做决定之前先对自己有一个初步的了解。

1. 在急需做出决策的时候，你是否在想："让我再考虑一下吧？"

经常（　　）　　有时（　　）　　很少（　　）　　从不（　　）

2. 你是否为自己的优柔寡断找借口说："是应慎重考虑，怎能轻易下结论呢？"

经常（　　）　　有时（　　）　　很少（　　）　　从不（　　）

3. 你是否为避免冒犯某个或某几个有相当实力的客户而有意回避一些关键性的问题，并表现得曲意奉承呢？

经常（　　）　　有时（　　）　　很少（　　）　　从不（　　）

4. 你是否无论遇到什么紧急的任务，都先处理琐碎的日常事务？

经常（　　）　　有时（　　）　　很少（　　）　　从不（　　）

5. 你非得在巨大的压力下才肯承担重任吗？

经常（　　）　　有时（　　）　　很少（　　）　　从不（　　）

6. 你是否无力抵御或预防妨碍你完成重要任务的干扰与危机？

经常（　　）　　有时（　　）　　很少（　　）　　从不（　　）

7. 你在决定重要的行动计划时常忽视其后果吗？

经常（　　）　　有时（　　）　　很少（　　）　　从不（　　）

8. 当你需要做出可能不得人心的决策时，是否找借口逃避而不敢面对？

经常（　　）　　有时（　　）　　很少（　　）　　从不（　　）

9. 你是否总是在快下班时才发现有要紧事没办，只好晚上回家加班？

经常（　　）　　有时（　　）　　很少（　　）　　从不（　　）

10. 你是否因不愿意承担艰巨任务而寻找各种借口？

经常（　　）　　有时（　　）　　很少（　　）　　从不（　　）

11. 你是否常来不及躲避或预防困难情形的发生？

经常（　　）　　有时（　　）　　很少（　　）　　从不（　　）

12. 你总是拐弯抹角地宣布可能得罪他人的决定？

经常（　　）　　有时（　　）　　很少（　　）　　从不（　　）

13. 你喜欢让别人替你做自己不愿做的事吗？

经常（　　）　　有时（　　）　　很少（　　）　　从不（　　）

评分标准与计分："经常"4分，"有时"3分，"很少"2分，"从不"1分。然后将所得各题分数累计相加。若得分在15～29分，说明你是一个高效率的决策者和管理者，更是一个成功的创业者；30～39分，说明你大多数情况下充满自信，但有时会犹豫不决，不可一概而论，有时犹豫是成功稳重和深思熟虑的表现；40～49分，说明你不算勤勉，应彻底改变拖沓、效率低的缺点，否则创业只是一句空话；50分以上，说明你目前的个人素质与创业者相差甚远，须用心培养和锻炼。

做了上述测验后，你还可以进行下面的自我分析：

1. 你是不是认为，如果没有必要，别有太多的钱，如果有必要，别有太少的钱。

2. 你妈妈让你去打酱油，而你半路上发现了自己被吹面人的手艺吸引，把买酱油的钱买了面人，结果回来挨打，但你觉得值得。

3. 当你工作时，你是不是说："上帝保佑，又到星期一了。"

4. 你是否有白日梦。

5. 你去一个小岛上开拓皮鞋市场，当你发现岛上的人没有穿鞋习惯时，兴奋地向总部回电："太好了，这个岛上的人还没穿过鞋" 而不是 "真失望，这里的人不穿鞋。"

6. 当你考虑一个问题没有答案时，能不能换个角度，甚至从逆向角度考虑。

7. 你能不能像朝鲜战争的志愿军，能抓到一个把自己背回来的俘虏。

8. 小时候，你能不能看一天的蚂蚁搬家。

9. 你喜不喜欢解决问题，如果不喜欢就别当老板，因为做老板每天都要解决许多非解决不可的问题。

10. 你是否会感到孤独，自己的想法常常不能让别人理解。

11. 上学时，是否尝试过骑自行车长途旅行。

12. 对于一桩生意，绝不会认为来得太晚。

13. 你对成功的理解是："试验第 32 次还没成功是失败，那么成功就是尝试第 33 次。"

14. 是否认为有 20% 的，比 100% 什么都没有要强得多。

15. 你是否受不了别人的管制，不想给别人做事。

16. 你是否相信，"因为不可能，所以不可能"，常人的不可能，常规的不可能，意味着更多的机会，更大的可能。

17. 你是否在做好一件事之前，不考虑做另一件事。

18. 你总是相信 "车到山前必有路"，而义无反顾地往前走。

19. 你是不是总是在看世界上有什么需要做的，然后就开始做。

20. 你想做老板，不仅仅是为了钱，因为你喜欢做这件事。

在你当企业家前可以对照一下，如果具备其中 10 条以上，而且有 1 ~ 2 条非常突出，你可能就比较符合当老板的条件。当然，以上测验只是为你提供一个参考，没有绝对的含义，更不要以此来给自己 "贴标签"。没有人天生就具备创业所需要的全部素质。只要你有心，自身缺乏的某些素质是完全可以通过后天的努力培养起来的。

# 参考文献

[1] 沈之菲：《生涯心理辅导》，上海教育出版社2001年版。

[2] 张再生：《职业生涯管理》，经济管理出版社2002年版。

[3] [美] Robert D. Locd，钟谷兰、时勘译：*Taking Charge of Your Career Direction*，中国轻工业出版社2006年版。

[4] [美] Clarke G. Carney & Cinda Field Wells 著，曹书乐、肖奔放译：《找到适合你的职业》（第五版），中国轻工业出版社1999年版。

[5] [日] 高桥宪行著，罗素娟译：《人生企划书——如何设计自己的生命行程表》，远流出版公司1996年版。

[6] 杨书良、赵桂梅、王铮：《大学生素养与职业生涯设计》，北京机械工业出版社2002年版。

[7] 石建勋、蔡新会等：《职业规划与创业管理》，机械工业出版社2006年版。

[8] 肖建中著：《职业规划与就业指导》，北京大学出版社2006年版。

[9] 顾雪英著：《大学生职业指导》，人民教育出版社2005年版。

[10] 杜映梅编著：《职业生涯规划》，对外经济贸易大学出版社2005年版。

[11] 赵北平：《大学生职业生涯规划教程》，武汉理工大学出版2007年版。

[12] 高桥、葛海燕：《大学生涯与职业规划》，清华大学出版社2007年版。

[13] 曲振国：《大学生就业指导与职业生涯规划》，清华大学出版社2008年版。.

[14] 宣仲良：《专业学习与职业生涯》，北京大学出版社2006年版。

[15] 唐代兴、马恒东、赖先朴：《学会学习——大学生学业导航》，复旦大学出版社2007年版。

[16] 季诚钧：《大学课程概论》，上海教育出版社2007年版。

[17] 陈敏：《大学生职业生涯发展与管理》，复旦大学出版社2008年版。

[18] 张楚廷：《大学教学学》，湖南师范大学出版社2002年版。

[19] 孙琴安主编：《名人教你读书》，上海教育出版社2008年版。

[20] 阿兰·拉金：《如何掌控自己的时间和生活》，金城出版社2007年版。

[21] 波莉·波德：《时间管理》，四川教育出版社2007年版。

[22] 郑全全、俞国良：《人际关系心理》，人民教育出版社1999年版。

[23] 黄天中：《生涯规划——理论与实践》，高等教育出版社2007年版。

[24] 共青团中央学校部、中国青少年研究中心：《大学生素质拓展计划理论与实务》，中国言实出版社2004年版。

[25] 胡礼祥：《成功跨越：从中学到大学》，浙江人民出版社2006年版。

[26] 孙天祥：《大学生职业发展与就业指导读本》，高等教育出版社2008年版。

[27] 陈刚：《大学生心理健康教育概论》，人民卫生出版社2003年版。

[28] 樊一阳、叶春明、吴满琳：《大学生创业学导论》，上海财经大学出版社 2005 年版。

[29] [美] 杰弗里・蒂蒙斯、小斯蒂芬・斯皮内斯：《创业学》，人民邮电出版社。

[30] [美] 川崎：《创业的艺术》，当代中国出版社 2006 年版。

[31] 顾建民：《高等教育学》，浙江大学出版社 2008 年版。

[32] 胡礼祥：《成功跨越：从中学到大学》，浙江人民出版社 2006 年版。

[33] 张大均、吴明霞：《大学生心理健康》，清华大学出版社 2007 年版。

[34] 孙琴安：《名人教你读书》，上海教育出版社 2008 年版。

[35] 陈龙春、杨敏主编：《大学生创业基础》，浙江大学出版社 2007 年版。